W0058352

In der bewegenden Biographie zweier Bürgertöchter entwirft Agnes-Marie Grisebach ein Bild vom Frauenschicksal im 19. Jahrhundert. Einfühlsam erzählt sie die Geschichte einer tiefen Freundschaft und schildert dabei anschaulich und mit Detailkenntnis das ganz alltägliche Leben dieser Zeit. Louise Grisebach, die Urgroßtante der Autorin, und Amalie Hassenpflug, Schwester des kurfürstlichen Ministers Ludwig Hassenpflug, waren sehr begabte Frauen, zu deren Umkreis Persönlichkeiten wie die Gebrüder Grimm, der Dichter Clemens von Brentano und die Schriftstellerin Annette von Droste-Hülshoff gehörten. Doch sie lebten in einer Gesellschaft, die ihnen den Zugang zu Bildung und geistige, geschweige denn sexuelle Freiheit verweigerte. Es ist nicht verwunderlich, daß solcherart erzogene Frauen sich ob ihrer verbotenen Gefühle mit Selbstvorwürfen quälten. So belegen der umfangreiche Briefwechsel der beiden Freundinnen aus den Jahren 1846/47 und die Tagebücher und Manuskripte, die Agnes-Marie Grisebach ausgewertet hat, vor allem das Leiden der jungen Frauen an dem Korsett aus Zwängen und Tabus, die ihnen die bürgerliche Erziehung auferlegte. Die ausführlichen Zitate dokumentieren jedoch auch geheime Wünsche und Sehnsüchte, Hoffnungen und gedankliche Rebellion.
Agnes-Marie Grisebach läßt mit diesem Buch bürgerliche Geschichte lebendig werden.

Agnes-Marie Grisebach, 1913 in Berlin geboren, besuchte die Schauspielschule in München und arbeitete dort und in Breslau am Theater, 1936 heiratete sie und lebte als Hausfrau und Mutter in Rostock. Ende 1951 floh sie, inzwischen geschieden, mit ihren vier Kindern in den Westen und arbeitete bis 1973 in einer Fabrik in Heidelberg. Erst als Rentnerin konnte sie sich dem Schreiben widmen. Im Fischer Taschenbuch Verlag erschienen ihre Bücher ›Eine Frau Jahrgang 13‹ (Band 10468) und ›Eine Frau im Westen‹ (Band 10467).

Agnes-Marie Grisebach

Frauen im Korsett

Zwei ledige Bürgertöchter
im 19. Jahrhundert

Fischer Taschenbuch Verlag

Die Frau in der Gesellschaft
Herausgegeben von Ingebog Mues

Ich danke Herrn Dr. Marcus Bierich, der mir die schriftlichen
Hinterlassenschaften seiner Urgroßmutter Louise Leverkühn,
geborene Grisebach, nicht nur zur Verfügung stellte, sondern
auch für mich lesbar abschreiben ließ, und Frau Heide Sievers,
die mich immer wieder anfeuerte, mir Literatur herbeischaffte
und bei Korrekturen half.   *Agnes-Marie Grisebach*

Veröffentlicht im Fischer Taschenbuch Verlag GmbH,
Frankfurt am Main, Dezember 1997

Lizenzausgabe mit freundlicher Genehmigung
der Deutschen Verlags-Anstalt GmbH, Stuttgart
© 1995 Deutsche Verlags-Anstalt GmbH, Stuttgart
Druck und Bindung: Clausen & Bosse, Leck
Printed in Germany
ISBN 3-596-13450-1

Dies Buch ist allen Frauen gewidmet,
die gelebt haben und noch leben,
die »ihren Körper schleppen mußten
wie einen schweren Mantel und die
Sünde wie eine stets wachsende Bürde«,
weil man ihnen einredete:
»Im unverdorbenen Weibe wohnt
kein Geschlechtstrieb.«

Inhalt

ERSTER TEIL

Louise Grisebach – ihr Leben bis 1846

Juli 1823 im Hause Grisebach

Louise Grisebach wurde im Juli 1823 in Hannover geboren. Wäre sie neunzig Jahre alt geworden, hätte sie meine Geburt noch miterleben können. Was sind neunzig Jahre, gemessen an der Geschichte der Menschheit? Aber die Welt, die sie mit ihren Sinnen wahrnahm und deren Eindrücke ihr Hirn verarbeitete, sah ganz anders aus als unsere. Die Erfindungen der letzten 100 Jahre haben den äußeren Anblick unserer Erde erstaunlich verändert. Sogar vom Mond aus erscheint sie anders als Äonen vorher, denn die Erdhälfte, die so lange bei Nacht unsichtbar blieb, glitzert jetzt durch Milliarden elektrischer Lichter wie ein Diamant.

In Hannover gibt es 1823 nur wenige mit Kopfsteinen gepflasterte, nachts spärlich beleuchtete Straßen. Die meisten sind unbefestigte, schlammige Wege mit einer Gosse, auf der eine stinkende Brühe aus Hausabwässern, Jauche, Kot und Schlachtabfällen entlangblubbert. Gelegentlich schwimmen in dieser Gosse tote Tiere, so daß die Luft summt von Insekten aller Art, Spatzen und anderen Vögeln, die sich von diesem Abfall nähren. Die Straßen im alten Rom haben nicht viel anders ausgesehen und gestunken. Das war immer so und schien deshalb »gottgewollt«. Es wimmelt von Karren und Wagen aller Art, die von Menschen, Pferden, Eseln, Ochsen oder Ziegen gezogen werden. Die Wagenräder sind aus Holz und eisenbeschlagen, sie quietschen und rumpeln ohrenbetäubend. Die Wagenlenker brüllen sich gegenseitig und ihre Tiere an, sie knallen mit den Peitschen, sie fluchen, sie stöhnen, Schweine grunzen, Hühner gackern, Weiber rufen sich über die Straßen hinweg gellende Flüche zu, kurz das ganze ungebändigte, farbenfrohe, lärmende, stinkende *Leben* dringt in alle Sinne, alle Poren ein. Auch das war immer und überall so und deshalb »gottgewollt«.

Seltsam und fremdartig sehen die Menschen aus, und das liegt nicht nur an der Biedermeiermode, die wir ja aus Filmen und von Bildern kennen. Sie sind im Durchschnitt erheblich kleiner als wir, und auffallend viele haben O-Beine, einen Buckel oder andere sichtbare Leiden.

Es fällt auf, daß die Frauen ganz hohe, fast zwitschernde Stimmchen haben, während die Männer sehr viel langsamer, gemessener und feierlicher reden, als sie es heute tun. Man hört ihnen mit Gelassenheit bis zum Ende zu, während Frauen und Mädchen halbe unfertige Sätzchen ohne eigentlichen Sinn von sich geben. Man scheint nicht ernst zu nehmen, was sie so vor sich hinplappern.

Auf dem Lande sieht es 1823 ähnlich aus wie in manchen vom Kommunismus befreiten Ländern des Ostblocks heute. Baufällige Katen, die einzustürzen drohen, windschiefe Hütten, verunkrautete brache Felder, zerlumpte Bewohner, hungrige Kinderaugen, kranke, vergrämte Erwachsene, nur fehlen Autos und moderne Maschinen.

Da kommt über die Landstraße, die noch nie einen Pflasterstein oder Teer gesehen hat, eine von vier glänzend gestriegelten, prall gesättigten Pferden gezogene Reisekutsche. Die Insassen werden kräftig durchgeschüttelt, denn der Weg hat viele von der Sonne hart gebackene Schlaglöcher. Dem Postillion in seiner schmucken Uniform und den elegant gekleideten Reisenden scheint das aber wenig auszumachen. Einer der Herren, die sich da so lebhaft unterhalten, kommt mir bekannt vor. Sein Bild habe ich in meiner Jugend schon einmal gesehen. Es ist mein Ururgroßvater Rudolf Grisebach, der Vater Louises, die heute, am 23. Juli 1823, geboren wird.

Der Fünfzigjährige sieht im Leben noch charmanter aus als auf dem alten Bild. Er hat noch alle Haare, die zu einer modischen Frisur in kleine Löckchen gebrannt sind. Er hat noch fast alle Zähne im Mund und blinkt geradezu vor innerer und äußerer Sauberkeit. Der Gehrock ist von bester Qualität, das um den hohen gestärkten Kragen geschlungene Tuch aus chinesischer

Seide, die Nadel, die es zusammenhält, hat einen Diamanten und ist aus reinem Gold. Die Tasche in der Hose ist etwas ausgebeult, denn er trägt darin eine Pistole. Auf den Poststationen, wo die Pferde gewechselt werden, treibt sich jetzt viel Gesindel herum, man muß sich schon schützen. Auch in den Gasthöfen ist man sich seines Lebens nicht immer sicher. Mein Ururgroßvater sieht nett aus, er gefällt mir, und ich kann verstehen, daß er auf Frauen großen Eindruck gemacht haben soll.

Louises Vater war einer von denen, die unter Napoleon, den Kriegen und Reformen nicht gelitten, sondern eher profitiert hatten. Es ging ihm in seiner Jugend nicht besonders gut. Er mußte sich sein Jurastudium hart erkämpfen und seine Braut fünf lange Jahre warten lassen, bis er endlich im Alter von dreißig Jahren das Amt eines »Stabsauditeurs zur Hilfestellung beim Kriegsgericht« mit einem monatlichen Gehalt von 50 Talern erhielt.* Ursache seines jetzigen Reichtums war, daß er in seinem Beruf Gelegenheit gehabt hatte, über Land in alle möglichen Garnisonen Deutschlands zu reisen, und daß man ihm dabei immer wieder Güter zum Kauf anbot, die als Folge der Reformen sonst in Konkurs gegangen wären. Niemand hatte in jenen Elendsjahren, die auf die französische Besatzung folgten, ein schlechtes Gewissen, wenn er das für ihn selbst Angenehme mit dem für das notleidende Volk angeblich Nützlichen verband. Mit dem gleichen unternehmerischen Elan, mit dem andere Tuchfabriken gründeten und dafür den Dank der Männer, Frauen und Kinder erwarteten, die darin arbeiten durften, aber dabei oft zugrunde gingen, kaufte Rudolf Grisebach Güter, deren Bestellung er zu modernisieren trachtete. Sie sollten ihm so Erträge bringen und gleichzeitig die Bauern ernähren. Daß die Anschaffung moderner Landmaschinen wahrscheinlich viele menschliche Hände überflüssig machte, wird ein nicht voraus-

---

* Zum Vergleich: Die adlige ledige Gutsbesitzerstochter Annette von Droste-Hülshoff hatte eine »karg« genannte Jahresrente von 300 Talern. Es gab Arbeiter mit mehreren Kindern, die im Jahr 20 Taler verdienten.

gesehener Nebeneffekt gewesen sein. Louises Vater galt allgemein als ein redlicher Mann mit einem ausgeprägten christlichen Gewissen. Das Wort »Spekulant« bekam erst in unserem Jahrhundert einen so schlechten Klang.

Die Braut, auf die er fünf Jahre warten mußte, heiratete er im Jahr 1802. Er liebte sie sehr und blieb ihr treu. Sein Schmerz war groß, als sie nach zehnjähriger Ehe, in der sie ihm sechs Kinder gebar, an der Schwindsucht starb.

Schon seit mehreren Jahren hatte seine Schwägerin Doris den Haushalt geführt, die Kinder betreut und die Kranke gepflegt. Jeder wird davon ausgegangen sein, daß er sie jetzt heiraten würde, und ich denke, auch sie wird das gehofft haben. Doch kurz nach dem Tod seiner Frau bewarb Rudolf sich um die erst achtzehn Jahre alte Tochter eines Hofsyndikus in Hannover.

Der gab die Einwilligung zur Heirat seines Kindes mit dem um zwanzig Jahre älteren, wohlhabenden Witwer gerne.

Auch die kleine Maier fand die Eröffnung ihres Vaters, daß sie erst gar nicht lange warten müsse wie ihre älteren Schwestern, sondern schon gleich heiraten dürfe, noch dazu einen so schönen und reichen Mann, ausgesprochen erfreulich.

Rudolf Grisebach, erfahren in einer guten Ehe, muß es vorzüglich verstanden haben, das ahnungslose junge Mädchen mit den Freuden des Ehebettes vertraut zu machen, denn schon vier Wochen nach der Eheschließung und ihrem Einzug in das große Haus in der Friedrichstraße in Hannover schrieb sie an eine Freundin:

Kannst Du es Dir nun ordentlich denken, daß ich nicht mehr Maier, sondern Grisebach heiße? O Caroline, Du glaubst nicht, wie glücklich ich bin, täglich, täglich fühle ich mehr, wie mein Glück zunimmt! Teuerste, folge meinem Beispiele, suche aber erst einen solchen Engel, wie ich ihn gefunden habe, hast Du den gefunden, o! so halte ihn gleich fest, es ist das größte Gut, was die Welt zu vergeben vermag, aber es muß ein Mann sein, wie mein Rudolf einer ist, der in und außer sich alles verbindet,

was man sich nur von einem Mann wünschen kann. Ja, ich kann
es mit der frohesten Überzeugung sagen, ich habe das größte
Maß ehelichen Glücks gefunden.

Diese zweite Frau Grisebach gebar ihrem Rudolf bis 1819 drei
Kinder, August, Emilie und Marie. Von ihren sechs Stiefkindern
starben jedoch zwei in dieser Zeit. Ein neunjähriges, vorher stets
gesundes Mädchen erholte sich nicht mehr von einer Kinder-
krankheit, gerade als die junge Frau das erste Mal selbst Mutter
geworden war. Ich kann mir vorstellen, daß ihr da plötzlich die
ganze große Verantwortung für die Kinder der ersten Frau Grisebach bewußt geworden ist.

Der Tod eines vierzehnjährigen, von der Geburt an behinder-
ten Knaben wird wohl weniger betrauert worden sein. Man
vergaß damals derartige Kinder so schnell wie möglich, denn
ihre Behinderung galt allgemein als Strafe Gottes für irgendeine
Sünde der Eltern.

Rudolf Grisebach, den wir soeben in der Postkutsche gesehen
haben, wie er in Geschäften über Land reist, wird nun bald in
Bremen sein. Dort wird er auf die Nachricht warten, ob das
Kind, das seine Frau in Hannover zur Welt bringt, ein Junge
oder ein Mädchen ist. »Wird es ein Junge«, so hatte er geschrieben, »komme ich gleich zurück. Wird es ein Mädchen, so wickle
ich erst meine Geschäfte in Mecklenburg ab und komme dann
Ende September oder Anfang Oktober nach Hause.«

Zuhause, das ist für ihn ein großes Haus in Hannover in der
Friedrichstraße, zweistöckig, mit elf Fenstern zur Front, Stallun-
gen und Nebengebäuden, das ihn 40 000 Taler gekostet hat und
in dem nun Tante Doris, seine schwangere zweite Frau mit ihren
eigenen drei Kindern im Alter von neun, sieben und vier Jahren
und die vier noch lebenden Kinder seiner ersten Frau, zwanzig,
sechzehn, vierzehn und zwölf Jahre alt, nebst dem zahlreichen
Gesinde auf ihn warten. Werfen wir einen Blick in dieses Haus,
in dem Tante Doris unbestritten von der jungen Frau das Regiment führt.

Mit der Hebamme und dem Arzt hat sie der nun dreißigjährigen Frau bei der Geburt des Kindes geholfen, und als der Arzt sagt: »Es ist ein Mädchen«, seufzt sie: »Ach du liebe Zeit«, aber ich glaube zu sehen, daß sie denkt: Na, Gott sei Dank, dann hört die Turtelei endlich auf. Die Gefahr, noch mehr Töchter zu kriegen, wird der Rudolf nicht eingehen.

Sie bringt warmes Wasser aus der Küche, damit die Hebamme das kleine Mädchen baden kann, wechselt die Laken der Wöchnerin und zieht dieser ein frisches Hemd über, gibt ihr eine neue Haube über die naßgeschwitzten Haare und bringt ihr eine Kraftbrühe aus der Küche. Dann verabschiedet Doris den Arzt und schickt die Hebamme weg, damit auch diese sich nach der Arbeit stärken kann. Sie wirft einen flüchtigen Blick auf das kleine Wesen, das da, fest mit Wickeltüchern auf ein Brettchen gebunden, in der Wiege schreit, drückt der Wöchnerin einen Kuß auf die Stirn und geht leise hinaus.

In dem großen Haus ist es jetzt still, obwohl sich mindestens zwanzig Menschen darin aufhalten. Den kleinen Kindern ist befohlen worden, sich ganz ruhig zu verhalten. Die Großen sitzen an ihren Schreibtischen und lernen. Das zahlreiche Personal erledigt seine unterschiedlichen Pflichten schweigend. Man hört die Fliegen summen und aus den geöffneten Fenstern die Vögel im Garten singen. Lärm und Hitze der Straße dringen hier nicht herein. Es ist kühl. Tante Doris beauftragt mit leiser, fester Stimme einen Diener, zur Poststation zu gehen und eine Depesche nach Bremen aufzugeben, daß ein kleines Mädchen wohlbehalten und gesund zur Welt gekommen, die Mutter wohlauf sei und daß man den Vater Ende September erwarte.

Tante Doris mag jetzt zwischen zweiundfünfzig und fünfundfünfzig Jahre alt sein. Sie sieht abgearbeitet und elend aus, denn sie hat täglich, nur für Kost und Logis, mit einem ungeheuren Pensum an Aufgaben fertig zu werden, das sie von früh bis spät in Atem hält. Die zehn bis elf Bediensteten, zu denen man auch den Hauslehrer und die französische Gouvernante zählt, sind keineswegs dazu da, feine Herrschaften zu bedienen, die auf der faulen Haut liegen. Nicht nur die Gutshäuser auf dem Land, wo es keine Kaufläden gibt, gleichen einer Fabrik; auch in den Stadthäusern der wohlhabenden Bürger wird alles, was man benötigt, selber hergestellt. Man geht nicht auf die Straße, man kauft nicht in schmuddeligen Bäckerläden, von Fliegen wimmelnden Fleischerläden oder in Gasthäusern ein, wo man stinkende Heringe aus der Tonne oder Gewürze bekommen kann. Man schickt die Mägde möglichst nicht auf den Wochenmarkt, wo sie Hühner, Gänse oder Gemüse kaufen könnten, denn dort sind sie sittlichen Gefahren ausgesetzt. Mein Ururgroßvater ist außerdem gesundheitsbewußt. Er hat während der Krankheit seiner ersten Frau genug Spekulationen über deren mögliche Ursachen angehört. Er läßt von den Bauern der Umgebung alles frisch Geerntete direkt ins Haus bringen: Kartoffeln, Rüben, Kohl, Obst, Getreidekörner, kurz alles, was auf oder unter der Erde, an Sträuchern und auf Bäumen wächst. Dann werden die Ladungen der bäuerlichen Wagen vom Personal gleich für das ganze Jahr zum Verzehr vorbereitet und haltbar gemacht. Die Kartoffeln und die Rüben werden in Mieten gelagert, Kohlköpfe eingekellert oder zu Sauerkraut gestampft, Obst und Gemüse zum Trocknen auf Fäden gezogen, gedörrt oder in Fässern eingelegt. Wolle und Baumwolle werden gesponnen, gewebt und gestrickt, das Getreide läßt man beim Müller mahlen, das Brot und die Kuchen werden im Haus gebacken, und im Hof hält man für den Hausgebrauch Gänse, Enten und Hühner, deren Eier man als Soleier haltbar macht und deren Federn man selbst rupft, spleißt und zur Füllung von Betten verwendet. Man hält auch Schafe, Schweine und eine Eselin, deren Milch Lungenkranke heilen soll. Fische werden geliefert, die in Wannen lebendig gehalten werden, bis sie auf dem Speiseplan stehen. Man hat auch zwei Kühe, um stets frische Milch für die Kinder zu haben, und man läßt Kräuterfrauen kommen, deren Waren man teils zu Medizin, teils zu Gewürzen verarbeitet.

Diese alten Frauen, von denen die Kinder annehmen, es seien Hexen, sind für den jetzt neunjährigen August, den Ältesten der neuen Frau Grisebach, von allergrößtem Interesse. Eine von ihnen hatte ihm einmal Märchen in der Küche erzählen dürfen und ihn so begeistert, daß er sie danach mehrere Male mit seinem Hauslehrer im Wald besuchte. Dort zeigte sie ihm, woran die einzelnen Kräuter zu erkennen sind, wozu man sie braucht und welche Krankheiten sie heilen. Davon erzählte er dann seinem Patenonkel, einem Professor für Botanik, der ihm daraufhin ein kleines Herbarium schenkte, und nun konnte August es nie abwarten, bis die Kräuterfrau wieder kam, er ihr etwas abkaufen und in seinem Herbarium getrocknet einordnen durfte.

Die Arbeit des Wäschewaschens und Plättens, die jedesmal mehrere Tage dauert und das ganze Haus unter Dampf setzt, ist auch der Tante Doris unterstellt. Nur zwei der vielen Arbeitsgebiete des Hauses, die Pflege von kranken Kindern und das Nähen und Stopfen von Kleidung und Wäsche, hat die junge Frau Grisebach übernommen. Der Hausherr läßt seine Anzüge von einem Schneider fertigen, weil Frauenhände zu schwach sind, um Nadeln durch derart dicke, feste Stoffe zu stechen, aber alles andere wird im Hause selbst genäht, wobei die Aussteuer der Mägde, die sie anstelle von Bargeld erhalten, den Löwenanteil dieser Arbeit ausmacht.

Es ist schon schwer, sich vorzustellen, wie man in einer Küche ohne fließend Wasser, ohne Abfluß, ohne Strom oder Gas, ohne jegliche Küchenmaschine nur auf offenem Feuer mit an Ketten darüber hängenden Kesseln für so viele Menschen kochen und abwaschen kann. Und noch schwieriger dürfte es sein, sich vorzustellen, wie man so vieles ohne Nähmaschine nähen kann.

Wenn ich in meinen Wäscheschrank blicke, scheint es mir fast undenkbar, daß all diese Säume und Nähte damals mühselig mit der Hand genäht wurden, und zwar mit ebenso kleinen und gleichmäßigen Stichen, wie sie heute die Maschinen machen. Um eine derartige Fertigkeit zu erlangen, mußte ein Mädchen wie ein Artistenkind bereits vom Kleinkindalter an in Handarbeiten geübt und gedrillt werden, ob es Lust und Begabung dafür hatte oder nicht, ob es arm oder reich war. Und niemand lobte sie dafür;

es galt als selbstverständlich, nähen zu können, und dazu mußten sie auch noch stricken, häkeln, sticken und klöppeln. Wer als besonders weiblich und wohlerzogen gelten wollte, ließ sich auch im Gespräch, beim Lesen oder beim Spazierengehen kaum ohne irgendeine Handarbeit sehen. Vielleicht haben die Frauen deshalb so viele Briefe geschrieben, damit ihre Hände zur Erholung auch einmal etwas anderes tun durften?

Während die Wöchnerin schläft, geht Tante Doris mit einem Strickzeug in der Hand in den großen Saal mit den imposanten Wandgemälden und sieht nach, ob für die Taufe des Kindes neue Kerzen gegossen werden müssen und ob die Kandelaber, Lüster und Wandleuchter geputzt sind. Dann tadelt sie eine Magd, die gerade vom Brunnen draußen zwei Eimer Wasser in die Küche schleppt, weil sie gestern wieder aus Bequemlichkeit Abwässer in den Rinnstein gekippt hat, anstatt, wie vom Herrn befohlen, auch das gebrauchte Wasser in die Klärgrube im Hof zu schütten. »Du warst zu faul, den Deckel von der Grube zu heben und sie wieder zuzudecken, aber du weißt doch, wie selten die Bauern kommen, um die Gosse zu reinigen, und wie schnell dann die Ratten da sind und wie es stinkt auf der Straße.« Auch die Jauche aus der Klärgrube im Hof wird von Bauern abgefahren, aber Rudolf Grisebach zahlt mehr und pünktlicher als die Stadt, deshalb wird die Klärgrube häufiger geleert.

Er hat in seinem Haus sogar ein Badezimmer eingerichtet. Da wurde dann in einen der vielen Räume eine große Wanne gestellt, die Köchin mußte über dem offenen Feuer große Kessel mit Wasser erhitzen, die Mägde mußten es in die Wanne schütten, dann immer wieder nachfüllen, bis alle gebadet hatten, und zum Schluß das gesamte Wasser ausschöpfen und forttragen.

Auf einem Rundgang durch das Haus tadelt Doris noch den Holzknecht, der die gehackten Klüben im Schatten statt in der Sonne aufschichtet, wo sie trocknen sollen, und geht dann in ihr Stübchen, um sich auch ein wenig auszuruhen und zu warten, daß die Wöchnerin nach ihr klingelt. Sie seufzt. Sie ist doch sehr allein ohne ihre Schwester – und jetzt noch mit der Arbeit für die vier neuen Kinder, die nicht einmal mit ihr verwandt sind! Sie ist müde. Nur das Pflichtgefühl treibt sie immer wieder an und auf die Beine, auch als jetzt die junge Mutter läutet und verlangt, daß die vier Kleinen zuerst das Schwesterchen begrüßen. Mit ihren vier Kleinen meint sie auch die Stieftochter Theodore, die sie als Baby von acht Monaten übernommen und ganz wie ein eigenes Kind in ihr Herz geschlossen hat. Warum will Rudolf nur dann kommen, wenn es ein Junge wird, denkt die junge Frau etwas verbittert, während Tante Doris die Kleinen holt. Er hat doch genug Jungen, und mein August ist schließlich der Begabteste von allen. Wer von den anderen hatte denn in dem Alter schon ein Herbarium und beschäftigte sich schon so fleißig und gewissenhaft mit selbstgestellten Aufgaben außerhalb der Schule? Wer ist in diesem Alter schon so reif und so klug gewesen? Warum kommt Rudolf nur noch so selten nach Hause?

Da stürzen auch schon aufgeregt die drei kleinen Mädchen herein. Erst laufen sie zur Wiege, um sich das inzwischen schlafende Kind anzuschauen und seine kleinen Händchen vorsichtig zu berühren. Dann umarmen sie die Mutter, und die beiden Kleinsten wollen auf ihr Bett klettern.

»Halt! Halt!« ruft Theodore. »Ihr tut ja der Mutter weh!«

»Wieso weh?« empört sich Emilie, »das tut ihr doch sonst auch nicht weh!«

»Der Storch hat sie doch ins Bein gebissen«, werden sie von der Zwölfjährigen belehrt, die ein altkluges, wissendes Gesicht macht und sich ungeheuer erwachsen vorkommt, weil sie die dummen kleinen Schwestern belügen darf. Mariechen ruft, »wo, Mutter, wo hat er dich ins Bein gebissen, zeig das doch mal!«, aber Theodore hindert sie daran, die Bettdecke wegzuziehen, und kommandiert scharf: »Laß das, das tut man nicht.«

»Das tut man nicht« ist ein Satz, auf den alle kleinen Mädchen gelernt haben, sofort zu gehorchen, ohne noch weiter zu fragen, warum. Emilie schweigt auch artig, aber ihr ist die Sache nicht geheuer. Die ältere Theodore – die alte Petze, die alte Besserwisserin – mag sie nicht um Auskunft bitten. Tante Doris schimpft immer, wenn man dumme Fragen stellt. Ich werde irgendwann mal Mutter fragen, wenn ich mit ihr allein bin, denkt sie.

Da kommen die drei großen Brüder ins Zimmer, und Tante Doris scheucht die Kleinen wieder nach oben in ihre Spielzimmer. Otto, der zwanzigjährige Jurastudent, tritt ohne jede Verlegenheit an das Bett der Wöchnerin, strahlt sie an, küßt ihr die Hand und meint weltmännisch: »Ich muß wohl diesmal Vater vertreten bei der Begrüßung der neuen Erdenbürgerin. Ich danke dir, Mutter, daß du für Symmetrie gesorgt hast. Nun sind wir vier Söhne und vier Töchter, genau wie es sich bei einer ordentlichen Familie gehört.«

Ach, das ist Balsam auf die Wunden der jungen Mutter. Der liebe Otto, immer weiß er, ihr Komplimente zu machen. Schon als kleiner Junge hat er sie angedichtet und verehrt.

Der sechzehnjährige Rudolf und der vierzehnjährige Carl sind nicht so weltgewandt und stehen eher schüchtern und verlegen neben dem Bett. »Ich gratuliere«, murmeln sie und verlangen dann, die kleine Louise zu sehen.

»Sieht ja spaßig aus«, meint Rudolf, und Carl ergänzt, »ganz anders als die anderen drei.«

»Ja, nicht wahr?« lacht die Mutter, »ich habe mich auch gewundert, wo der Storch die aufgegabelt hat.«

Die drei jungen Männer grinsen wissend, machen aber weiter keine Bemerkung über die Herkunft des Kindes, die ihnen immer noch sehr peinlich ist.

»Na, nun geht mal wieder nach oben«, sagt die Mutter, »aber holt noch den August, der war noch nicht hier.«

Und die drei stürmen in den oberen Stock, reißen eine Tür auf und schreien hinein: »August! Du sollst runterkommen, der Storch hat dir ein Schwesterchen gebracht!«

»Quatscht doch keinen Blödsinn«, schreit der Neunjährige zurück, der gerade aufmerksam damit beschäftigt ist, sein Herbarium mit Kräutern zu vervollständigen, die ihm die Hebamme im Auftrag der Kräuterfrau heute mitgebracht hat.

»Der Storch bringt doch keine Kinder!«

Natürlich ist die Nachricht von dem neuen Schwesterchen längst zu ihm gedrungen, aber er ist böse darüber. Was soll er mit noch einer Schwester, wo er schon drei hat, die ihm genug auf die Nerven gehen. Wenn Vater nicht zu Hause ist, geht auch alles schief. Diesmal hat sicherlich der dumme Otto die Amme aus dem Dorf geholt, und die brachte natürlich wieder nur ein Mädchen. Man hätte ihr doch sagen müssen, daß man diesmal einen Jungen brauchte, weil Mariechen schon ein Fehlkauf gewesen war. Er hat keine Lust, nach unten zu kommen und den Balg zu begutachten, den er sicherlich genauso dumm finden wird wie die anderen beiden Schwestern.

»Dicker, jetzt komm aber endlich, Mutter wartet auf dich!« ruft Tante Doris zu ihm hinauf, und da gehorcht er widerwillig und langsam.

Er geht zu seiner Mutter, gibt ihr gehorsam einen Handkuß und sagt: »Vor mir brauchst du nicht so zu tun, als ob der Storch dich ins Bein gebissen hätte. Ich weiß alles. Du kannst ruhig aufstehen. Wo ist denn die dumme Amme?«

»Diesmal haben wir vorläufig noch keine. Ich will versuchen, das Kind selbst zu stillen.«

August ist sprachlos. »Wieso, Mutter, wieso kannst du das? Du bist doch kein Säugetier!«

Erst versteht ihn die Mutter nicht. Dann aber lacht sie. »Dachtest du, wir kaufen die Kinder von Ammen?«

August schweigt und wird rot. Tatsächlich, das hatte er geglaubt. Aber jetzt fällt ihm ein, wie dick Mutter in letzter Zeit geworden ist, und er begreift, warum sie im Bett liegt. Das ist gar kein Theater, um den kleinen Schwestern etwas vorzumachen, das ist echt. Nicht nur die Frauen in den Dörfern sind Säugetiere, auch seine eigene, geheiligte Mutter. Das ist ja einfach gräßlich!

August wird übel. Er muß mit dem Erbrechen kämpfen, denn wie Säugetiere ihre Jungen gebären, das hat er in den Ställen gesehen. So etwas will er nicht mit seiner schönen Mutter in Zusammenhang gebracht wissen. Er stürmt nach oben und schließt sich in seinem Zimmer ein.

22

»Das war zuviel für den Jungen, er ist noch zu klein dafür«, seufzt die Mutter, aber Tante Doris denkt: Es wäre besser, sie wüßten es gleich. Sie ist nicht für das Verzärteln, und ihre Schwester Betty war das auch nicht.

Der aufgeweckte August, der seine Ohren überall hat und dem man nachsagte, er höre die Flöhe husten, schämt sich seines peinlichen Irrtums. An Emiliens Geburt erinnert er sich nicht mehr, da war er noch nicht zwei Jahre alt, aber als vor vier Jahren Mariechen geboren wurde, hatte man ihm auch vom Klapperstorch erzählt, und er hatte das gleich als eine der vielen Lügen der Erwachsenen Kindern gegenüber entlarvt. Als ihm sein Hauslehrer im Naturkundeunterricht erklärte, Menschen gehörten zur Gattung der Säugetiere, hatte er einen Ausweg gefunden, um dies nicht auch auf seine Mutter beziehen zu müssen. Eine wirklich häßliche, ihm widerliche Frau aus Friesland hatte Mariechen gesäugt, auch war ihm aufgefallen, daß Angehörige seines Standes und seiner Familie die Angehörigen niederer Stände duzten und verächtlicher behandelten als Gleichgestellte. Da folgerte er sehr logisch, das seien eben noch Säugetiere. Erst Erziehung und Bildung, wie er sie erhielt, machte *Menschen* aus ihnen. So kam er darauf, daß man für den scheußlichen Vorgang, bei dem die Kinder aus einem unaussprechlichen Körperteil gepreßt wurden, ebenso wie für das Säugen Frauen aus den niedersten Ständen verwendete. Er hatte sich einen Vers über die Friesen gemerkt, den Vaters Freunde einmal zum besten gaben und über den sehr gelacht wurde. Der begann:

Wer kennt das Volk nicht, das bei seinen Rindern
selbst ochsenartig aufgewachsen ist.
Wer kennt das Volk nicht, das den kleinen Kindern
statt Milch nur Fusel in den Rachen gießt.

Nun war ihm klar, wo Eltern ihre Kinder einkauften. In Friesland natürlich, wo sie billig waren und sonst mit Fusel umgebracht worden wären.

Die Erkenntnis, daß seine Mutter auch ein Säugetier ist, zerstört Augusts bisheriges Weltbild schmerzhaft. Aber nun weiß er endlich Bescheid. Alle Weiber sind Säugetiere, und nur aus ihm und seinen Brüdern können *Menschen* gemacht werden. Deshalb dürfen Mädchen nicht das gleiche spielen und lernen wie er, deshalb spricht man nicht in gleicher Weise ernst mit ihnen wie mit ihm. Von nun an zeigt er seinen Schwestern nie mehr, was er tut, erklärt ihnen nichts mehr und unterhält sich nicht mehr mit ihnen wie früher. Gegen die kleinste Schwester, Louise, kann er sich eines leichten Unbehagens nie mehr ganz erwehren.

Daran ändert sich auch in und nach der Pubertät nichts, als ihm klarwird, daß auch er »Vieh« ist – aber das gottlob immer nur in wenigen, schnell vergessenen, im Grunde sündhaften Rauschsekunden, nicht monatelang, eigentlich ununterbrochen wie die Frauen. Die meiste Zeit seines Lebens war ein Mann doch *Mensch* und hob sich mit Intelligenz, Bildung und Geist wohltuend ab von denen, die nur zu Zuchtzwecken auf der Welt waren und dazu, dem Manne als eine Gespielin zu dienen, wie es in der Bibel hieß.

Louises Kindheit (1823 bis 1837)

»Die sieht ja putzig aus«, lachte Rudolf Grisebach Ende September, als er von seiner Geschäftsreise zurückkehrte und seine Frau ihm das Neugeborene präsentierte. »Ich danke dir, meine Liebe.« Er küßte sie auf die Stirn, rief Tante Doris und besprach mit ihr die Modalitäten der Taufe. »Ich werde hundert Leute einladen«, sagte er, »kannst du das schaffen?«

»Nun, dann werden etwa 75 Leute kommen, das geht schon«, antwortete diese.

»Hast du schon überlegt, was es geben soll?«

»O ja, ich dachte Bouillonsuppe mit Klümpen, Hammelbraten mit Gurken, Savoyenkohl und Enten, Erbsen und Hering, einen Mandelauflauf, junge Hühner mit Zubehör und zum Schluß einen Vanillepudding mit Himbeersoße.«

»Nun, das wäre ja superb, herzlichsten Dank, meine Gute.«

»Wie soll das Kind denn heißen?« wagte Doris zu fragen.

»Wilhelmine, Rosine und Louise als Rufname.«

»Sind Onkel Wilhelm und Tante Rosine Paten?«

»Ja, mein Schwager Wilhelm ist zwar schon bei Mariechen Pate, aber er will es noch einmal übernehmen, und Tante Rosine hat schon längst darauf gewartet.«

Doris zog ihre Lippen noch ein wenig tiefer nach innen und schlug ihre Augen nieder. Es schmerzte sie, daß auch das zehnte Kind ihres Schwagers nicht ihren Namen tragen durfte, obwohl doch alle Kinder von ihr gepflegt und aufgezogen worden waren. Aber sie wußte, man gab keinem Mädchen den Namen einer Unverheirateten ohne Ehechancen, damit deren Unglück nicht auf das Kind übertragen wurde. Als Patin kam sie auch nicht in Frage, weil ein Pate Geld haben mußte, um beim Todesfall der Eltern deren finanzielle Pflichten übernehmen zu können.

Bei der Taufe entrann Tante Doris dann durch ihre Aufmerksamkeit in letzter Minute einer fürchterlichen Blamage. Es hatten tatsächlich 75 Personen zugesagt, die Hektik aller Bediensteten war groß gewesen, und jemand hatte ein neu eingestelltes Mädchen vom Lande damit beauftragt, 150 Teller auf den Tisch zu stellen, für jeden Gast zwei. Das Mädchen hatte die Kühnheit besessen, selbst nachzudenken, ehe sie fragte, und hatte für jeden Gast je einen Teller auf den Tisch und einen auf den Boden neben den Stuhl gestellt. Auf Tante Doris' entsetzte Frage beim Anblick der Beinahe-Katastrophe, was sie sich denn dabei gedacht habe, kam die Antwort: »Na, für die Knochen, dacht' ich.«

Als Doris später ihren Schwager um die Entlassungspapiere für dieses dumme Mädchen bat und deren Antwort wiedergab, schmunzelte Rudolf: »Die Antwort ist gar nicht dumm, wenn man davon ausgeht, daß dieses Mädchen noch keine Teller kennt, da zu Hause alles mit Holzlöffeln aus einem Kochtopf ißt und man die Knochen auf den mit Erde bestreuten Fußboden wirft, wo sie von den Hunden gefressen werden. Ihr Fehler war, daß sie bei einem ihr unverständlichen Befehl nicht fragte, sondern selbständig nachdachte. Sie sollte besser als Zofe für Theodore angelernt werden, die braucht bald eine und muß auch noch viel lernen. Schicke sie mal nach oben zu meiner Frau.«

Die Ausbildung der Mädchen vom Lande zu Zofen war eine mühsame Kunst. Um sich davon ein Bild zu machen, will ich einen Brief der Dichterin Annette von Droste-Hülshoff zitieren, den sie zu dieser Zeit schrieb, als man sie bat, ein vom Kloster betreutes Landmädchen als Zofe ins Haus zu nehmen:

Ich gestehe Dir offen, Ludowine, daß mir sehr angst bei der Sache ist. Darum bitte ich Dich, wenn Du willst, daß es gut gehen soll, so nimm das Mädchen jetzt von aller anderen Arbeit und Unterricht fort und lasse sie den ganzen Winter nichts tun, als was sie nachher können muß. Kein Ort in der Welt, wo eine Kammerjungfer, die nicht alles versteht, elender wegkommt wie bei Mama; denn diese wird dann furchtbar ungeduldig und un-

glücklich darüber und hat doch gar nicht die mindeste Art dazu,
sie anzulehren, und versucht es auch gar nicht. Nähen, d.h.
Hemden und Schnupftücher nähen, ist das einzige, wozu Mama
ihr einige Anweisungen geben wird, dabei aber sehr unglücklich
sein [wird], wenn es nicht gleich gut wird; denn Mama trennt
lieber ein ganzes Hemd wieder auf, als daß sie einen schlechten
Stich sitzen ließe … Sie muß die Hauptsache tun beim Plätten
und Fälteln und durchaus sehr gut Strümpfe zu stopfen verste-
hen, wozu Mama gewißt keine eigene Näherin wird kommen
lassen. Und wenn sie das auch täte, so reißt doch zu leicht in der
Probezeit, zum Beispiel beim Anziehen, eine Masche, ein
Strumpf usw., wobei es Mama steinunglücklich machen würde,
wenn es schlecht wieder gemacht würde. Haarkämmen ist auch
eine Hauptsache, denn Mama ist so empfindlich am Kopfe, daß
sie, wenn Marie gerade fort ist, das Haar oft ein paar Tage
ungekämmt sitzen läßt, weil es ihr kein anderer sanft genug
machen kann … Drum bitte ich Dich, uns beiden zuliebe, laß
sie den ganzen Winter nichts tun wie nähen, flicken, stopfen,
waschen, plätten und fälteln und jeden Morgen Dich ankleiden
und Dir das Haar machen. Sonst geht es nun und nimmermehr
… So hat sie z.B. alles Leinen und Tischzeug unter Beschluß,
gibt aus, nimmt ein, zählt in die Wäsche und wieder heraus,
ohne daß ihr nachgesehen wird, und von manchen Sachen, z.B.
Servietten, Handtüchern, könnte die Hälfte verloren oder ver-
dorben sein …

Man sieht, es war kein leichtes Los, Kammerjungfer zu sein, und
Rudolfs menschenfreundlicher Gedanke, das zwölfjährige, gar
nicht so dumme Küchenmädchen seiner ebenfalls zwölfjährigen
Tochter Theodore als Zofe zuzuordnen, schlug zwei Fliegen mit
einer Klappe. Er hatte bemerkt, daß seine junge zweite Frau
nicht mehr ganz so fröhlich war wie am Anfang der Ehe. Er
hatte für das Glück zu zweit nicht mehr soviel Zeit und auch
weniger Lust dazu. Ihn plagten Sorgen um die hinzugekauften
Güter, deren Rentabilität doch noch sehr zu wünschen übrigließ.

Zu Hause sah er, daß Doris die Herrschaft über nahezu alle Arbeitsgebiete des Haushalts an sich gerissen hatte und seiner Frau allein das Nähen überließ, was diese auch wirklich virtuos konnte. Niemand im ganzen Hause kam ihr gleich an Schnelligkeit, Akkuratesse und Winzigkeit der Stiche. Um ein Dorfkind zu dieser Arbeit anzuleiten, war nur seine Frau, nicht aber Doris geeignet. Er hatte nun beobachtet, daß Theodore, im Gegensatz zu Emilie, nur sehr unwillig und auch sehr ungeschickt nähte. Immer mußte sie ermahnt und getadelt werden, es flossen viele Tränen, und neulich hatte sie sogar gelogen. Sie hatte behauptet, einen ihr aufgetragenen Saum am Abend erledigt zu haben, und er hatte am nächsten Morgen gesehen, wie sie früh ins Nähzimmer schlich und nun erst die Aufgabe erledigte. Wegen dieser Lüge hatte sie zur Strafe an diesem Tag kein weißes, sondern ein schwarzes Band ins Haar binden müssen, so daß alle im Haus, auch die großen Brüder, sie als Sünderin erkannten, und danach durfte sie vier Wochen lang gar kein Band im Haar tragen, bis vierundzwanzig Nähte tadellos und ohne einen falschen Stich gesäumt waren.

Die tränenverschmierten Wangen der Tochter seiner geliebten ersten Frau waren ihm aber doch zu Herzen gegangen. Er war ja nicht aus Neigung, sondern nur aus Pflichtgefühl so streng. Da dachte er, wenn er ihr ein gleichaltriges Mädchen zuordnete, das überhaupt noch nicht nähen konnte und später ihre Zofe werden und die Näharbeit für sie erledigen sollte, dann würde sie doch Ehrgeiz entwickeln, und seine Frau würde sich wichtiger und ausgelasteter fühlen, wenn sie eine richtige kleine Nähschule einrichten durfte, in die dann später auch Mariechen und das kleine Louischen gehen konnten. Emilie hatte das Talent der Mutter für Handarbeiten wohl geerbt, sie spielte auch schon gut Klavier, aber das phlegmatische, jetzt vierjährige Mariechen zeigte noch keine Lust dazu. Sie zeigte auch keine Lust, mit dem Baby zu spielen wie ihre Schwestern, ja schien eine Abneigung dagegen zu haben. Das Neugeborene hatte sie um ihren Platz als Jüngste und Verwöhnteste der Kinderschar betrogen, es erregte mehr Aufmerksamkeit und lag dauernd auf Mutters Schoß, einem Platz, der ihr zustand. Nur wenn sie weinte und schrie, eilten Mutter und Tante Doris noch zu ihr. So schrie und weinte sie immer öfter, bis sie zu einer Nervensäge für alle Geschwister, auch die großen Brüder, wurde. »Nimm dir doch ein Beispiel an Louischen«, sagten alle zu ihr, »die ist doch jünger als du und weint nicht. Die ist immer lustig und kregel, und du bist nie content.«

Ja, Mariechen hatte es schwer im Geschwisterkreis. Über ihr die liebenswürdigere, hübschere und begabtere Emilie, unter ihr das originelle, alle Blicke auf sich ziehende jüngere Schwesterchen Louise, und niemand, außer Mutter, der sich im mindesten für sie interessierte.

Die Schwestern behandelte die Mutter alle gleich, die Stieftochter genau wie die eigenen drei, aber August, den klugen, begabten Sohn behandelte sie fast, als sei er bereits ihr Herr. Der hatte in allem eine Ausnahmestellung. Auch die drei älteren Stiefbrüder gingen mit ihm um wie mit einem Gleichaltrigen. Er hatte schon früh eine Art, die Respekt einflößte und ausschloß, daß man in ihm nur ein dummes Kind sah. Früh gewöhnten sich alle vier Schwestern an, ihm zu gehorchen. Niemand forderte das, aber es ergab sich einfach so.

Die für das ganze Leben prägende Kindheit meiner Tante Louise läßt sich kaum vergleichen mit irgendeiner Kindheit in unserem Jahrhundert, obwohl auch ich noch Gutshäuser in Hinterpommern kannte, in denen ähnlich viele Menschen unter einem Dach lebten. Da wurden aber die Standesunterschiede zwischen den einzelnen Bewohnern längst nicht mehr so radikal beachtet wie im vorigen Jahrhundert. Zu Tante Louises Zeiten war die Hierarchie nicht nur unter den Familienmitgliedern, sondern auch unter allen Hausangestellten streng gegliedert wie beim Militär. Jeder wußte, wer wem etwas sagen durfte, und erkannte den ihm Vorgesetzten auch ohne Achselklappen mit aufgenähten Rangabzeichen. Auch ein kleines Mädchen mußte alle an der Würde erkennen lernen, mit der sie auftraten. Es mußte lernen, wie groß die Distanz zu sein hatte, die es zu jedem zu wahren hatte.

Die ihr im Alter näheren Geschwister waren als Kleinkinder von Tante Doris geleitet und in deren Kielwasser mit der Umwelt vertraut gemacht worden. Die wußte, wie Dienenden zumute ist, und hatte die Kinder zu Rücksichtnahme, Höflichkeit und Schonung des Personals angeleitet, obwohl sie ihnen andererseits auch beibrachte, Distanz zu wahren und sich ihres Ranges als Herrschaftskind stets bewußt zu bleiben. Louischen war von ihrer Mutter gestillt worden und hing deshalb lange an deren Schürze. Aber Mutter bewegte sich wenig im Haus. Sie saß meist mit einer Handarbeit im Nähzimmer. Sie ließ zu, daß Theodore oder Emilie sich der unternehmungslustigen Kleinen bemächtigten und sie mit den Räumlichkeiten und dem Personal des Hauses vertraut machten. Die beiden Kinder hegten bei ihrem Spiel mit der lebendigen Puppe selbstverständlich noch keine pädagogischen Absichten.

Es gab damals ein allen Erziehern zugängliches Verzeichnis von Fehlern, die man Kleinkindern früh abgewöhnen müsse. Darin war Überheblichkeit nicht vermerkt, wohl weil es damals selten solche Kinder gab wie meine Tante Louise, denen es so früh schon gelang, überheblich zu werden. Diese Liste lautete:

Neigung zum Weinen, Neigung zum Erschrecken, Neigung zum sich Fürchten, Neigung zu schnellem Aufbrausen, Neigung zum Zorn, Neigung zum Jähzorn, Neigung zum hastigen Betragen, Neigung zum Lachen und Ausgelassenheit, Neigung zu Grausamkeit, Neigung zu Phantasmen, Neigung zu Illusionen, Neigung zu Halluzinationen, Neigung zu witzigen und drolligen Einfällen, Neigung zur Zerstreutheit, Neigung zum Täuschen und Hintergehen, Neigung zu Einsamkeit, zu verstecktem Wesen, zum Verschweigen, Verhehlen, Neigung zum Kritisieren, Neigung zum Verleumden und Verdächtigen anderer, Neigung zum Neid, Neigung zum Necken, Neigung zu dummen Streichen, Neigung zum Anfassen fremder Gegenstände, sie zu un-

tersuchen, zu Versuchen und zu Spielereien benutzen, Närrisches Betragen, Neugierde.

Für Mädchen ganz besonders schlimme Fehler waren Ungehorsam, Eigensinn, Launenhaftigkeit, Koketterie, Neigung zum Reden, ohne gefragt zu sein, Gähnen, Naseweisheit.

Ich nehme an, Emilie und Theodore werden nur gelacht haben, wenn die stramme Zweijährige mit dem energischen, drolligen Gesichtchen den Finger ausstreckte und einer klapprigen, rheumatischen Frau, die gerade die Treppen aufwischte, befahl: »Hol mir meinen Ball da unten rauf«, und, wenn es ihr zu lange dauerte, bis die Alte sich erhoben hatte, hinzufügte: »Wird's bald!« Das war etwas, das sie sich in Gegenwart von Tante Doris oder Mutter nicht hätte erlauben dürfen. Den beiden Schwesterchen imponierte aber die Kühnheit, wie auch der Bruder August ihnen imponierte, der mit ihnen beiden genauso umsprang. Das hatte Louischen früh bemerkt, und das ahmte sie nach.

Man glaubte damals, Charakterfehler durch spätere Ermahnungen und Strafen korrigieren und gleichsam von der Person wieder abschneiden zu können. Man ahnte nicht, wie die Weichen dazu in allerfrühester Kindheit gestellt werden. Trotz der liebevollen Aufmerksamkeit, mit der die Entwicklung auch dieses zehnten Kindes beobachtet und geleitet wurde, entging den Verantwortlichen der frühe Dünkel des Mädchens: Das mag zu der späteren Übersteigerung von Louises Selbstwertgefühl geführt haben. Auch die Eltern glaubten, über Menschen von geringerem Stand verfügen zu dürfen. Man betrachtete Louises Betragen deshalb nur als Frühreife.

Von Anfang an mit Strafen bekämpft wurden dagegen die erwähnten für Mädchen besonders schlimmen Charakterfehler, aber mit ihrem starken Eigenwillen wurden weder die Mutter noch Tante Doris fertig. Die einzige Autorität, die sie über sich gelten ließ und anerkannte, war der Vater, denn der war ja sozusagen der Herr und der Gott über die ganze im Hause versammelte Herde, ihrer aller Hirte. *Ihm* zu gefallen, *seine* Aufmerksamkeit zu erregen, von *ihm* ein Lob oder auch nur ein an sie gerichtetes Wort zu hören, galt ihr ganzes Streben, ihr Verlangen und ihre Sehnsucht, denn gerade sie, die diesen Vater mehr als alle anderen gebraucht hätte, als gegenwärtige, leiblich anwesende, immer im richtigen Augenblick eingreifende Person, mußte ihn fast immer entbehren.

Rudolf liebte alle seine Kinder und fühlte mit Ernst die Verantwortung, die er für jedes von ihnen hatte. Bei ihm selbst waren, wie er meinte, im 18. Jahrhundert viele Erziehungsfehler gemacht worden, an denen er heute noch leiden würde. Sein Vater, auch Jurist, hatte ihn beispielsweise als zwölfjährigen Knaben zu einer Hinrichtung mitgenommen, und er hatte zusehen müssen, wie einem Verbrecher der Kopf abgeschlagen wurde. Das hatte ihn tief verstört.

Er hatte aufmerksam die pädagogischen Schriften und Ratschläge seiner Zeit studiert, bedacht und beherzigt, was ihm richtig und gut erschien. Eingeleuchtet hatten ihm Ratschläge zur Abhärtung und Körperhygiene, eingeleuchtet hatte ihm,

daß ein Erzieher von wahrer Bildung sich als unmittelbar ausführendes Organ der Gottheit, als der höchsten erziehenden Kraft fühlen müsse und versichert sein könne, daß das von ihm ausgehende Feuer der Mitteilung, seine Begeisterung für Religion, Wissenschaft und Kunst gemäß höheren Naturgesetzen des Geistes in den kindlichen Gemütern verwandten Stoff entzünden und so seine Einwirkung auf das Kind sich ins Unendliche durch die Menschheit fortleiten werde.

Er hielt sich an den damals berühmten Kodex der Kinderbildung von J. Sailer, in dem es unter anderem heißt:

Die Autorität, die konsequent ist und sich selber Wort hält, wird nicht nur das erzielen, was sie erzielen will: sondern noch etwas, was sie gerade auf dem Wege nicht erzielen kann: Liebe. Die

Erfahrung bezeugt es, daß Kinder den Vater, der Ernst mit Liebe paart und auf Gehorsam besteht, mehr lieben als die Mutter, die durch Nachgiebigkeit in ihnen nur neue Begierden anregt und in dem Maß, in welchem sie das Ansehen in dem Auge ihrer Lieblinge verloren hat, nun auch die Liebe verliert.

Weil die Aufrichtigkeit mit zur schönen Kindlichkeit gehöret, weil die Falschheit den Charakter der Menschen durch und durch verdirbt, weil die Lüge an sich die häßlichste Form des Bösen ist; so soll der Kodex der Kinderbildung eigentlich nur zwei Gebote enthalten:

das erste: Sei gehorsam!

das zweite dem ersten gleich: Sei offen, aufrichtig, lüge nicht!

Für Tante Louischen wurden wohl weniger diese Prinzipien zur Ursache von Charakterfehlern als vielmehr deren Nichteinhaltung durch die Mutter, die dem stürmischen und leidenschaftlichen Temperament der cholerisch veranlagten Tochter mit ihrem stets ruhigen, heiteren Phlegma nicht gewachsen war. Louischen war ein Kind, das außerordentlich stark auf alle Eindrücke reagierte und von Anfang an einen großen Lebens- und Erlebnishunger hatte. Der häufige Abschied vom Vater und sein Wiedererscheinen müssen für sie außerordentlich erregende, oft auch traumatisch nachwirkende Erlebnisse gewesen sein. Sie vergötterte ihren Vater, ihr Lebensgefühl war eine tiefempfundene Sehnsucht. Anstatt einen lebendigen Papa umarmen zu können, schien sie schon früh innerlich die Arme ausgestreckt zu haben, um aus höheren Sphären Göttliches zu sich herabzuziehen. Dazu kam eine allmähliche Abneigung gegen die nüchterne, pragmatische Mutter, die so gar nicht verstand, wonach dies leidenschaftliche Kind sich so verzweifelt und vergeblich sehnte.

Wenn das kleine Louischen zuhörte, wie der Vater sich mit dem um neun Jahre älteren Bruder August unterhielt, mit welchem Ernst er mit ihm sprach, was er ihm alles Interessantes aus Politik, Umwelt und Wirtschaft erzählte, mit welcher Achtung er den Knaben behandelte, dann zerriß es ihr das Herz, nicht auch ein

Mensch zu sein, der *ernst* genommen wurde und den man nicht nur liebte und koste, sondern den man auch achtete und in die eigene geistige Welt einführte. Auch wenn der Vater zu Hause war, blieben sie, ihre Schwestern und auch ihre Mutter außen vor der Tür des geistigen Austauschs. Nur die Brüder hatten Zutritt zur Welt der *Menschen*. Sie spürte ganz deutlich, daß ein Mädchen niemals *Mensch* werden sollte, sondern ein Weib, das gehorchte und Kinder gebar. Sie haßte es, Mädchen sein zu müssen, keine geistige Nahrung erhalten zu dürfen. Alle Kinder im Alter von zwei bis drei Jahren fordern diese durch ein ständiges Fragen »warum? weshalb? wieso?« Knaben wurden diese Fragen auch beantwortet. Louischen erhielt stets die Abfuhr: »Sei nicht so neugierig, das geht kleine Mädchen nichts an«, oder einfach nur: »*Darum*, weil Erwachsene das so sagen.« Louise *hungerte* nach Antworten auf ihre Fragen. Sie *beneidete* August um die erschöpfenden Auskünfte, die er vom Vater erhielt. Dem schien es das größte Vergnügen zu bereiten, den Wissensdurst seines Sohnes zu stillen. Was bei einem Jungen aber anerkennenswerter Wissensdurst war, galt bei Mädchen als unzulässige, unweibliche Neugier auf Dinge, die ein Mädchen nicht zu interessieren hatten, und man tat alles, um ihr diesen »Charakterfehler« auszutreiben, mit Ermahnungen und auch mit strengen Strafen, so daß sie einmal ganz verzweifelt ausrief: »Was kann ich denn dafür, daß mich der liebe Gott so klug gemacht hat!« Klug sein, das hatte man ihr eingeprägt, war schlimmer, als einen Buckel zu haben, denn dann bekam man niemals einen Mann.

Sie wollte so gerne dem Vater gefallen, sie wollte so sehr sein Lob und seine Anerkennung finden, aber das konnte sie nur, wenn sie sich selbst mit allen ihren geistigen Anlagen verleugnete.

Die Begeisterung des Vaters für Religion, Wissenschaft und Kunst hatte in dem kindlichen Gemüt der Tochter den ihm verwandten Stoff entzündet, er brannte und wollte brennen, aber der, der das Feuer entzündet hatte, löschte es mit allen »sittlichen« Kräften, weil eine kluge Frau »Gott« nicht wohlgefällig

war. Das denkende Weib, als Konkurrenz der Männer, die ihre
Vernunft an die Stelle Gottes gesetzt hatten, durfte es nicht geben. Alles, was an pädagogischen Schriften dieser Zeit geschrieben und gelesen wurde, zielte auf die Ausschaltung des weiblichen Verstands.

So wäre meine Tante Louise schon in den ersten fünf Lebensjahren ein unglückliches Kind gewesen, wenn sie nicht ihren um
vierzehn Jahre älteren Bruder Carl gehabt hätte, der nicht, wie
Otto und Rudolf, in ein Internat kam, sondern einmal Offizier
werden sollte. Um seine angegriffene Gesundheit zu schonen,
blieb er im Hause und wurde von Theodore und Tante Doris
gepflegt. Der Vater besorgte milchgebende Eselinnen, um den
Sohn vor dem Schicksal seiner Mutter zu bewahren, die an der
Schwindsucht gestorben war, aber es half alles nicht, der Neun-
zehnjährige mußte die Welt schon im Jahre 1828 verlassen.

Anfangs hatte Theodore die kleine Halbschwester wie ein
Spielzeug mit ans Krankenbett des großen Bruders gebracht,
aber bald entwickelte sich zwischen dem jungen Mann und dem
drolligen kleinen Mädchen eine Art Vater-Tochter-Verhältnis, in
welchem Carl sich ganz als Mentor eines wissensdurstigen kleinen Menschen fühlen konnte. Ihm war es gleich, ob die großen,
fragenden, klugen Augen des Kindes einem Knaben oder einem
Mädchen angehörten. Er war krank geworden, ehe er die kon-
ventionellen Regeln für »männliches« und »weibliches« Verhalten eingeübt und verinnerlicht hatte. Er wußte von seiner
Krankheit und davon, daß sie ihm den Tod bringen könnte, und
er beschäftigte sich viel mit dem Gedanken an ein Fortleben
seiner Seele und mit Gott. Unabsichtlich verursachte sein Reden
wohl auch in des Kindes kleinem Kopf die Identifizierung Gottes
mit ihrer beider Vater. Er redete lange und viel mit der Kleinen,
die durch ihn zum ersten Mal erfuhr, wie es ist, ernst und für
voll genommen zu werden. Selbstverständlich verstand sie nicht
alles, was er sagte, aber sie hörte zu, leidenschaftlich, fasziniert
von Worten, geborgen in einer Welt, nach der sie sich sehnte. Sie
wußte und bemerkte nicht, daß der große Bruder todkrank war,

daß er oft im Fieber und unzusammenhängend sprach. Er sprach – und er sprach zu ihr –, das war das Wesentliche. Das quirlige, tobende, jähzornige, immerfort schwatzende Kind brauchte bei Carl nicht ermahnt zu werden, den Mund zu halten. Still sog sie seine Worte, verstandene und unverstandene, in sich hinein.

»Paß auf«, sagte die Mutter zu Theodore, wenn sie mit dem Kind in die Krankenstube ging, »daß ihr euch nicht ansteckt. Geht nicht zu nah an ihn ran, eßt nicht von seinem Löffel, gebt ihm keinen Kuß.« Doch Louischen hatte ohnehin kein Bedürfnis, nahe an Carl heranzugehen, ihn zu küssen oder von seinem Löffel zu essen. Sie kauerte sich still in den Sessel, der im Zimmer stand, und wartete, bis Carl zu reden anfing, und dann hörte sie zu, unersättlich. Sie fühlte sich gestört durch Theodores pflegerische Maßnahmen, die für Minuten den Redefluß Carls unterbrachen, gestört durch Hustenanfälle des Patienten, durch Blutstürze und Exaltationen um ihn herum, denn sie wußte nicht, was Krankheit, was Tod ist. Für sie wurde Carl der Hungerstiller, der Glückspender, der Stellvertreter Gottes und des Vaters. Sein vom ganzen Haus erwarteter Tod war für sie ein völlig unerwartetes Ereignis, das sie lange nicht in seiner Bedeutung begriff. Carl war plötzlich abgereist wie der Vater, an seiner Stelle lag nur noch ein weißes Laken auf dem Bett, aus dem nichts mehr redete.

Sie erlebte das erste Mal, daß der Vater weinte. Warum weint er denn, dachte das Kind und begriff das Verhältnis nicht, in dem Vater und Carl zueinander gestanden hatten. Männer dürfen doch nicht weinen. Alle weinten, Mutter, Tante Doris, Otto, Rudolf, Theodore, Emilie, Mariechen und alle Dienstboten, einschließlich des Hauslehrers und der französischen Gouvernante. Zum ersten Mal fühlte Louise ein leises Gefühl der Verachtung für all diese weinenden Menschen. Wie hatte man sie immer gescholten, wenn sie bei der Abreise des Vaters weinte. Anstatt daß sich nun alle mit Carl freuten, daß er endlich im Himmel bei Gottvater und seinen Engeln war, wo er doch immer hinwollte und wovon er so viel in Vorfreude gesprochen hatte! Pah, ausgerechnet der Gottvater weint, der ihn doch selbst in seinen Himmel geholt hat!

Tante Louise vergaß später ihre kindischen Gedanken beim Tode Carls, aber von da an muß sie langsam damit begonnen haben, auch den Vater zu kritisieren. Wenn sie jedoch den Vater nicht mehr mit Gott identifizierte, empfand sie es als Sünde gegen ihn und schämte sich dessen. Ein »Gott«, der so lange Zeit im Leben eines Kindes persönlich in Fleisch und Blut anwesend gewesen ist, kann auch nach seiner Enttarnung nicht mehr aus dem Herzen des Menschen verschwinden. Er hinterläßt unauslöschliche Spuren.

Nach dem Tode Carls gerieten auch die anderen Brüder aus Louises Gesichtsfeld. Otto, der zierliche, galante Älteste, wurde auf das Archigymnasium in Soest geschickt. Das war eine weit berühmte evangelische Anstalt, und viele Schüler dienten dort gleichzeitig ihr Einjährigenjahr ab. Sie kamen oft vom Dienst zum Unterricht, legten den Tornister unter die Bank und stellten die Muskete in die Stubenecke. Duelle zwischen den Primanern und den Offizieren der Garnison waren an der Tagesordnung. Ein ins Stammbuch geschriebene Gedicht für Otto Grisebach kennzeichnet den Idealismus jener Jugend, die mit heißer Sehnsucht die Einigkeit des zerrissenen Vaterlandes erhoffte.

> *Es reget sich im Vaterland*
> *ein freier Ritterorden*
> *den hat kein Zwingherr ausgesandt,*
> *aus sich ist er geworden;*
> *Ein Häuflein ist es, fromm und treu,*
> *ein Banner ist es, stark und frei,*
> *das immer ehrlich kämpfet.*
> *Das ist der Männer stolze Schar,*
> *die lebt und stirbt für's Rechte,*
> *die wie ein Fels steht kühn und wahr,*
> *ein Leuchtturm durch die Nächte.*

Die hält kein sichtbar irdisch Band,
doch wer das Rittertum erkannt,
der kann davon nicht lassen.

Rudolf, mein späterer Urgroßvater, der große, etwas unge-schlachte Praktiker in der Familie, wurde erst Ökonomie-Eleve auf einem Gut, dann kaufte ihm sein Vater zwei Güter in Meck-lenburg, wo er sich als Landwirt niederließ und 1833 die Toch-ter eines Amtmannes heiratete.

Dem neun Jahre älteren leiblichen Bruder, August, mußte Louise bis zu ihrem neunten Lebensjahr 1832 gehorchen. Nur von einem Jahr Klosterschule in Ilfeld unterbrochen, besuchte er das Gymnasium in Hannover, bis er dann auf die Universität nach Göttingen kam. Louise hatte immer große Schwierigkei-ten, sich ihm zu unterwerfen. Er war das willensstärkste aller zehn Kinder und spielte in Louises Leben eine große Rolle. Teils liebte sie, teils haßte sie ihn vor Neid und Eifersucht. Sein schon als Kind angelegtes Herbarium wuchs im Laufe seines Lebens zu einer der wertvollsten Fundgruben für die systematische For-schung in der Botanik an. Nie ließ er seine Schwestern in sein Zimmer, nie durften sie an seinen Interessen teilhaben.

Als der letzte Sohn das Haus in der Friedrichstraße verlassen hatte, ließ sich auch der Vater immer seltener blicken.

Die Mutter, Tante Doris, die vier Töchter und das reduzierte Personal blieben unter sich. Für die kleineren Mädchen waren nur noch eine französische Gouvernante und ein langweiliger pensionierter Lehrer vorgesehen, der zu gelegentlichen Unter-richtsstunden ins Haus kam. Da mögen manche strengen Erzie-hungsregeln gelockert worden sein, mit Ausnahme des von der Mutter ausgehenden unnachsichtigen Zwanges, perfekt nähen zu lernen.

In Louischens Leben machte sich nun außer der Sehnsucht nach dem abwesenden Vater das starke Gefühl der Langeweile breit. Man wird vergeblich versucht haben, ihr den »Charakter-fehler« des Gähnens abzugewöhnen.

Ein zweites großes Ereignis nach dem Tode Carls im Leben des Kindes Louise muß die Hochzeit der Schwester Theodore mit dem um zwanzig Jahre älteren Salinendirektor Theodor Hagemann aus Lüneburg im Jahr 1833, einen Monat vor Louischens zehntem Geburtstag, gewesen sein. Theodore, zweiundzwanzig Jahre alt, war zufrieden mit dem vom Vater erwählten Gatten, wenn auch wohl nicht ganz so selig, wie ihre Stiefmutter gewesen war, als sie den Vater heiratete. Sie wußte inzwischen, daß sie nicht das leibliche Kind ihrer Mutter war, aber das tat ihrer Liebe keinen Abbruch. Sie nahm die Hochzeit gleichmütig und ohne allzu große Gefühlsregungen auf. Es war an der Zeit, unter die Haube zu kommen, außer Hagemann hatte noch kein anderer um sie angehalten, man mußte zugreifen. Theodore war keine Schönheit, aber eine mütterliche, warmherzige Natur, die sich jetzt schon mehr danach sehnte, Kinder zu bekommen, als starke Liebesstürme zu erleben. Hagemann war ihr sympathisch, und mehr als Sympathie und gegenseitige Achtung waren nicht erforderlich für eine Ehe, die gelingen sollte. Sicherheitshalber hatte sie ein Jahr mit der Verlobung gewartet. Nun war sie sicher, eine glückliche Ehe führen zu können, sie strahlte, und alles strahlte mit ihr.

Diesmal wurden zweihundert Leute geladen, es kamen einhundertfünfundsiebzig, und »man hatte zu Genüssen Tee, Bouillon, Hechtsalat, Heringssalat, Hühner mit Austern, Mockturtle, zwei Puddings, Eis und Gelee, vorher Torten und Getränke, und bis zwei in der Nacht dauerte es.«

Um Speiseeis herstellen zu können, mußten mit Extrapost in Norwegen aus dem Eis gehackte Eiskloben herbeigeschafft werden, und für den Fall, daß diese trotz aller Vorsichtsmaßnahmen auf der langen Reise schmolzen, war das Gelee vorbereitet.

Zur gleichen Zeit, als die Familie Grisebach in einem derartigen Luxus schwelgen konnte, wuchs das Elend der durchschnittlichen Bevölkerung. Die mittlere Lebensdauer sank schon um 1830, erreichte 1832 noch über vierzig Jahre und betrug 1846 nur noch fünfunddreißig Jahre. Mißernten, Überschwemmun-

gen, Hungersnöte und sprunghaft steigende Preise für Nahrungs-
mittel hielt man für die Ursache. Kinder im Alter von Louischen
hatten oft einen zwölfstündigen Arbeitstag in der Fabrik durchzustehen und mußten ihre Eltern ernähren. Daß daran aber Menschen schuld sein könnten, ist in Louises Kreisen niemals in Erwägung gezogen worden. Glück und Unglück, Reichtum und
Armut, Krankheit und Gesundheit wurden von Gott geschickt,
und wenn man die Unruhen im Jahr 1830 überhaupt zur Kenntnis nahm, dann nur mit Vorwürfen gegen jene, die das ihnen von
Gott zugemessene Schicksal nicht auf sich nehmen wollten.

Tante Louischen bekam bei dieser großen Hochzeit einen
Kranz ins Haar, weiße Schleifen und ein schönes Kleid. Sie mußte Gedichte aufsagen, gemeinsam mit Emilie und Mariechen Lie-
der vorsingen, wurde viel beachtet und gelobt, aber vom Vater
auch wegen altkluger, naseweiser Reden zweimal scharf getadelt.

Mutter, Theodore und Mariechen weinten beim Abschied,
Louischen und die jetzt siebzehnjährige Emilie nicht. Diese hatte
bei der Bemutterung der kleinen Schwester längst die Nachfolge
von Theodore angetreten, spielte aber schon nicht mehr mit ihr,
sondern ordnete sich ihr in vielerlei Hinsicht bereits unter. Die
beiden waren wesensverwandt in ihrem Hunger nach geistiger
Nahrung und dem Wunsch, »Mensch« und nicht nur »Weib«
werden zu dürfen. Louischen war aber bei weitem der stärkere,
mutigere Charakter. Emilie gab sich eher zufrieden, da sie Hilfe
bei der Musik gefunden hatte. Sie wagte nie, sich gegen Unzu-
mutbares auch einmal zur Wehr zu setzen. Sie spürte feinfühlig,
daß in der kleinen Schwester eine starke Persönlichkeit schlummerte wie in ihrem Bruder August; und da sie August gehorchte
und ihn in der häuslichen Hierarchie über sich setzte, sah sie in
Louise zumindest einen ihr gleichrangigen, womöglich höher-
rangigen Menschen.

Die Siebzehnjährige und die Zehnjährige hatten sich verbün-
det gegen die jetzt vierzehnjährige Mariechen, die immer noch
keine Chance erhalten hatte, Selbstbewußtsein zu entwickeln.

Dick, tränenreich und grämlich, absolvierte sie zur Zufriedenheit der Mutter und zum Spott der beiden Schwestern ihre Pflicht-Nähübungen und zeigte keine geistigen Interessen. Sie machte sich nun schon im Haushalt nützlich und half der Tante Doris unaufgefordert. Aber trotz seiner Zufriedenheit mit den weiblichen Tugenden dieser Tochter machte sich Rudolf Grisebach Sorgen, ob er für sie einmal einen passenden Mann finden würde. Im Gegensatz zu ihrer bezaubernden Mutter fehlte ihr irgend etwas, das er nicht zu benennen wußte oder zu benennen sich nicht gestattete. Er tröstete sich damit, daß er für Theodore schließlich auch einen Mann gefunden hatte, noch dazu einen so netten, mit dem die Tochter sehr zufrieden war, und Theodore fehlte ja auch ein wenig von dem – na, wie hieß das schon –, von dem jedenfalls, das ihn selbst veranlassen würde, um eine Frau anzuhalten.

Rudolf hatte in jener Zeit auch andere Sorgen; aber darüber muß er mit den Frauen im Haus nicht gesprochen haben, denn nichts deutet darauf hin, daß irgend jemand in der Friedrichstraße die politischen Zeichen und Umwälzungen wahrgenommen und beachtet hätte. Obwohl die Kinder perfekt französisch sprachen und vor allem Louise oft beide Sprachen zugleich und die lustigsten Wortschöpfungen dabei zustande brachte, gibt es in den Hinterlassenschaften der Familie keinen Hinweis darauf, daß jemand die Pariser Julirevolution zur Kenntnis genommen oder die Gründe dafür erfahren hätte. Die Tagebucheintragungen der Mutter Grisebach sind voller Kochrezepte und Predigttexte, berichten aber nie vom sozialen Umfeld.

Der Vater hat wohl weder von der zunehmenden Not im Lande berichtet noch von seinen vergeblichen Bemühungen um Rentabilität der von ihm gekauften Güter. Das deutsche Volk hatte Wunder erwartet, wenn es erst von der Fremdherrschaft durch die Franzosen befreit sein würde, nun wollte man die Reformen auf deutsche, eigene Weise nachholen, stieß aber bei den Fürsten auf Ablehnung. Sie begriffen nicht, daß sie nur gemeinsam und zu einem einzigen Volk zusammengeschlossen der vielen auftauchenden Probleme Herr werden könnten. Ohne tiefgreifende Reformen in der Organisation des Wirtschaftslebens war aber eine wirkliche Rentabilität der großen Projekte, mit denen Rudolf sich beladen hatte, nicht zu erreichen. Seine sehnsüchtige Tochter mußte ihn immer häufiger entbehren, aber dennoch weisen Tagebücher der Mutter darauf hin, daß in der Friedrichstraße häufig Bälle und Feste gegeben wurden und daß man ein großes Haus führte.

Wann die Tante Doris gestorben ist, weiß ich nicht, aber ab 1836, kurz nach Louises dreizehntem Geburtstag, taucht in den Briefen eine »Tante Marianne« auf, eine Schwester der Mutter, zwei oder drei Jahre älter als diese und trotz ihres Alters von einundvierzig Jahren unverheiratet, die nun wohl die schweren Pflichten der Tante Doris weiter zu tragen, vielmehr zu schleppen, bereit war. Louise sah in ihr immer ein abschreckendes Beispiel und hat sich von Anfang an über sie lustig gemacht. In einem Kinderbrief vom 27. Juli 1836 schreibt sie:

Hannover, 27. Juli 1836
Heumonat*
Geliebte Mutter,
die Niemann hat ein kleines Femininum mit Gottes Hilfe ans Tageslicht gefördert. Man weiß das aus der Zeitung. Heute sagte ich zu Hurzigs jugendlichem Gärtner: wie findest du diese Kirschen? Seine Antwort war: up dem Bome. Heute habe ich Anna** eine Puppe geschenkt á 24 Mgr.*** Ganz reizend ist

---

* Das Wort Heumonat kann ironische Opposition oder auch Gehorsam gegenüber den politischen Ansichten der Familie gewesen sein. Wer nicht zu den Deutschtümlern gehörte, die nun auch die Monatsnamen ändern wollten, machte sich darüber lustig.
** Anna war die anderthalbjährige Tochter von Theodore, die vermutlich in Hannover untergebracht wurde, solange die Mutter mit Theodore in Kur war.
*** Mgr. heißt Mariengroschen, letztes Prägejahr 1834, auf den Taler entfielen 36 Mariengroschen. Eine Arbeiterfamilie hatte etwa 620 Mgr. im Jahr zu verleben.

Puppe und Anna. Es gefällt uns assez ça va bien so gut, wie es ohne Euch gehen kann ... Im französischen Theater war ich einmal, einzig schön amüsiert. Ich nehme mir die Freiheit, Dir noch einmal meinen terriblesten Dank abzustatten. Ich habe ein Paar de pantoufles für Fr. v. Reden angefangen. Der Fleiß ist in mich gefahren mit sechs Pferden extra Post. Auguste Niemann war gräßlich knörig und pantoffelich, als wir da waren ... Unsere Stunden gehen passable, ennuyant ohne Ende. Marianne will mich zuweilen recht mütterlich behandeln, doch dazu ward sie nicht geboren, für Kindererziehung ist sie ewig verloren. Heute haben wir gebadet. Ich bin jetzt sehr außerordentlich kriegerisch gesinnt. Erkläre Dir das vous-même.

Deine Dich adorirende, geliebte und liebende Tochter

Louise Grisebach.

Vater läßt grüßen.

Zur Zeit, als Louischen diesen Brief schrieb, schlief sie bereits seit drei Jahren mit Emilie in einem Zimmer und beurteilte das Zusammenleben mit der um sieben Jahre älteren Schwester später so:

Emilie hat mir in all ihrer Liebe, der es so ganz an der für mich nötigen Weisheit fehlte, ungeheuer viel geschadet, sie ist die Veranlassung zu vielen tiefliegenden Verkehrtheiten geworden, hat den Zwiespalt in mich gebracht, daß ich alt und jung zugleich bin, unreif und halb verfault vor Frühreife, kurz, viel, viel Widersprüche, viel Schaden, den erst die Ewigkeit heilen kann.

Ich glaube, das ist auch heute noch so, in unserem Jahrhundert, daß man sich sowohl darüber, was an einem selbst eigentlich die tiefliegenden Verkehrtheiten sind, als auch darüber, worin sie ihre Ursachen haben, täuscht.

Ich glaube, die tiefliegenden Verkehrtheiten bei meiner Tante Louise entstanden weniger durch Emilie als durch ihren Vater. Als wissenschaftsgläubiger Mann hat er mit Sicherheit für bare

Münze genommen, wovor Theologen, Pädagogen und Mediziner seiner Zeit einhellig mit aller Eindringlichkeit warnten, wie in unserem Jahrhundert vor der Drogensucht gewarnt wird, nämlich vor den fürchterlichen körperlichen und seelischen Gefahren der Onanie. Man wußte noch nichts von Vitaminen, Enzymen, Hormonen, nichts von Bazillen und Viren und glaubte, mit Sicherheit herausgefunden zu haben, was die Ursache aller rätselhaften Krankheiten war: die »Selbstbefleckung«. Die Kirchen hatten mit ihrer Verteufelung alles Geschlechtlichen jahrhundertelang Vorarbeit geleistet, schon lange war der Begriff »Sünde« nur noch in bezug auf »die fleischlichen Triebe« im Bewußtsein der Menschen, so daß sie mit bestem Gewissen gegen andere mosaische und christliche Gebote verstießen. Aber in jenem Jahrhundert, wo zur Autorität der Kirchen die Autorität der Wissenschaftler hinzukam und beide das gleiche behaupteten, wurde das Tabu-Wort »Onanie« zu einem die Gedanken aller Menschen beherrschenden Thema.

Alle um die Gesundheit und das Leben ihrer Kinder besorgten, an Pädagogik interessierten Eltern, Lehrer, Erzieher und Theologen wurden mit grauenhaften Schilderungen überschüttet, was die Selbstbefriedigung alles Schreckliche anrichten könnte – abgesehen von der später im Himmel erfolgenden Strafe Gottes.

Ich will nur eine der von Katharina Rutschky (in ihrem Buch »Schwarze Pädagogik«) gesammelten Schriften zitieren. In seiner »Physiologischen Theorie der Selbstbefleckung« schrieb P. Villaume schon 1787:

Sollte man fragen, wie es möglich ist, daß diese Vergehen so schreckliche Folgen haben könnten? Wohlan, ich will es sagen, daß in diesem wichtigen Stück nichts fehle.

Zweierlei greift dabei die Konstitution an; der Reiz, die Bebung der Nerven und der Verlust der Säfte.

Jeder heftige Reiz der Nerven wird krampfhaft; und Krampf ist an und für sich Krankheit. Jede heftige Spannung der Organe erschöpft die Kräfte derselben und erzeugt mithin eine desto größere Schwäche und Erschlaffung, je größer die Spannung gewesen ist. Folglich muß jeder heftige Reiz, jede gewaltsame Anstrengung erschöpfen, erschlaffen, schwächen …

*

Die Verschwendung der Säfte ist eine zweite Ursache der Zerrüttung des ganzen Körperbaues; und zwar ist diese Verschwendung doppelt.

Einmal der Samenfeuchtigkeit oder eines andern ihr ähnlichen Saftes. Diese Ausleerung geschieht bei jungen Kindern nicht gleich; dennoch erfolgt ein Ausfluß, wenn das Laster stark getrieben wird, und so, daß endlich die Feuchtigkeit bei dem geringsten Reiz und wohl gar ohne Reiz ausfließt, wie der Leser in den oben angeführten Beispielen bemerkt haben wird. Das ist nun freilich das äußerste; und wenn es so weit gekommen ist, bleibt keine Hoffnung übrig …

*

Kinder und das weibliche Geschlecht geben zwar keinen Samen, keinen so vollkommenen und edlen Saft von sich – der Ausfluß besteht aber doch in etwas dem Samen ähnlichem, es ist immer ein Extrakt aus allen Teilen, aus dem Gehirn und Rückenmark, immer die edelste Feuchtigkeit, die sie bei sich haben. Dazu kommt noch, daß diese Feuchtigkeit zur Ergießung gar nicht bestimmt war. Von dem wahren Samen sollte doch ein Teil zu anderweitigen Absichten ergossen werden – diese Feuchtigkeit aber sollte ganz dem Subjekt bleiben. Also entzieht sich dieses ein wahres Bedürfnis, da andre sich nur einer höheren Vollkommenheit berauben.

Und zur Verhinderung der Sünde riet er:

Man hat das Kind über seinen kränklichen Zustand ausgefragt. Man hat von ihm selbst das Geständnis, daß es diese und jene Schmerzen, Beschwerden empfindet, welche man ihm beschreibt. Ich fahre fort:

45

Du siehst, mein Kind, daß ich deine jetzigen Leiden weiß; ich habe dir solche gesagt. Du siehst also, daß ich deinen Zustand kenne. Ich weiß noch mehr: ich weiß, was du noch in der Zukunft leiden wirst, und wills dir sagen; höre mich: Dein Gesicht wird noch welker, deine Haut braun werden; deine Hände werden zittern, du wirst eine Menge kleiner Geschwüre im Gesicht bekommen, deine Augen werden trüb, dein Gedächtnis schwach, dein Verstand stumpf werden. Alle Fröhlichkeit, Schlaf und Appetit wirst du verlieren. Schwerlich wird man ein Kind finden, das nicht erschrocken sein sollte. Weiter:

Nun will ich dir noch mehr sagen; sei recht aufmerksam! Weißt du, woher alle deine Leiden kommen? Du magst es nicht wissen: ich aber weiß es. Du hast es verschuldet! – Ich will dir sagen, was du im Verborgenen tust.

Und dann wird die gräßliche Geschichte eines Knaben erzählt, der erst epileptische Anfälle bekam, dann »Verzuckungen«, als würde ihn jemand heftig kitzeln, und dann unter fürchterlichen Qualen vor Lachen starb.

Auch für Mädchen wurden Horrorgeschichten erfunden, was ihnen im Falle von Onanie alles drohen würde.

Es ist kein Wunder, daß in der ganzen zeitgenössischen Literatur dieses Tabu-Thema mit der größten Ängstlichkeit umgangen worden ist, daß sich niemals jemand – außer vielleicht in der Beichte – dazu bekannt hat, daß aber alle Menschen so sehr darüber jammerten, elende, von Gott gänzlich verworfene Sünder zu sein.

Ich bin ganz sicher, mein Ururgroßvater hat derartige Schriften auch gelesen und bei all seinen Kindern strenge und fürsorgliche, wenn auch sicherlich nie sadistische Maßnahmen getroffen (obwohl solche oft angeraten wurden). Ganz sicher hat er in den Kindern das Bewußtsein hervorgerufen, derartiges sei »die Sünde schlechthin«. Er wird, dessen bin ich gewiß, das durch Theodores Heirat freie Bett in Emilies Zimmer mit Louischen besetzt haben, damit die Zehnjährige, ohne davon zu ahnen,

Aufpasserin der gefährdeten Siebzehnjährigen würde. Und dadurch entstand eine Beziehung zwischen den beiden, die der Vater so sicherlich nicht gewünscht hatte.

Emilie war mit ihren siebzehn Jahren ganz gewiß noch unberührt von fremder Hand, aber ahnungslos war sie gewiß nicht, dazu hatte sie zu lange mit der verlobten Theodore in einem Zimmer geschlafen. Als die dreizehnjährige Louise den oben erwähnten Brief an ihre Mutter schrieb, war sie natürlich auch nicht mehr ahnungslos und wird, von ihrer Schwester angeleitet, vielleicht »unaussprechliche« Sünden begangen haben, so daß sie sich nun, »halb verfault vor Frühreife«, als die »große Sünderin« vorkam. Das hat sie dann durch Witz und Originalität zu überspielen versucht.

Wie einem Menschen zumute ist, den unsinnige, angeblich von »Gott« eingesetzte Regeln zwingen, sich selbst zu hassen, können wir uns in unserem Jahrhundert kaum noch vorstellen. Ein sensibler Mensch mit dem starken Bedürfnis, Gott zu gefallen, konnte darüber verzweifeln. Viele, vor allem unverheiratete Frauen gingen daran seelisch auch zugrunde und wurden verrückt oder zumindest halbverrückt.

Da sie sehr phantasievoll war, entwickelte meine Tante Louise in ihrer Pubertätszeit einen Charakter, der sie von einem inneren Ereignis in das andere stürzte. Sie fand nirgends Ruhe, und selbst wenn man ihr diese ermöglicht hätte, so würde sie ein solches Anerbieten verschmäht haben. Sie suchte immerzu Neues, mochte es ihr Freude oder Leid bringen, wollte ihr Dasein gänzlich auskosten und wurde immer sehnsüchtiger nach dem, was den Menschen erhebt und aus seiner sündigen Verstrickung in die fleischliche Materie herausreißt, wovon sie sich wohl erheblich mehr als einen Orgasmus erhoffte. Sie wollte den Ring der Gesellschaft, in der sie zu leben genötigt war, zersprengen, um die Freiheit im Geiste, die ihr vorschwebte, zu erlangen. Dabei gab sie sich Wunschbildern von großer Zügellosigkeit hin, die in der Realität nie erfüllbar waren. Ihr cholerisches Temperament nahm überhand, immer überheblicher wurden Urteile, die sie über Menschen und Dinge fällte, sie wurde ungeduldig, und ihre Umgebung wußte nie, ob eine bisherige Sympathie nicht jählings in Antipathie umschlug. Das waren nicht nur die auch in unserem Jahrhundert häufig zu beobachtenden Pubertätserscheinungen, in der junge Mädchen lange nicht wissen, ob sie Fisch oder Fleisch sind. In ihr spielten sich vulkanische Kämpfe zwischen Fleisch und Geist, zwischen Gott und Teufel ab, da sie unter »Gott« den Tugend und Askese fordernden, unnachsichtig strengen, aber gütigen Vater verstand, und unter dem Teufel ihren sinnlichen Körper, der nach geschlechtlicher Befriedigung schrie. An Heirat dachte sie in dieser Zeit noch nicht. Sie erwartete von dem Gatten, den ihre Eltern für sie aussuchen würden, so wenig ihr späteres Lebensglück, wie heutige Teenager ihr Lebensglück von ihren späteren Arbeitgebern erwarten. Tante Louise hatte viel Zeit zum Träumen, und sie träumte entweder ganz »sündig« von einer heimlichen Liebschaft: »Kein Feuer, keine Flamme kann brennen so heiß als heimliche Liebe, von der niemand nichts weiß«, oder aber ganz »fromm« von ihrer Hochzeit mit Jesus, von einer Vereinigung in der Sphäre des Himmels unter Gottes gnädigen Augen, von einer Ekstase, die sie ihrem Leib gänzlich entriß und zu einem körperlosen Engel machte.

Ihre Umgebung wurde ihr immer gleichgültiger. Außer Emilie liebte sie niemanden. Alles erschrak vor ihren jähzornigen Ausbrüchen, sie nahm, wenn ihr etwas nicht paßte, gar keine Rücksichten mehr, forderte, daß man sich immer mit ihr beschäftigte, wollte ständig eine Rolle spielen und beachtet werden, wo sie auch auftrat. Sie verachtete jeden, der nicht erkannte, welch hoher freier Geist in ihr danach drängte, der irdischen Verpuppung zu entkommen, und nannte jeden langweilig und gefühllos, der sie nicht verstand.

Dabei entwickelte sie eine dramatische Kunst der Sprache, die oft in ihren Darstellungen von der objektiven Wahrheit abwich und von der Umgebung als lächerliche Übertreibung mißverstanden wurde. Von der idealen Warte aus, von der sie die Dinge betrachtete, waren ihre Darstellungen auch wahr. Es ist natürlich ein Unterschied, ob man unsere Erde vom eigenen Garten oder vom Mond aus betrachtet.

Mein Ururgroßvater Grisebach hatte viele Bücher in seinem Herrenzimmer, von denen er gelegentlich das eine oder andere auch seinen Töchtern zur Lektüre und Bildung auslieh. Verreiste er, wurde dieses Zimmer abgeschlossen, da er allen Töchtern streng verboten hatte, etwas anderes zu lesen als das, was er ihnen verordnete. Das wurmte und kränkte die lesehungrigen Mädchen Emilie und Louise immer heftiger, zumal Vater oft so lange verreist war und sie wochen-, ja monatelang nichts zu lesen hatten. Emilie und Mariechen hielten sich an das Verbot. Emilie, weil sie zum Ersatz ihr Klavier hatte, Mariechen, weil ihr Lesen kein Bedürfnis war. Louise sah die Gründe nicht ein und opponierte heftig dagegen. So nutzte sie die Zeit, wenn der Vater zufällig einmal zu Hause und die Herrenzimmertür nicht abgeschlossen war, um sich heimlich auf Vorrat Bücher auszuleihen, deren Fehlen im Regal sie durch Neuordnung der übrigen Bände vertuschte. Reue über diese »Sünde« empfand sie nicht. Du sollst Gott mehr gehorchen als den Menschen, stand in der Bibel, und Vater war nur ein Mensch. Gott wollte aber, daß sie las, dessen war sie sich sicher. Das hatte sie von Carl gelernt.

So war der Vater einmal zu Hause, und er hatte für seine drei Töchter eine sehr freudige Überraschung bereit. Sie sollten alle drei mit nach Grolland reisen dürfen, einem der Güter im Norden, die der Vater besaß, und das wegen der Nähe zu Bremen eine herrliche Gelegenheit bot, Neues und Interessantes kennenzulernen. Die Vorfreude Louises war riesengroß.

Alles saß mittags gemütlich bei Tisch, auch August war zufällig einmal zu Hause, als das Gespräch auf Bettina von Arnim kam.

»Dieses Weib gehört in eine Irrenanstalt!« sagte der Vater. »Ich begreife die Arnims und die Brentanos nicht, daß sie sich nicht genieren, so ein Geschöpf frei herumlaufen zu lassen.« Das gab Louischen einen Stich durchs Herz. Unter ihrem Kopfkissen lag auch Bettinas vielgeschmähtes Buch »Goethes Briefwechsel mit einem Kinde«. Es hatte ihr so besonders gut gefallen, und die Vorstellung, eine Geschlechtsgenossin könne auf Goethes, des Riesen unter allen Dichtern, Schoß gesessen und mit diesem korrespondiert haben, hatte ihr für die eigene Zukunft viel Mut gemacht. Frauen brauchten also nicht zeitlebens zu schweigen, sie konnten, wenn sie wollten, zu ernst genommenen Gesprächspartnern auch der größten Männer werden.

»Du hast recht, Vater«, entgegnete August. »Es hat sich jetzt auch erwiesen, daß sie die Briefe von Goethe gefälscht hat und das ganze angebliche Liebesverhältnis zwischen dem Kind und dem Mann überhaupt nicht bestanden hat. Goethe hat einmal die Mutter geliebt, aber doch nicht diese Verrückte, die zu der Zeit auch gar kein Kind mehr war.«

Louise, die sich mit Bettina identifiziert und sich eine Zwölfjährige darunter vorgestellt hatte, schrie auf: »Das ist nicht wahr!!«

Da wurde der Vater sehr ernst, und August blickte erstaunt.

»Woher weißt du das?«

Louise wurde blutrot und schwieg.

Der Vater sagte mit sehr strenger, zorniger, harter Stimme: »Louise! Hast du dir das Buch genommen?«

Louise schwieg, aber nicht mehr aus Scham, sondern aus Trotz und aus Wut. Sie dachte, jawohl, ich hab's genommen und ich werd es mir auch noch immer wieder nehmen, ich *brauche* Bücher, und wenn du sie mir nicht gibst, dann hole ich sie mir!

»Antworte, Louise! Lüge nicht!«

Da kam, nicht beschämt, wie der Vater erwartete, sondern stolz auf eine Heldentat: »Jawohl, Vater, ich hab's mir ausgeliehen!«

»Du weißt, das durftest du nicht, und gerade dieses schlechte, verlogene Buch durftest du nicht.«

»Doch«, sagte Louise tapfer, »doch.«

»Wer hat dir das erlaubt?«

Louise schwieg. Konnte sie ihrem Vater sagen, »Gott hat mir das erlaubt«?

Wieder fragte der Vater, diesmal lauter und strenger: »Wer hat dir das erlaubt?«

Louise schwieg noch immer.

»Wer hat die Frechheit besessen in diesem Hause, dir das zu erlauben?«

»Kein Mensch«, stieß Louise hervor.

»Wer denn? War das etwa der Teufel?«

»Nein«, rief Louise in äußerstem Zorn und Erregung zurück, »Gott!«

Da warf der Vater, der sich fest an den Grundsatz hielt, vor seinen Kindern niemals Zorn und Erregung zu zeigen, hochrot die Serviette auf den Tisch und verließ das Zimmer.

So eine Frechheit hatte noch nicht einmal ein Sohn je gewagt.

Auch August stand auf und folgte seinem Vater. Er war genauso entsetzt darüber, was sich da seine kleine Schwester erlaubt hatte. Sie mußte dem Teufel ja schon viel tiefer verfallen sein, als jeder bisher angenommen hatte, wenn sie ihren kindischen Eigensinn für Gott hielt, der die Gebote des Stellvertreter-Gottes durchkreuzen durfte. August verachtete die pietistische Frömmelei, die seine Mutter und die Schwestern oft zur Schau trugen, aber auch für ihn waren Väter, und ganz besonders sein sehr verehrter Vater, als Stellvertreter Gottes auf Erden eingesetzt. Louischens Mutter konnte es nicht fassen.

»Was hast du getan, mein Kind? Wie willst du das je wiedergutmachen! Wie kannst du Vater so beleidigen! Geh sofort zu ihm und entschuldige dich! Und bringe ihm das Buch zurück!«

»Nein! Nein! Nein!« schrie Louise und rannte ebenfalls aus dem Zimmer in ihr und Emilies Stübchen. Dort warf sie sich aufs Bett und schluchzte.

Vater und August berieten inzwischen, womit das unartige Kind so zu bestrafen sei, daß es Zeit fände, zur Einsicht zu kommen. Die Strafe sollte das Verbot sein, mit nach Grolland zu kommen. Vorher aber mußte man Louise ihr Unrecht erklären, damit sie begriff, wie schwer sie gesündigt hatte und wofür sie so hart bestraft wurde. August ging also zu ihr, zerrte die Widerstrebende mit brüderlicher Gewalt vom Bett und führte sie vor den Vater.

»Louise«, hob der Vater an, »du hast dich soeben nicht nur gegen mich, sondern auch gegen Gott versündigt. Das muß streng bestraft werden. Du wirst zu Hause bleiben und nicht mit nach Grolland reisen. Gott befiehlt mir, dir einige Bücher zu verbieten, weil sie dich verderben könnten. Du bist noch nicht reif genug und kannst als unfertiger Mensch, der noch nicht ausgewachsen ist, den Wert und die Wirkung eines Buches für deine Seele nicht beurteilen. Wie deine Mutter weiß, was für deine Ernährung und Kleidung gut ist, damit du gesund bleibst, so weiß ein Vater, welche geistige Nahrung ein Kind genießen darf, ohne dadurch krank zu werden. Du hast nun ein Buch gelesen, durch das der Teufel Einkehr in dein Herz nehmen durfte. Der verstellt sich oft, als wäre er Gott, und deshalb meinst du, Gott habe dir befohlen, dich gegen mein Verbot zu stellen. Diese Bettina von Arnim ist eine von allen guten Geistern verlassene Frau, die so überheblich ist, daß sie meint, sich über alle guten Sitten erheben zu dürfen und alles besser zu wissen als die von Gott eingesetzte Obrigkeit. Man stelle sich außerdem vor, daß sich eine ausgewachsene Frau auf den Schoß eines so erhabenen Mannes wie Goethe setzt. Ich wußte, daß du, wenn du dieses Buch in die Hände bekämst, glauben würdest, diese Bettina wäre ein Kind wie du. Das ist sie aber nicht. Sie ist jetzt, 1835, als sie diesen Briefwechsel herauszugeben wagte, ganze fünfzig Jahre alt geworden und war zu der Zeit, als sie auf Goethes Schoß gesessen haben will, mindestens zweiundzwanzig. Goethe starb ja erst vor drei Jahren im Alter von dreiundachtzig Jahren. Ich hörte, er habe sich sehr über die Aufdringlichkeit Bettinas geärgert, aber mit Rücksicht auf ihre Mutter, Maximiliane la Roche, die er einmal liebte, habe es unterlassen, ihr die Tür zu weisen. Siehst du, mein Kind, das sind Dinge, mit denen ich dein unschuldiges, harmloses Gemüt nicht belasten darf. Gott will, daß du rein bleibst. Begreifst du jetzt, warum es nicht Gott gewesen sein kann, der dir befohlen hat, meine Gebote zu mißachten?«

Mein Ururgroßvater sprach ruhig, sanft, ganz wieder Herr seiner Gefühle, aber Louischen zitterte und tobte innerlich noch immer, vor allem auch, weil der Bruder sie hart angefaßt hatte.

Nein, dachte sie, nein. Wenn die Bettina lügt, dann lügt auch Vater, dann lügen alle Erwachsenen, und ich kann mich nur an das halten, was mir mein Gott – und jetzt wurde ihr klar, daß sie ihren eigenen Gott für sich alleine hatte – sagt. Vater hätte mir das Buch geben sollen und dazu sagen, daß es gelogen ist, jedenfalls, was das angegebene Alter betrifft, aber er darf mir keine Bücher verbieten, und er darf mich nicht am Lesen hindern. Ich will und ich muß lesen. Das sagt mir Gott, das ist keine Sünde, nein, nein, nein.

Da Louise schwieg, sagte der Vater: »Du schweigst. Hat der Teufel dein Herz so sehr verhärtet? Nun also, so bring mir augenblicklich alle Bücher, die du außer der Bettina gegen mein Gebot aus meiner Bibliothek entwendet hast. Und dann will ich dich heute nicht mehr sehen, und nach Grolland kommst du nicht mit.«

Louise war noch nicht redegewandt genug, um dem Vater auf seine Argumente entgegnen zu können. Sie ging in ihr Zimmer, nahm alle Bücher, kehrte zurück und warf sie wortlos, außer sich vor Zorn, dem Vater vor die Füße. Dann schritt sie hocherhobenen Hauptes zurück, schloß die Tür und weinte sich erst einmal richtig aus, ehe sie die an die Tür schlagende Emilie ins Zimmer ließ. Die konnte sie kaum trösten.

Schreckliche Wochen folgten, in denen sie von früh bis spät mit der Mutter im Nähzimmer sitzen und Hemden nähen mußte und in denen sie ihre Gefährtin Emilie im Schlafzimmer vermißte.

Ein Trost, der ihre Rachsucht befriedigte, war, daß es in jenen Wochen in Grolland ganz fürchterlich schneite und stürmte, so daß auch die Schwestern und der Vater nur einmal nach Bremen kamen und sich dort entsetzlich langweilten.

Im Jahr 1836 wiederholte sich das Verbot, mit nach Grolland

zu kommen, weil sich Louise immer noch weigerte, zu geloben, nicht an des Vaters Bücher zu gehen. Sie beharrte auf ihrem Recht, lesen zu dürfen, was sie wollte, und blieb bei dem Vorwurf gegen den Vater, er hätte ihr keine Lektüre verbieten, sondern Gefährliches erklären müssen. So verwandelte sich die einstmals leidenschaftliche Liebe des Kindes zum Vater in kalte, kritische Verachtung, und die alte Vertrautheit stellte sich nicht wieder ein. Es blieb auch keine Zeit mehr für eine Korrektur der gegenseitigen Beurteilung, denn am 13. Juni 1837 starb der Vater unerwartet in Hannover an einem Schlaganfall im Alter von dreiundsechzig Jahren.

Noch lange danach, als sie schon achtundzwanzig Jahre alt war, konnte es Louischen zutiefst aufwühlen, wenn sie hörte, ihr Vater habe sie auch einmal gelobt. Sie schrieb am 26. November 1851 an ihre Freundin:

... glaube ich doch, daß folgende Stelle eines Briefes meines Vaters an Mama, geschrieben am 29. Juni 1829, Dich, liebstes Herz, köstlich amüsieren wird: »*unser kleinster Liebling ist auch in der Sehnsucht zu Dir ihrem kindlichen Alter vorausgeeilt: ihr Verlangen, Dich bald wieder zu haben, spricht sich oft und deutlich genug aus, aber auch stets vernünftig und gottergeben, innig und treu, aber nicht albern und träumerisch.*« *Diese Lobsprüche meines Vaters, im sechsten Jahr über mich ausgeschüttet, habe ich wohl heute im neunundzwanzigsten nicht verdient, aber Du magst daraus sehen, wie ich von jeher ausgesucht scheine, der Gegenstand wahnsinniger Überschätzung und Leidenschaft zu sein. Für die Hölle angelegt und präpariert, wird es ein wahrhaftiges Wunder der Gnade sein, daß ich in den Himmel komme. Ich habe, wie Mama mir gestern die Stelle vorlas, ungeheuer lachen müssen und gleich gebeten, daß ich sie für Dich abschreiben dürfe.*

Nun kann wohl kein nüchtern denkender Mensch aus den wenigen Zeilen des Vaters herauslesen, dies Kind sei Gegenstand

»wahnsinniger Überschätzung und Leidenschaft« gewesen. Sie sagen kaum viel mehr aus, als daß der Vater dieses Kind liebhatte und feststellte, daß es nicht nur verstandesmäßig, sondern auch gefühlsmäßig ausgesprochen frühreif sei. Aber der Lachausbruch Louises beweist ihre »wahnsinnige Überschätzung und leidenschaftliche Liebe« zu dem »Gott« ihrer Kindheit, dessen Kritik sie für »die Hölle angelegt und präpariert« hat.

Später, im Jahre 1889, schreibt sie dann schon erheblich nüchterner über ihn an einen Neffen:

Mein Vater war durch und durch Geschäftsmann oder Beamter. Wie er nun in Deinen Jahren auf Wartegeld kam, konnte er untätig nicht leben. Er führte z. B. die verwickelten Geschäfte der adligen Familie Ilten aus Liebhaberei und Tätigkeitstrieb, ebenso die Angelegenheiten des Herrn von Schüttorf, damaligen Besitzers von Petershagen; ich erinnere mich, daß eine Reihe von Aktenschränken in seinem Wohnzimmer standen mit den Namen dieser Familien darangemalt. – Er war in die Gründung der Offizier-Witwenkasse verwickelt und leistete Bürgschaften in so hohen Beträgen, daß sie sein Vermögen überstiegen, in der Überzeugung des Edelsinnes derer, für die er bürgte – er war Rationalist. – In der Nähe von Petershagen kaufte er allerlei Ländereien an, führte dort kostspielige Gebäude auf, erschuf dort ein Gut, das er »Mariahöh« nannte und welches nun kultiviert werden sollte. Er setzte auf Mariahöh einen Vertrauensmann, Bartels, mit Familie, ein, von dem ich nicht sagen kann, ob er ein Spitzbube, der meinen Vater absichtlich betrog, oder ein Dummkopf war. Nach meines Vaters Tode enthüllte sich ganz Mariahöh als eine Chimäre – Bartels expedierte sich nach Amerika, ob auf unsere Kosten oder seine eigenen, weiß ich nicht mehr. – Die Gebäude wurden auf Abbruch verkauft – wegen der Bürgschaften mußten kostspielige Vergleiche geschlossen werden, und wir gerieten in vollständige Armut; um einem Konkurs zuvorzukommen, mußten alle Erben auf Aufkünfte des Vermögens Verzicht leisten bis auf weiteres, und mei-

ne arme Mutter verkaufte ihr Silberzeug, um mit ihren Töchtern ihr Leben fristen zu können, bis dann glücklicherweise ihre Mutter bald darauf starb, von der sie erbte. Welche Jugenderinnerungen sind das! Ich war beim Tode meines Vaters vierzehn Jahre alt. Wie oft hörte ich sagen: Es sei ein Glück, daß mein Vater mit dreiundsechzig Jahren gestorben sei, hätte er länger gelebt, so wären die Seinigen völlig an den Bettelstab gekommen. Denn von ihm haben wir den Hang zur Renommage sämtlich geerbt: die letzten Jahre seines Lebens waren 10 000 Taler jährlich verausgabt, er verwechselte Kapital und Zinsen hin und her. – Eins aber ist wahr, Dein Großvater war phantastischer, als Du je gewesen bist, und darum beständig Irrtümern über Menschen und Dinge ausgesetzt. Er griff immer zu hoch und sah alles golden. – Die Untätigkeit nach großer Tätigkeit schließt große Gefahren ein.

In der »Geschichte der Familie Grisebach« steht, es sei unrichtig, daß Rudolf Grisebach in seinen letzten Jahren 10 000 Taler jährlich verausgabt habe, aus seinen Büchern ließen sich nur 5000 Taler nachweisen, und natürlich hätte er sehr genau gewußt, Kapital und Zinsen auseinanderzuhalten. Die Schilderung Louischens sei eine ihrer üblichen Übertreibungen. Ich glaube auch, daß ihm, außer einer vielleicht etwas zu großen Risikobereitschaft und zu optimistischer Hoffnungen auf ein bald vereinigtes Großdeutschland, kaum etwas vorzuwerfen ist. Aus seinem Nachlaß geht hervor, daß er sich keineswegs als Abenteurer fühlte, sondern seiner Sache ganz sicher war. Von Tante Louischen aber weiß ich, daß sie in ihrem ganzen Leben niemals selbst erfahren hat, was Armut überhaupt ist. Was sie um sich herum an Elend sah, berührte sie so wenig persönlich, wie es die wenigsten Menschen unserer Zeit berührt, was ihnen an Elend im Fernsehen gezeigt wird. Etwas, das man dauernd vor Augen hat, ohne daran das geringste ändern zu können, stumpft unsere Sensoren für Mitgefühl ab. Hätte sie lesen dürfen, was andere darüber in ihrer Zeit schrieben und dachten, hätte man sie für die Not in ihrer Zeit sensibilisieren können, aber sie durfte nicht lesen.

Die Erben Rudolf Grisebachs mußten einige Zeit warten, bis sich alles entwirrt hatte, wie das nach einem plötzlichen Tode die Regel ist, dann aber haben alle nach dem Verkauf des großen Hauses in der Friedrichstraße und einiger Güter nach meinen heutigen Maßstäben herrlich und in Freuden gelebt.

Die Mutter zog mit Emilie, Mariechen, Louise, der Tante Marianne und ausreichendem Personal in eine große Mietwohnung, verzichtete auf Vieh-, Pferde- und Eselhaltung, auf Kutschen und Diener, so daß sich nun alle, auch die Tante Marianne, ganz dem Hobby der unaufhörlichen Hemdennäherei widmen konnten, von denen nie eines verkauft werden mußte. Es wurde weiterhin gut gespeist, man zog sich weiterhin elegant an, und man konnte weiterhin Besucher einladen und eingeladen werden. Die Mutter hat ihren Mann nach seinem Tode vermutlich weniger vermißt als zu seinen Lebzeiten, da er sie so oft allein ließ. Sie hat ihn um vierzig Jahre überlebt.

Louise und die Sünder

Die Zofe Elise, die Rudolf Grisebach seinerzeit als zwölfjähriges Kind seiner gleichaltrigen Tochter Theodore zugeordnet hatte, war bei deren Heirat nicht mit nach Lüneburg geschickt worden, denn sie hatte sich inzwischen auch seiner Frau und seinen übrigen drei Töchtern unentbehrlich gemacht. Sie hatte die feinen Sitten schnell gelernt und war ein Mädchen, das nicht nur gehorsam jeden Befehl befolgte, sondern oft auch ohne Befehl im Sinne der Herrschaften handeln konnte. Als man sich nach dem Verkauf des großen Hauses einschränken mußte, blieb sie als einzige Kammerjungfer, die alle bediente, bei der Familie.

Im Jahr 1834 hatte sie auf Anordnung des Hausherrn einen Hebammen- und Wochenpflegekursus bei einer Hebamme absolvieren müssen, weil im Frühling in Kalübbe, auf dem Gut, das er für den zweiten Sohn gekauft hatte, und im Winter in Lüneburg bei Theodore je ein Enkelkind erwartet wurde. Rudolfs Frau, die ihre Stiefkinder liebte wie ihre eigenen, freute sich riesig darauf, als Großmutter gebraucht zu werden, und hatte den Wunsch geäußert, den jungen Müttern in der Wochenbettzeit beistehen und jeweils einige Monate zu ihnen reisen zu dürfen. Da sie ohne Zofe nicht reisen konnte und wollte, war es praktisch, wenn Elise etwas verstand, was sie auch in der Gastfamilie unentbehrlich machte.

Die Mutter und Elise hatten schon fünfmal der Nähstube entfliehen und aufregende Reisen zum Empfang und zur Pflege eines neuen Erdenbürgers machen können. Der eine Stiefsohn, Rudolf, hatte in Kalübbe in Mecklenburg zweimal ein Töchterchen, der andere, Otto, in Celle einen Jungen und Theodore in Lüneburg ein Mädchen und einen Jungen bekommen.

Jetzt schrieb man das Jahr 1838, da kam die Nachricht, daß im Juni in Lüneburg und im August in Kalübbe wieder je eine Geburt bevorstand. Wohin sollte die Mutter nun fahren? Theodore stand ihr näher als die Schwiegertochter. Sie wollte sie nicht schon verlassen müssen, ehe die Gefahr, Kindbettfieber zu bekommen, vorüber war. Diese Gefahr war bei jedem Wochenbett immer die größte. Ein sehr hoher Prozentsatz aller Wöchnerinnen starb daran. Sie hatten leicht und glücklich entbunden, waren schon heiter und fröhlich aufgestanden, da setzte dieses seltsame Fieber ein, bei dem die jungen Mütter abwechselnd einige Stunden lang vor Hitze glühten und delirierten und dann wieder einige Stunden lang fieberfrei waren und wie genesen schienen. Man wußte nicht, wie dieses merkwürdige Wechselfieber zustande kam, es ging aber die Rede, die Hebammen hätten etwas damit zu tun. Vielleicht waren das Hexen, denn Mütter, die ohne die Hebammen, nur mit Hilfe der Großmütter, der Tanten oder der Ehemänner entbanden, erkrankten angeblich nie an diesem Kindbettfieber. Auch deshalb hatte mein Ururgroßvater die Kammerjungfrau anlernen lassen, denn von der wußte er genau, daß sie keine Hexe war.

Erst Ende des Jahrhunderts wurde durch Semmelweis bekannt, daß Hebammen, die auch oft als Totenwäscherinnen arbeiteten, Leichengift übertrugen und daß Wechselfieber durch Kontaktinfektion übertragen wird und durch Desinfektion der Hände und Instrumente zu vermeiden ist.

Im ersten halben Jahr nach der Geburt konnte eine junge Mutter auch eine Brustentzündung bekommen, wenn das Kind nicht so kräftig trank, wie es sollte, das Baby war von Durchfall bedroht, kurz, die Reise zu Theodore mußte bis zum Herbst eingeplant werden, so lange war die Mutter dort unentbehrlich.

Da machte die Zofe Elise den Vorschlag, sie könne ja, wenn die Gefahr des Kindbettfiebers vorüber sei, von Lüneburg aus nach Kalübbe fahren und dort dann auch bei der Entbindung helfen. Theodore brauche schließlich die übrige Zeit nur die Mutter, nicht unbedingt auch sie. Die Mutter könne dann ein halbes Jahr bei Theodore bleiben und die zweiundzwanzigjährige Emilie ein halbes Jahr in Kalübbe bei der Schwiegertochter. Nach einigem Hin und Her, ob die Mutter wirklich mehrere Monate ohne Kammerjungfrau auskommen könne und ob man Jungfer Elise allein die weite Reise von Lüneburg nach Kalübbe machen lassen könne und ob Emilie auch bereit sei, ihr geliebtes Klavier ein halbes Jahr zu entbehren und auf dem Lande Hausfrau zu spielen und ob man Mariechen und Louise, die sich so schlecht vertrugen, so lange unter der Aufsicht von Tante Marianne allein in Hannover lassen könne, war es schließlich beschlossene Sache: Mutter fuhr erst mit der Jungfer nach Lüneburg, Emilie fuhr einen Monat später allein nach Kalübbe, im August kam Elise dorthin nach. Im Dezember würden sie dann alle nach Hannover zurückkehren.

Als schließlich auch passende ältere Reisebegleiter für alle Alleinreisenden gefunden waren, empfanden es die Frauen als Heldentat, das erste Mal ohne männliche Führung ein sehr schwieriges Organisationsproblem allein gelöst zu haben. Alle waren zufrieden, nur Louise nicht, die sich davor graute, von April bis Dezember ohne Emilie, ohne Mutter und ohne eine Zofe im Hause bleiben zu müssen. Ehe Mutter die Bibliothek für Monate abschloß, deckte sie sich mit Lesematerial ein und versteckte eine vollständige Goethe- und eine vollständige Shakespeare-Ausgabe unter ihrem Bett. Damit hatte sie sich natürlich etwas übernommen, denn ungebildet und unvorbereitet für eine derartige Lektüre, wie sie war, konnte sie nur wenig Honig für ihren fünfzehnjährigen Geist aus den Folianten saugen und den auch nur schlecht verdauen.

Alles klappte wie geplant, Elise holte geschickt und umsichtig in Lüneburg ein kleines Mädchen, danach in Kalübbe einen kleinen Jungen auf die Welt, die Wöchnerinnen blieben gesund. Auch Emilie machte ihre Sache als Hausfrau auf dem Lande und Pflegerin der Kinder sehr gut.

Nun mußte für die Rückkehr der beiden nur noch ein männlicher Reisebegleiter gefunden werden. Die Schwägerin hatte einen Vetter, Richard Flügge, der auch nach Hannover mußte, um dort bei einem Amtmann eine Stelle als Amtsauditor anzutreten.

> *Ein solcher ist 'ne Mannsperson*
> *gewöhnlich jung von Jahren,*
> *in Praxis der Juristerei*
> *durchaus noch unerfahren;*
> *Auf daß er's werde, setzet man*
> *bei einem Amt das Herrchen an,*
> *und er heißt Amtsauditor!*
> *Frei Wasser gibt die Kammer ihm*
> *und auch frei Licht – bei Tage;*
> *darin besteht sein ganz Salair,*
> *precair ist seine Lage.*
> *In Accidenz, was er ausheckt,*
> *und was er sportuliert, das steckt*
> *der Amtmann in die Tasche.*

So dichtete man zum Spott über die vorläufigen Berufsaussichten des als Reisebegleiter in Erwägung gezogenen Vetters der Schwägerin, und Emilie hörte mit an, wie sich ihr Stiefbruder und seine Frau darüber unterhielten, welche der beiden Amtmannstöchter Richard wohl heiraten würde. Auch die Schwägerin war eine Amtmannstochter, auch sie hatte erlebt, daß ein junger Amtsauditor »flink wie ein Wiesel und unterwürfig« ihren Eltern und ihr gedient hatte, um endlich ihre Schwester heiraten und das Amt erhalten zu können. Meistens wurden die begehrten Ämter nämlich an Söhne oder Schwiegersöhne vergeben, wie ja auch Handwerksmeister ihre Betriebe Söhnen oder Schwiegersöhnen vermachten.

Emilie erfuhr auch, Richard Flügge trinke zu gerne mal einen über den Durst, das sei gefährlich für seine Karriere und mache ihn als Reisebegleiter vielleicht nicht gerade empfehlenswert. Sie mußte schwören, aufzupassen, daß der Vetter in den Gasthöfen, wo sie übernachten würden, kein Bier trank, und Richard selbst mußte Enthaltsamkeit versprechen. Emilie hatte noch nie einen betrunkenen Mann gesehen und wußte also gar nicht, wovor so sehr gewarnt wurde, ihr war der Vetter auch gleichgültig. Als möglicher Freier kam er sowieso nicht in Frage.

Es ist November, als sie ihre Reise antreten, bei der drei Übernachtungen in Posthöfen vorgesehen sind. Mal regnet es, mal hagelt, mal schneit es sogar ein wenig. Der Wind bläst eisig, der Himmel ist schmutziggrau verhangen, die Schlaglöcher in den schlammigen Straßen sind riesige Wasserlachen, die Pferde werden nicht trocken, die Reisenden in der Postkutsche frieren. Emilie sitzt am Fenster, neben ihr Elise und neben der ein älterer Herr. Ihnen gegenüber sitzen Richard und zwei andere Herren, und alle haben je zu dritt eine lederne Plane über ihre Knie gezogen und rechts und links an den Kutschwänden festgeknöpft. Darunter haben sie sich in wollene Decken gewickelt und die Füße in lederne Fußsäcke gesteckt, die mit Schafspelzen gefüttert sind. Auch die Hüte haben alle mit Tüchern festgebunden, damit sie der Sturm nicht wegbläst. Die weiblichen Reize der beiden jungen Mädchen sind völlig verborgen, nichts an ihnen kann verführerisch auf einen der Herren wirken. Sie können auch kaum reden, da ihnen der Regen trotz des Verdecks ins Gesicht peitscht. Der Postillion steckt bis unter die Achseln in einem pelzgefütterten Sack und hat sich ein Wollplaid so um Kopf und Schultern gewunden, daß nur die Augen herausschauen.

Da zieht einer der älteren Herren unter der Plane eine Flasche mit einer klaren Flüssigkeit hervor und bietet den Mitreisenden ein »bäten Köhm tum innerlichen Heizen« an. Emilie weiß nicht, was Köhm ist. Sie denkt, es ist eine Medizin, da auch Richard in großen Schlucken davon trinkt, der doch an ein Ehrenwort gebunden ist. Die Zofe hat schon mehr Ahnung davon, was in der Flasche ist, hat aber, als geborene Friesin, auch heimlich Lust auf »Fusel«, den sie selbst nicht mehr trank, seit sie bei Grisebachs in Stellung ging. So trinkt auch sie einen großen Schluck, ohne Emilie zu verraten, aus was die »Medizin« besteht.

Emilie nippt nur und muß husten, aber ihr wird wirklich innerlich warm. Die Fahrt wird nun sehr lustig. Die Herren lachen viel, und im ersten Gasthaus, in dem die Pferde gewechselt werden und zu Mittag gespeist wird, hat Emilie nichts dagegen, daß sich Richard und andere Herren noch mehr Flaschen Medizin vom Gastwirt besorgen und auf die Weiterreise mitnehmen. Da wird dann die Reisegesellschaft bis zum Abend immer ausgelassener, auch Emilie nimmt noch mehr von der innerlichen Heizung, und beim Abendessen gießen alle das Zeug auch noch in heißen Tee und tun Zucker dran. Das schmeckt wunderbar und wärmt einen bei diesem Mistwetter herrlich auf. Emilie ist noch nie in so fröhlicher Stimmung gewesen. Sie findet Richard einfach entzückend, der die lustigsten Scherze macht und den auch die übrigen Herren sehr zu schätzen scheinen. Als er sie endlich zur Nacht zu dem Zimmer geleitet, in dem Elise schon vorher verschwunden ist, umarmt und küßt er sie im Dunkel des Flurs. Sie ist entzückt, welche wundervollen Gefühle das in ihr auslöst, und küßt ihn zurück, reißt sich dann aber los und flieht vor der Versuchung zur Sünde schleunigst in ihr Zimmer.

O weh! Da steht die Kammerjungfer Elise jammernd und stöhnend über einen Eimer gebeugt und bricht. Sie ist sehr elend, kann sich nicht mehr auf den Beinen halten, erbricht immer wieder, und Emilie muß sie schließlich auf ihr Bett tragen. Am Morgen hat sie niemanden, der das Korsett schnürt und sie frisiert, Elise scheint ohnmächtig zu sein. Emilie ruft nach der Wirtsfrau, damit diese einen Arzt holt, aber die Wirtin lacht nur und meint, dem Mädchen fehle nichts, es sei nur einfach stockbetrunken. Weiterfahren könne sie aber vorläufig nicht. Sie müsse ein bis zwei Tage zur Ausnüchterung dableiben.

Emilie ist empört. Hat sie denn Bier getrunken? Und als die Wirtin wider besseres Wissen bejaht, läßt Emilies Mitgefühl mit Elise sehr nach. So hinterläßt sie bei der Wirtin Geld, damit Elise später heimreisen kann, und fährt nun ohne sie mit Richard weiter.

Das Wetter ist nicht besser geworden, man würde sich ja zu

Tode frieren, wenn man nicht wieder Medizin schluckte, und diesmal sitzt Richard anstelle von Elise neben ihr. Beide haben die Lederplane über sich gezogen und die Hände darunter versteckt wie alle anderen, und was Richard mit seinen Händen tut, sieht und merkt niemand. Ihre Gesichter sind mit Wolltüchern zugebunden, den Augen sieht man nicht an, wie die Wangen röter und röter werden. Und während Emilie das erste Mal den Höhepunkt der Seligkeit erfährt, welche die schrecklichste aller Sünden zu bereiten imstande ist, peitscht ihr der Regen ins Gesicht und wäscht die Tränen weg, die ihr in die Augen schießen, lachen die Herren auf der ihr gegenüberliegenden Bank der Kutsche, gibt ihr Mund gleichgültige Antworten auf gleichgültige Fragen der übrigen Reisenden, knallt der Kutscher mit seiner Peitsche und rumpelt der Wagen über Steine und durch Löcher. Auch Richard sieht aus, als interessiere ihn die Landschaft, an der sie vorbeifahren.

Als sie diesmal übernachten müssen und Richard sie wieder im dunklen Flur küßt, sind Emilies Knie so schwach, zittert sie derartig vor nie gekannten Wonnegefühlen, daß sie Richard nicht abwehren kann, als er zu ihr ins Zimmer drängt. Sie schläft ja diesmal allein, niemand hört das, niemand sieht das, und Richard ist nicht so betrunken, daß ihm nicht gelänge, wonach beide so heftig streben, als zöge der stärkste Magnet der Welt sie zueinander und ineinander. Auch noch bei Tagesanbruch können sie sich kaum voneinander lösen, und erst der Lärm aus der Wirtsstube, der zu ihnen heraufdringt, zwingt sie am Morgen zum Aufbruch.

Diesmal trinkt Emilie auf der Fahrt keinen Köhm mehr, und auch Richard hält sich zurück. Beide sind entsetzt über das, was sie getan haben. Sie wagen kaum, miteinander zu flüstern, glauben, jeder der Mitreisenden müsse ihnen ansehen, wie tief sie gesunken sind. Richards berufliche Pläne fallen in sich zusammen. Wenn Emilie jetzt ein Kind kriegt und sie heiraten müssen, ist es aus mit einer der Amtmannstöchter und einer Karriere in Hannover. Dann muß er in irgendeinem Kuhdorf auf dem Lande

Amtmann werden. Da flüstert sie auch schon: »Wir müssen uns sofort verloben, wenn wir in Hannover ankommen, damit wir im Notfall noch rechtzeitig heiraten können.«

Rechtzeitig, das heißt, noch bevor Emilie wissen kann, ob sie schwanger ist oder nicht. Und Richard sagt, »ja, ja, natürlich«, aber ihm ist nicht wohl dabei. Am Abend des letzten Reisetages im letzten Gasthof sind sie nüchtern. Sie küssen sich zwar noch einmal im dunklen Flur, aber jeder geht ins eigene Zimmer, um nun endlich nachzudenken und zu schlafen. Immer schrecklicher erscheint beiden ihre Untat. Gott sei Dank, denkt Emilie, daß Vater nicht mehr lebt, das hätte ihn umgebracht. Jetzt braucht sie nur noch Angst vor August und den Stiefbrüdern zu haben. Ihre ganze Hoffnung ist Louischen. Die wird verstehen, wie alles gekommen ist, die wird ihr helfen.

Als sie in Hannover eintreffen, erwartet sie nur die fünfzehnjährige Louise an der Poststation, die die Heimkehr der älteren Schwester nicht abwarten kann, und Emilie vertraut ihr gleich alles schluchzend an, noch ehe sie vor die Augen ihrer Mutter treten muß. Richard steht abseits. Louise ruft ihn herbei und befiehlt: »Sie erscheinen morgen vormittag bei Mutter mit einem Blumenstrauß und halten um Emilie an. Es wird noch diesen Monat Verlobung gefeiert. Wenn nichts passiert ist, wird mit der Hochzeit zwei Jahre gewartet, dann brauchen wir Mutter nichts zu sagen. Ist etwas passiert, findet die Hochzeit vier Wochen nach der Verlobung statt. Nur dann brauchen wir Mutter und den Brüdern etwas zu gestehen.«

Richard und Emilie fügen sich und sind ganz froh, daß Louischen das Heft in die Hand genommen hat und kommandiert, was zu tun ist. Ihnen beiden ist noch viel zu schwach in den Gliedern, um eigene Entscheidungen treffen zu können.

Richard geht in sein Quartier, und zu Emilie sagt Louischen: »Geh und wasch dich erst, und dann trittst du als strahlend glückliche Braut vor Mutters Angesicht, verstanden?«

Das tut Emilie denn auch. Sie verschwindet in dem Stübchen der beiden und kommt frisch gekämmt, strahlend zu Mutter,

Tante Marianne und Mariechen ins Zimmer, fällt allen um den Hals und sagt: »Ich hab mich verliebt und verlobt. Richard kommt morgen und hält um mich an.«

Ob sie verliebt ist, weiß sie noch nicht. Das wird sie auch in zwei Jahren noch nicht wissen, denn es ist nichts passiert, man könnte, wenn man wollte, die Verlobung wieder lösen; aber jedesmal, wenn sich Richard und Emilie in den zwei Jahren Wartezeit wiederbegegnen, tut der Magnet seine Wirkung, und sie wissen nicht, ob der nun im Herzen sitzt oder im Unterleib.

Der Backfisch Louischen beobachtet das und denkt sich sein Teil. Nie, nie, sagt sie sich, soll es mir einmal so ergehen wie Emilie.

Die beiden Schwestern hatten nach der Heimkehr Emilies allabendlich auf den Knien gelegen und Gott um Vergebung für Emilies große Sünde angefleht, und als er ihre Bitte erhört hatte und Emilie ihre Tage bekam, dankten sie ihm wieder in großer Erleichterung. Gott hatte ihr vergeben, sie brauchte ihre Schande nie einzugestehen, er hatte ein Wunder geschehen lassen. Von da an ging meine Tante Louischen so oft sie konnte zur Kirche und ließ Gott über alles, was sie betraf, seine wunderbaren Entscheidungen fällen. Sie wußte, daß auch in ihr die Sünde zu Hause war und daß der Teufel jederzeit auch über sie Gewalt gewinnen konnte, und liebte Emilie dafür, daß sie stellvertretend für sie, und zur Warnung für sie, diese Ängste durchgemacht hatte.

Als August von der Verlobung Emilies mit Richard erfuhr, kam er zornentbrannt angereist und versuchte diese dumme, unüberlegte Verbindung zu vereiteln.

»Mutter, wie kannst du zulassen, daß sich Emilie mit einem Trinker verlobt! Rudolf und Therese haben doch oft genug erzählt, daß ihr Vetter ein Trinker ist.«

»Mir haben sie das nie erzählt«, meinte die Mutter, »man muß doch nicht auf jedes dumme Geschwätz hören. Er stammt aus einer Juristenfamilie, wird einmal Amtmann werden und kann in zwei Jahren eine Familie ernähren. Sieh dir doch deine

Schwester Emilie an, wie glücklich sie ist. Man darf sein Kind doch nicht daran hindern, den zu heiraten, den es liebt.«

Und da sie auch in den zwei Jahren nach der Verlobung nie erlebte, daß Richard betrunken war, bereitete sie guten Mutes und voll schöner Hoffnungen für ihr Kind die Hochzeit vor. August aber hatte von da an einen schlimmen Verdacht gegen Emilie, den er nie aussprach, der aber dazu führte, daß er sie nun äußerst unfreundlich behandelte und sie oft schwer kränkte. Er ärgerte sich über Louise, die er verdächtigte, eine Komplizin der Schwester zu sein, und traute allen beiden, was ihre Tugend betraf, nie mehr so recht über den Weg. Gegenüber seinem zukünftigen Schwager wahrte er nur die notwendigste Höflichkeit.

Er trauerte um den Vater, der in dieser Situation sicherlich ein Machtwort hätte sprechen können, wozu er, als Bruder, doch nicht die nötige Autorität hatte. Als einziger Mann stand er einer Phalanx von Frauen gegenüber, Mutter, Tante Marianne, Emilie, Mariechen, Louise. Die Stiefbrüder waren weit weg.

Richard, der eigentliche Sünder, fand Emilie entschieden reizvoller als alle beiden Amtmannstöchter, aber daß er nun eine Stellung in Springe am Deister bekam anstatt in der Großstadt, wurmte ihn doch sehr. Drei Tage vor der Hochzeit ließ er sich noch einmal richtig vollaufen, um sich über sein Unglück zu trösten.

Die Mutter schrieb in ihr Tagebuch:

Emilie ließ sich am 17. Juni die Locken schneiden und fuhr dann Visiten. Richard Flügge wurde an dem Tage krank, aber am 19. kam er ganz munter an. Emilie hatte nichts gemerkt. Die Trauung war in der Wohnung mit fünfzig Gästen. Zweiundsiebzig waren gebeten; es wurde déjeuniert und dabei Augusts Ernennung zum außerordentlichen Professor in Göttingen proklamiert.

Daß Emilie nichts bemerkt hat, muß man bezweifeln, aber die Mutter hat offenbar nicht erkannt, worin die Krankheit Richards bestand, denn sie sah die Zukunft weiterhin rosig. Natürlich war die Hochzeit Emilies am 20. 6. 1841 bescheidener als die von Theodore, aber wenn eine Witwe mit drei noch unversorgten Töchtern in der eigenen Wohnung zweiundsiebzig Gäste einladen und fünfzig déjeunieren lassen konnte, so war das noch ein Lebensstandard, von dem wohl 95 Prozent der damaligen Bevölkerung Deutschlands nur träumen konnten.

Louise mußte nun ohne ihre vertraute Schwester Emilie auskommen und fühlte sich zu Hause sehr unglücklich und gelangweilt. Sie hatte kein Ziel, keinen Lebensplan und keine Aufgabe, die ihr auch nur die geringste Freude machte. Die Mutter verlangte von ihr nur, daß sie nähte und sich irgendwie im Haushalt nützlich machte, aber dafür waren doch schon mehr als genug Frauen in der Wohnung.

Während der Verlobungszeit von Emilie war ein acht Jahre älterer Vetter, Hermann Jochmus, bei Grisebachs einquartiert worden, der sich in Hannover auf sein Auditorexamen vorbereiten sollte. Noch geschockt von dem tiefen Fall Emilies und sich der fürchterlichen Gefahren bewußt, die von ihren zu früh erwachten starken sexuellen Bedürfnissen ausgingen, hatte sich Louise sofort gegen die Anziehungskraft dieses jungen Mannes abgeschottet. Sie war sechzehn, als er eintraf, siebzehn, als er wieder ging, und er sah von ihr stets ein muffiges, abweisendes, ja fast aggressives Gesicht. Für Mariechen, die auf den Charme dieses Bonvivants hereinfiel, hatte Louise nur Verachtung übrig.

Hermann, der wie seine Kusine schon allzu früh pubertiert, aber bereits als Vierzehnjähriger sein erstes Liebesverhältnis hinter sich hatte, war sich niemals der »Sündhaftigkeit« seiner starken sexuellen Triebe bewußt geworden und empfand sie als normal.

Gewohnt, daß ihm alle Mädchen von selbst zuliefen, staunte er ein wenig, daß von den drei Mädchen in der Wohnung seiner Tante sich nur eine in ihn verliebte, so daß er keine gegen die andere ausspielen und mit ihnen nicht die gewohnten Späßchen treiben konnte; aber die eine, Mariechen, war ja auch ganz nett, und so tändelte und flirtete er mit dieser einen, bis alle dachten, er sei ernsthaft in sie verliebt und wolle sich mit ihr verloben, und bis Mariechen glaubte, eine tiefe Liebe zu ihm zu empfinden. Darin war der Vetter Hermann seiner Kusine Louise ähnlich, daß er seine Mitmenschen durchschaute, sich intelligenter vorkam als sie, seine Umwelt im Grunde seines Herzens verachtete und sich unter keinen Umständen von irgend jemandem ausbeuten oder in die Pflicht nehmen ließ, es sei denn, er begegnete jemandem, der stärker war als er. Auch er war, wie Louischen, entschlossen, niemals ein »gewöhnliches« Leben zu führen und sich zu keiner Heirat »zwingen« zu lassen, weder durch die Eltern noch durch irgendwelche verpflichtenden Umstände. Um Mariechen nicht heiraten zu müssen, übertrieb er das Ehehindernis der nahen Verwandtschaft, sprach von einer Herzkrankheit und hinterließ bei der ohnehin tränenreichen Kusine ein zeitlebens gebrochenes Herz.

Louischen dagegen verbot sich selbst immer strenger die Träume von der geheimen Liebschaft, dachte immer angeekelter darüber nach, wie sie dem üblichen Los ihrer Schwestern und Freundinnen entgehen könnte, und schwärmte im verborgenen leidenschaftlicher als zuvor von einer reinen, unbefleckten Vermählung mit Christus allein. Wäre sie katholisch gewesen, hätte sie in jener Zeit den Entschluß gefaßt, ins Kloster zu gehen. Unter keinen Umständen wollte sie werden wie ihre Mutter, ihre Tanten und Schwestern, und andere Auswege für ihren Geist sah sie nirgends. Evangelische Frauen aber konnten nur Diakonissinnen werden.

Ein Segen für Louise war die Fruchtbarkeit ihrer Geschwister, die ihre Mutter immer wieder zu Reisen veranlaßte und auch ihr Gelegenheit bot, hin und wieder fortzufahren. So hatte der Stiefbruder Rudolf aus Dankbarkeit für häufige Wochenbettpflegen die Mama mit den Töchtern einmal nach Berlin eingeladen, um ihnen die aufblühende preußische Stadt zu zeigen, und seit Emilie verheiratet war, wurde auch Louise zu ihren Geschwistern geschickt, wenn wieder eine Geburt bevorstand und man einen Ersatz für die Hausfrau brauchte. In Springe am Deister, wo ihre geliebte Schwester Emilie das erste Kind erwartete, warf der Schwager Richard Flügge sie jedoch wieder hinaus, als sie sich dort im April 1842 einquartieren wollte, um Emilie die Zeit vor der Entbindung leichter zu machen.

Louischen hatte als Hausfrau zwei linke Hände, und obwohl sie die Zofe Elise mitgebracht hatte, war ihr Besuch für das junge Ehepaar weit mehr eine Last als eine Hilfe. Richard machte außerdem Louise dafür verantwortlich, daß er seine erhoffte Karriere aufgeben und Emilie hatte heiraten müssen. Schon bei ihrem Anblick geriet er in Erregung, verließ das Haus und verschwand in einer Kneipe, von wo er spät nachts betrunken zurückkam. Als Supernumerär-Assessor (Beamtenanwärter) hatte er wenig Geld und fühlte sich durch die Ansprüche seiner Schwägerin bedrängt und überfordert, denn der fehlte völlig die Fähigkeit, sich in die Situation von Leuten zu versetzen, die sparen müssen. Auch im Amt hatte er wegen seiner Trunksucht Ärger und gab dafür seiner Frau und ihrer Schwester die Schuld. Louise schwieg nicht zu den Vorwürfen, wie Emilie das tat, sondern gab ihm zurück, und so kam es, daß er in einem Wutanfall ihre Koffer mit ihren Kleidern vollpackte, Louise bei der Hand nahm und mitsamt dem Gepäck vor die Tür setzte, von wo sie schwerbepackt zu Fuß zur Poststation laufen und dort dann lange warten mußte, bis eine Kutsche fuhr.

Sie nahm aber ihren Weg nicht nach Hannover, sondern fuhr nach Lüneburg zu ihrer älteren Schwester Theodore, die inzwischen vier Kinder hatte, zu deren Beaufsichtigung sie sich anbot.

Kleine Kinder boten in der damaligen Zeit noch nicht den süßen Anblick, mit dem sie uns heute entzücken. Damals erwartete die Neugeborenen zunächst ein sehr grausames Leben. Man fesselte ihre kleinen Beine fest auf Brettchen, damit sie nicht krumm würden, denn man wußte nicht, daß Vitamin-D-Mangel die Ursache von Rachitis ist. Weil die Kinder beim Auswickeln besonders verzweifelt schrien, erneuerte man die Windeln so selten wie möglich, so daß sie wund bis auf die Knochen wurden und immer entsetzlicher stanken. Freundliche, liebevolle Menschen suchten das Schreien mit Wiegenliedern oder Schaukeln in einer Wiege einzudämmen, rohere Menschen schlugen die Kinder oder hängten das gewickelte Paket an Haken irgendwohin, wo das Schreien nicht so störte. Man steckte ihnen mit Zucker getränkte Lappen in den Mund, die von Bakterien wimmelten, man gab ihnen unverdünnte Kuhmilch, wenn die Muttermilch versiegte, man hielt sie immer im Dunkeln, und wenn so ein armer Wurm im ersten Lebensjahr nicht an Infektionen, an Brechdurchfall, Magenpförtnerkrampf, Mehlnährschaden, Milchnährschaden, Rachitis, Schälblasenausschlag, Spasmophilie, Krätze oder Mißhandlungen gestorben war, dann waren es in der Regel blasse, entweder aufgeschwemmte oder viel zu magere Geschöpfe, die ewig jammerten, viel schrien, selten lachten und keineswegs so wonnig waren, wie wir heute alle Babys finden.

Die Beaufsichtigung der Kinderschar von Theodore bereitete Louischen kaum weniger Mißvergnügen als das langweilige Nähen bei der Mutter. Sie ekelte sich vor den Kleinen, die noch nicht sauber waren, und wußte mit denen, die es waren, nicht umzugehen. Kinder zwangen den, der sie pflegte, von morgens bis abends zu unangenehmen, widerwärtigen Tätigkeiten und hinderten einen Geist, wie ihn Louise hatte, völlig daran, sich auch nur im geringsten zu betätigen. Sie wollte sich mit sich selbst, nicht mit fremder Leute Gören beschäftigen können, und sie konnte es nicht ertragen, daß man sie zu etwas zwang. Wenn sie mit einem Buch dasaß, wollte sie lesen und nicht durch Kindergebrüll genötigt werden, aufzuspringen und nach einem Nachttopf zu laufen. Du bist stinkend faul, sagte ihre Schwester Theodore zu ihr, und der Salinendirektor Hagemann, ihr fünfzigjähriger Schwager, geriet manchmal selbst in die Versuchung, die gänzlich unbrauchbare Schwägerin an die Luft zu setzen. Doch er war ein sehr selbstbeherrschter und gebildeter Mann, kein Trinker wie Richard Flügge.

Alles in Louise drängte nach Arbeit, nach einer für sie angemessenen Beschäftigung, nur die geistlosen Tätigkeiten, zu denen man sie von früh bis spät zwingen wollte, lehnte sie kategorisch ab. Erstaunlich, daß ihr Selbstbewußtsein bei diesen Konflikten keinen Schaden nahm und sie beharrlich der Meinung blieb, sie sei etwas Besseres als alle diese Frauen, die sich selbst mit scheußlichen Hausarbeiten erniedrigten. Es gehörte schon großer Mut dazu, die Nase so hoch zu tragen, wenn man niemals ein Lob, sondern immer nur Tadel hörte und es weit und breit keinen Menschen gab, der einen verstand. Emilie verstand sie, aber die war nun eine Frau Flügge und durfte kaum noch mit ihr reden.

Louise lehnte es rundweg ab, für andere Menschen »nützlich« zu werden. Sie ließ sich nicht »gebrauchen«. Man nannte das Faulheit, man nannte das unsozial, unchristlich, egoistisch, unweiblich, hartherzig. Louise sagte sich, gut, dann bin ich das eben alles, aber ich laß mich nicht anders machen, als mich Gott geschaffen hat, basta.

Ich glaube, ich hätte mich an Theodores Stelle auch sehr über sie geärgert. Da bietet sie sich an, hätte ich gedacht, mir beim Kinderhüten zu helfen, und dann steht sie nicht mal auf, wenn Milchen auf den Topf muß.

Schon nach vierzehn Tagen wurde das Verhältnis zwischen Theodore und ihrer Stiefschwester unerquicklich, aber da erschien eines Tages Hermann Jochmus zu Besuch, dessen Eltern in Lüne, nicht weit von Theodores Lüneburger Wohnung lebten.

Diesmal erschien Hermann seiner Kusine wie ein rettender Engel, und sie ließ sich freudig dazu überreden, ein paar Wochen bei der Tante und dem Onkel zu verleben. Noch nie hatte Louischen ihrem Vetter ein so fröhliches, erleichtertes Gesicht gezeigt, und Theodore erlaubte der so gar nicht nützlichen Schwester auch ganz ohne Widerstreben, nach Lüne zu ziehen. Da an diesem Tage die Nachricht eintraf, in Springe habe Emilie glücklich ein kleines Mädchen entbunden, wurde noch gemeinsam gefeiert, und Louise wanderte am nächsten Morgen frohen

Mutes zu Onkel und Tante Jochmus nach Lüne, begleitet von einem ebenso fröhlichen Hermann, der entzückt war, nun auch diese Kusine mit seinem Charme bezaubern zu können. Ihm fehlten noch einige Trophäen in seiner Sammlung von Mädchen, deren Herzen er gebrochen hatte.

Es war Mai, die Sonne schien, die Vögel sangen, und Hermann wollte, wie er es gewohnt war, einen Arm um seine Kusine legen oder wenigstens ihre Hand ergreifen. Wie erschrak er über ihre Abwehr. Sie reagierte, als hätte er sie mit einer Peitsche geschlagen.

Louise war jetzt neunzehn Jahre alt und noch nie von einem Mann berührt worden, auch nicht an den Händen. Das war keine Ziererei, wie sie sich jetzt anstellte, das war kein »lockender« Widerstand, wie er es gewohnt war, das war echte Wut, echte Empörung!

»Was fällt dir ein!« schrie sie, »ich bin doch nicht Mariechen!« Hermann wurde blaß. Eine derartige Antwort auf seine von ihm aus gesehen ganz harmlose, noch ohne jedes eigentliche Begehren unternommene Annäherung hatte er noch nie erlebt. Jedes Mädchen, dachte er, erwarte solch eine Geste, zumal im Frühling und zumal allein auf einer einsamen Landstraße. Mariechen war bei ähnlicher Gelegenheit leicht errötet, hatte schamhaft gelächelt und ihre Hand vertrauensvoll in seiner gelassen. Sie war Wachs gewesen, Louise war wie ein funkensprühender Stein.

»Entschuldige, ich hab's nicht so gemeint«, stotterte er verlegen, aber sie ließ das nicht gelten.

»So? Was hast du denn gemeint? Und was hast du bei Mariechen gemeint?«

»Das war doch was anderes.«

Louise hatte keine Lust, weiterzufragen und sich seine Ausreden anzuhören. Sie wußte, daß es etwas anderes war. Mariechen wollte er erst anwärmen, bei ihr hatte er in offenes Feuer gegriffen. Schwingend ging sie mit großen Schritten voraus, er hatte Mühe, sie einzuholen und neben ihr zu bleiben. Vielleicht hätte er, wenn er jetzt geredet hätte, das Feuer gelöscht. Alles, was er hätte sagen können, wäre zu dumm gewesen, um den wie durch einen Blitzschlag erwachten Liebesgefühlen des jungen Mädchens längere Zeit Nahrung zu geben. Aber er tat das für ihn sonst ganz Ungewohnte, er schwieg auch.

Und während sie so eilig Lüne zustrebten, sah Hermann, was ihm bisher noch nicht aufgefallen war, daß Louise schön sein konnte, und Louise sah, was sie bisher nicht bemerkt hatte, daß Hermann ganz ungewöhnlich gut aussah.

Die Begrüßung mit dem Onkel, dem pensionierten Amtmann, und der Tante, der Schwester von Louises Mutter, war herzlich und verwandtschaftlich. Louise wußte, hier würde sie sich wohl fühlen, hier würde niemand hausfrauliche Leistungen von ihr erwarten, hier überließ die Hausfrau selber jede unangenehme Arbeit den Dienstboten, und hier war der Herr im Haus nicht gleichzeitig ein strenger Sittenrichter. Der Onkel ließ fünfe grade sein. Hier war alles auf gemütliches Wohlleben eingerichtet.

Niemandem fiel auf, daß zwischen ihr und Hermann zunächst eisiges Schweigen herrschte, und so konnte man das Eis ebensogut brechen und fröhlich miteinander plaudern. Louise bekam ein Dachstübchen für sich allein, was sie, die sonst nie allein schlafen durfte, genoß. Hier konnte sie unbeobachtet auf den Knien liegen und Gott anflehen, sie von dem sündigen fleischlichen Verlangen zu befreien. In dieser ersten Nacht im Haus des Onkels flehte sie besonders inbrünstig. Alles, was mit ihrem Körper und dessen Lüsten und Trieben zu tun hatte, empfand sie aufgrund ihrer Erziehung als entsetzlichen Makel und eine entsetzliche Schande. Sie flehte Gott an, ihr zu verzeihen, daß die leise Berührung Hermanns sie in ein derartiges Triebchaos gestürzt, eine derartige Gier in ihr ausgelöst hatte, so daß sie jetzt, allein im Bett, dem Drang nicht widerstehen konnte, sich zu befreien. Sie haßte Hermann dafür, daß er sie zur Sünderin erniedrigte. Dieser Mann war es doch nicht wert, von ihr geliebt zu werden. Er hatte doch schon Mariechen und Gott weiß wie viele andere Mädchen unglücklich gemacht. Er konnte sie doch gar nicht heiraten, er war doch ihr Vetter. Und wenn er eine Ehelizenz erhielte, dann würde es doch seine Pflicht sein, Mariechen und nicht sie zu heiraten. Niemals würde Mutter gestatten, daß sie Mariechen den Mann wegnahm. Und wenn sie in dieser Nacht gerade soweit war, daß sie Hermann an Mariechen abgab, dann überfiel sie wieder dies leidenschaftliche Verlangen, sich ihm ganz und gar hinzugeben.

Auch Hermann konnte in dieser Nacht keine Ruhe finden. Noch nie hatte ein Erlebnis mit einem Mädchen ihm den Schlaf geraubt. Immer war er der Überlegene gewesen, hatte ganz über den Dingen gestanden und hatte sich im wohligen Behagen gesonnt, ein begehrter Mann zu sein, dem sich die reichste Auswahl bot, der nur zugreifen mußte, um zu bekommen, was er wollte. Die Sache mit Mariechen hatte sein Gewissen nicht im mindesten belastet. Er war sogar stolz darauf gewesen, sich zurückgehalten und sie nicht verführt, nicht in Schande gebracht zu haben. Die Spielchen, die er mit ihr getrieben hatte, konnte man schließlich nicht einmal eine Affäre nennen, es war ein Spaß gewesen, nichts weiter. Jetzt bauschte diese zickige Louise das zu einer Staatsaffäre auf. Und wie sie gerannt war, als hätte er sie vergewaltigen wollen! Dagegen war er ja ein schwacher Jämmerling! Gegen die Frau kam er nicht an! Ob er die vielleicht mal heiraten sollte? Um Gottes willen! Die würde ja ewige Tugend von ihm fordern! Bei der würde er ja zum Pantoffelheld werden! Dann aber wälzte auch er sich im Bett und stellte sich vor, wie es wäre, den Widerstand dieses Mädchens im Bett zu überwinden, und schon allein bei diesem Gedanken gelangte er zum Höhepunkt der Liebeslust und sank keuchend und erschöpft in seine Kissen zurück.

Da Louischen nicht schlafen konnte, stand sie früh auf, wusch sich von Kopf bis Fuß kalt ab und beschloß, einen Spaziergang zu machen, ehe Menschen auf den Straßen sein würden. Vielleicht würde Gott dann ihr Verlangen abtöten. Da auch Hermann nicht schlafen konnte, stand er ebenso früh auf, um durch die Frühlingslandschaft zu wandern, und so begegneten sich die beiden ohne jede Absicht zufällig wieder auf der Landstraße nach Lüneburg.

Dabei hätten sie sich nicht begegnen müssen, denn Hermann hätte umkehren können, als er seine Kusine vor sich wandern sah, aber er rief, und sie drehte sich um.

Sie hätte nicht stehenzubleiben brauchen, aber sie blieb stehen, bis er sie eingeholt hatte. Louise hätte fragen können, was macht du denn hier, und Hermann hätte sie dasselbe fragen können, aber beide fragten nicht, denn sie waren aus dem gleichen Holz geschnitzt und wußten, was der andere hier tat. Hermann traute sich nicht mehr, aber Louise dachte, nun weiß er, was ich fühle, und ergriff zuerst Hermanns Hand und …

Nun will ich nicht allzu indiskret sein und mir nicht ausdenken, was die beiden da auf der Landstraße miteinander sprechen. Ich sehe nur, daß sie sich umarmen und küssen, dann reden, dann wieder umarmen und küssen, dann wieder reden und … nein, daß sie sich irgendwo hinlegen, sehe ich nicht. Sie bleiben immer stehen und sie tun auch sonst nichts »Unanständiges«.

Als die ersten Fuhrwerke auf der Straße auftauchen, lösen sie ihre Hände und gehen nebeneinander zurück zum Haus. Dort hat man sie noch nicht vermißt, denn sowohl der Onkel als auch die Tante sind faule Langschläfer, und beim Personal ist es egal, was die sehen oder denken. Und da das so ist, und niemand etwas bemerkt, treffen sich die beiden jeden Morgen, wenn sie noch niemand sehen kann, auf der Straße von Lüne nach Lüneburg und reden und küssen dort, bis die ersten Fuhrwerke auftauchen.

Louischens sündigster Traum, eine heimliche Liebe, von der niemand etwas weiß, hat sich erfüllt, aber es ist ein Traum ohne Zukunft. Louischen kann und will Hermann nicht heiraten, denn er ist ihr Vetter, und dann ist da noch Mariechen. Trotz aller Küsse und trotz aller Leidenschaft verachtet sie ihn noch immer; er ist und bleibt ein Sünder, und auch das, was er mit ihr treibt, ist eine Sünde, die Gott nicht vergeben kann. Aber sie will ihm schreiben, vielleicht kann sie ihn retten, und vielleicht kann sie ihm ja später einmal den Haushalt führen. Und Hermann kann und will Louise nicht heiraten, denn die Geschichte mit ihr ist viel zu atemlos, viel zu aufregend, das hält er lebenslänglich gar nicht aus, und Ehe ist ein lebenslängliches Gefängnis, das hat er an seinem Vater gesehen, und er will überhaupt nicht heiraten, nein, nein, nein.

Beide sind sich ähnlich. Nicht nur die Mütter sind Schwestern, auch die Väter sollen weitläufig miteinander verwandt sein. Beide müssen hassen, was sie lieben, weil sie sich selber um ihrer Fleischeslust willen hassen.

Aber manchmal ist auch die ganze Seele in ihrer Liebe, besonders bei Louischen, die immer wieder auf Knien Gott anfleht, ihre Liebe zu reinigen, und oft dem Irrtum verfällt, er habe diesen Wunsch erfüllt.

Die Liebesbriefe Hermanns sind nicht erhalten bis auf einen Vers, den er für sie machte, als er ihr einmal Veilchen schicken ließ:

> *Des Frühlings Kinder haben diese Sitte,*
> *daß sie sich gern zum Strahl der Sonne wenden*
> *drum gings mich an mit seiner duft'gen Bitte,*
> *ich möcht's zu Deinen lieben Augen senden.*

Dieser Vers gelangte auf Umwegen in die Hände des damaligen Kronprinzen von Hannover, des späteren Königs Georg V. Er gefiel ihm so sehr, daß er, ohne zu ahnen, von wem er sei und wem er gelte, eine Melodie dazu komponierte.

Hermann hatte eine Stiefschwester aus der ersten Ehe seines Vaters, die mit einem Kammerrat Rumann verheiratet war. Sie erkrankte an der Schwindsucht, und der Arzt riet ihr zu einer Kur in Lippspringe in der Nähe von Detmold.

Louise wollte einmal ausprobieren, ob sie sich nicht zur Diakonissin eignete, denn die Zweifel, ob sie Hermann lieben dürfe, solle, wolle, hörten nicht auf, sie zu quälen, und die Träume von einer Vermählung mit Jesus gaukelten ihr immer wieder Visionen einer Seligkeit vor, wie sie ihr Hermann nie würde bereiten können. Sie bat ihre Mutter, Frau Rumann nach Lippspringe begleiten und dort pflegen zu dürfen, und die realistische Mama, wohl wissend, daß ihr Töchterchen Louise sich zur Diakonisse eignete wie der Bock zum Gärtner, gab ihr sicherheitshalber die Zofe Elise mit, damit die arme Frau Rumann wenigstens einen Menschen hatte, auf dessen Hilfe sie sich verlassen konnte.

So opferte sie denn ganz rührend ihre unentbehrliche Hilfskraft, die Zofe Elise, und fuhr selbst zu Emilie, die ihr zur Zeit noch größere Sorgen machte.

Daß Richard Flügge ein Trinker war, hatte nun auch sie begriffen, nachdem sie mehrere Male in Springe zu Besuch gewesen und miterlebt hatte, wie er sich benahm. Alles, was Sohn August ihr vorausgesagt hatte, war eingetroffen. Richard schlug Emilie, wenn er aus der Kneipe kam. Nun hatte man ihn auch noch nach Neustadt versetzt, wo er wieder nur Supernumerär-Amtsassessor, aber mit einem noch geringeren Gehalt war.

Es schneite plötzlich wieder mitten im Mai und war sehr kalt, als Louise, Elise und die kranke Frau Rumann mit der Postkutsche in dem öden Ort Lippspringe eintrafen. In dem Dorf, wo man gerade erst warme Quellen entdeckt hatte, war alles noch ganz provisorisch und primitiv eingerichtet. Die Kurhäuser befanden sich noch im Rohbau, und das Gasthaus, in dem sie sich angemeldet hatten, war auf dies rauhe Wetter nicht mehr eingestellt und nicht geheizt. Durch die schlechtgekitteten Fenster zog es, die Bettwäsche war klamm und feucht, die Betten nicht mit Gänsedaunen, sondern mit spleißigen Hühnerfedern gefüllt. Einen abschließbaren Abort gab es nicht, man mußte durch einen langen Flur hinaus auf den Hof. Dort waren vor den Ställen Stangen befestigt, auf die sich jeder – ob Mann, ob Frau, ob Gast, ob Knecht, ob Magd – für alle Bewohner des Gasthauses sichtbar, ungeschützt vor Sturm, Schnee und Regen hinhocken mußte. Es gab keine Petroleumlampen, sondern nur Kerzen auf Metall-Leuchtern, die einen kleinen Windschutz hatten, das Essen war fast ungenießbar und die Bedienung schmuddelig und unfreundlich. Die Pferde wieherten, der Hofhund bellte, die Kühe muhten, die Hähne krähten schon vor Tagesanbruch, die Hühner liefen durch die Gaststuben, der ganze bäuerliche Betrieb hatte Vorrang vor der Gastwirtschaft, in der die Gäste sich nur geduldet vorkamen. Sie fühlten sich als Fremde, die man am liebsten so schnell wie möglich wieder loswürde. Zu allem Überfluß lag der Gasthof neben der Poststation. Da wurden die Pferde durchreisender Kutschen gewechselt, so daß mehrmals am Tage und häufig auch nachts große Unruhe entstand.

Alles, aber auch alles, was zur Pflege der Kranken getan werden mußte, das Waschen, das Heben auf die Bettpfanne, das Einflößen der Medizin und des Quellwassers, das Waschen und Hemdenwechseln, das Füttern, das Fieber-Messen, das Kopf-Halten bei den Husten- und Brechanfällen, das Einreiben mit Essig zur Kühlung, das Beziehen der Betten, das Kämmen, das alles tat Elise.

Louise benahm sich nicht wie eine Diakonissin, sondern wie eine Gesellschafterin, die dazu da war, der Kranken vorzulesen. Das tat sie denn auch ganz eifrig, ob die Kranke dabei einschlief oder nicht, denn sie las ja selbst so gerne. Sie ließ sich beim Lesen durch Hustenanfälle nicht stören und überhörte sie einfach, wenn das Buch gerade interessant war. Wenn die Fliegen sie selbst belästigten, schlug sie nach ihnen, wenn aber ein Schwarm von Fliegen das schweißnasse Gesicht Frau Rumanns bedeckte, kam sie gar nicht auf die Idee, sie fortzuscheuchen. Nur eins hatte sie gelernt: bei Kranken muß man nachts wachen. So übernahm sie häufiger als die immer müde Elise die Nachtwachen, wobei sie sich dann in einen Sessel neben das Bett setzte und entweder einschlief oder bei einer Kerze las. Dabei erinnerte sie sich so manches Mal an die Zeit, wo sie als kleines Kind bei ihrem schwindsüchtigen Bruder Carl gesessen und dessen Reden gelauscht hatte.

Auch Frau Rumann war oft im Fieberdelirium und sprach dann viel; aber so gut Louise als Kind ihren Bruder zu verstehen geglaubt hatte, so wenig verstand sie die Reden dieser Frau.

Was sie begriff, waren unaufhörliche Beschwerden über Frau Rumanns Stiefmutter, Louises Tante, und über Frau Rumanns Mann. Die Tante hatte offenbar ihre eigenen Kinder, Hermann und dessen leiblichen Bruder, gegenüber der Stieftochter und deren leiblichen Bruder sehr vorgezogen, so daß Frau Rumann als Kind das typische Aschenputtelschicksal erlitten hatte und darüber nicht hinwegkam. Der Mann, den man für sie ausgesucht hatte und den sie nie lieben lernte, hatte sie wohl auch nur um ihrer Mitgift willen genommen. Wehrlos und schutzlos, wie sie als mutterlos aufgewachsenes Mädchen war, hatte er sie behandelt wie eine Magd, von der er Gehorsam und nichts als Gehorsam verlangte, auch im Ehebett. Was er von ihr verlangte, hatte sie immer nur als Erniedrigung und Vergewaltigung empfunden. Das Leben war ihr viel schuldig geblieben, und nun, wo sie wußte, sie würde sterben, wurde ihr klar, daß sie die Schuld nie würde eintreiben können. Es gab keine Möglichkeit, sich zu rächen oder jemanden zu strafen. So hatte die Kranke jetzt nur noch den einen Wunsch, alle, die ihr im Leben Unrecht getan und sie um ihre Menschenrechte betrogen hatten, möchten zur Einsicht kommen und begreifen, wie herzlos sie gewesen waren, wie grausam sie ihre Gefühle verletzt hatten; sie alle sollten sie vor ihrem Tod noch um Entschuldigung bitten. Dann, so hatte sie sich vorgenommen, wollte sie ihnen verzeihen. Nicht als die Gedemütigte wollte sie die Welt verlassen, sondern hoch erhobenen Hauptes – als diejenige, in deren Macht es lag, die Sünden der anderen zu vergeben. Sie selbst war sich keinerlei Sünde bewußt, da sie ja niemals etwas aus eigenem Antrieb und eigenem Willen hatte tun dürfen.

Louise fragte Hermann in einem ihrer Briefe, ob es wahr sei, daß er außer Amalie Rumann auch noch einen Stief*bruder* habe, und er antwortete, leider ja, das sei ein ganz verschlagener, bösartiger, hinterlistiger Mensch, eine »versäumte« Seele. Da fragte sich Louise, ob die Tante durch falsche Erziehung nicht nur die Seele des Stiefsohnes »versäumt« habe, sondern auch die des eigenen Kindes: Frau Rumann konnte genausowenig beten wie Hermann. Beide hatten französische Erzieherinnen gehabt, die nicht an Gott, sondern nur an die menschliche Vernunft glaubten. Darum konnte Hermann ihre, Louises, Werturteile nicht begreifen, darum empfand er als normal und erlaubt, was für sie die größten Sünden waren, die den Menschen das Himmelreich verschlossen!

Louise glaubte zu wissen, welche Aufgabe Gott ihr gestellt hatte, als er sie nach Lippspringe führte. Sie mußte der armen Frau Rumann die Tür zum Himmel aufschließen, mußte sie bekehren, durfte nicht zulassen, daß sie starb, ehe sie ihre eigenen Sünden bekannt, bereut und von Gott Vergebung dafür erlangt hatte!

Louises Mitleid und Nächstenliebe wurden nicht aus ihrem egoistischen Tiefschlaf geweckt durch das Stöhnen, Jammern und den Bluthusten der Kranken. Wenn Frau Rumann nach der Bettpfanne rief, sagte Louise seelenruhig, warte, Elise kommt gleich, weil ihr bei der Bedienung, die sie ihr Leben lang erfahren hatte, gar nicht in den Sinn kam, sie könne irgendeine unangenehme Arbeit auch einmal selbst tun. Sie glaubte schon ein großes Opfer zu bringen, daß sie hier in Lippspringe auf Elises Hilfe beim Anziehen verzichtete und sich sogar gelegentlich selbst kämmte. Nein, Louises Nächstenliebe und Pflichtgefühl zur Hilfeleistung erschöpften sich in dem Glauben, sie sei berufen, diese arme Seele vor ewiger Verdammnis zu retten. Ihre Phantasievorstellungen vom Himmelreich und von der Hölle waren so realistisch, daß sie sich in diesen Bereichen besser auszukennen glaubte als in der Umwelt ihres irdischen Lebens. Beschwörend kniete sie immer öfter und immer länger am Bett der Todgeweihten und flehte sie an, ihre Sünden zu bereuen, ehe es zu spät sei, und dem Heiland zu danken, daß er für sie, zur Vergebung für ihre Sünden gestorben sei.

Die Zwanzigjährige stritt mit der Sterbenden, wollte ihr klarmachen, daß sie eine Sünderin sei, die nicht sterben dürfe, ehe sie das eingesehen habe, weil sonst die fürchterlichsten Strafen drohten, aber die Kranke sagte nur, »davor hab ich keine Angst. Schlimmer, als mein Leben hier gewesen ist, kann es drüben auch nicht sein«, und dann bekam sie einen so fürchterlichen Blutsturz, daß Elise den Arzt holte. Der sagte, es gehe nun zu Ende, und man solle schleunigst eine Stafette nach Hannover schicken, damit der Herr Kammerrat Rumann kommen und sich noch von seiner Frau verabschieden könne.

»Was dein Mann dir getan hat«, rief Louise, »muß ihm Gott verzeihen, aber was du getan hast, muß dir Gott auch verzeihen, niemand sonst, schieb es nicht auf, schieb es nicht auf, damit deine Seele nicht verloren ist! Bitte ihn jetzt! Bitte ihn gleich!«

Sie blieb neben dem Bett knien und flehte, daß Frau Rumann ihre Sünden einsehe, während Elise lief und die Stafette nach Hannover bestellte.

»Bitte sei jetzt endlich still«, flüsterte die Todgeweihte, »ich will jetzt schlafen, bis mein Mann kommt, damit ich ihm noch verzeihen kann. Bitte zieh die Vorhänge zu und lösche die Kerze. Ich will nicht mehr gestört werden.«

Louise zog die Vorhänge zu und löschte die Kerze, kniete sich wieder hin und betete laut weiter. Sie wartete auf Elise, damit diese der Kranken für die Nacht noch ein frisches Hemd anzog. Aber als Elise zurückkam und sah, daß Frau Rumann schlief, zog sie ihre Herrin mit sanfter Gewalt vom Bett weg und tastete sich mit ihr in ihr gemeinsames Zimmer, wo es jetzt auch dunkel war. Die Zündhölzer hatten beide in der Aufregung im Zimmer der Kranken gelassen. Es war nach Mitternacht geworden. »Was fällt dir ein!« schalt Louise sehr erregt. »Wie kannst du mich aus dem Zimmer zerren! Ich muß doch für die Kammerrätin beten!«

»Die braucht jetzt kein Beten, die braucht jetzt Schlaf.«

»Du hast ihr doch immer noch kein frisches Nachthemd angezogen, du hast sie auch noch nicht mit Essig gewaschen.«

»Die braucht jetzt Schlaf.«

»Und was soll ich jetzt hier machen im dunklen Zimmer? Hol wenigstens die Zündhölzer, damit wir die Kerze anmachen können.«

»Die hol ich nicht, die Kammerrätin braucht jetzt Schlaf, die weck ich nicht.«

»Willst du etwa jetzt hier befehlen? Hole gleich die Zündhölzer!«

»Nein. Sie können auch im Dunkeln für die Kammerrätin beten!«

Eine derartige Antwort hatte Elise in den neunzehn Jahren, die sie im Dienste der Familie Grisebach stand, noch nicht gegeben. Louise, ohnehin in großer Erregung, war außer sich. »Was fällt dir ein!« rief sie. »Was maßt du dir an? Du denkst, ich hab's nicht gehört, aber ich hab vor ein paar Tagen genau gehört, wie du zu deinem Galan gesagt hast, du seist früher meine Erzieherin gewesen, nun aber eher eine Freundin. Willst du jetzt auch noch meine Herrin werden?«

Elise antwortete atemlos, als sei sie zu schnell gerannt: »Das war kein Galan, sondern der Hausknecht, und ich hab das gesagt, damit er tut, was ich sage, weil er Ihnen ja nicht mehr gehorcht.«

»Was tut er nicht mehr?«

Da hörte sie im Dunkeln, wie Elise umfiel und dabei das Nachtschränkchen mitriß. Die Jungfer war ohnmächtig geworden. Die Anstrengungen der letzten Tage, die Hitze und nun

83

auch noch das unglaubliche Betragen Louises waren zuviel für sie gewesen.

Louise rüttelte die Ohnmächtige: »Steh auf, steh auf«, aber als sie ihr den Puls fühlte, merkte sie, daß dieser nur sehr schwach und sehr langsam schlug. Sie brauchte Essig, um sie ins Leben zurückzurufen. Wo war der Essig? Ach, natürlich im Krankenzimmer. Ohne Rücksicht auf den Schlaf der Kammerrätin ging sie in den anderen Raum, der jetzt auch so stockfinster war, daß sie den Essig bei allem Herumtappen nicht finden konnte. So wollte sie die Schlafende wecken, um sie zu fragen, wo denn, um Himmels willen, die dumme Elise den Essig hingestellt hätte. Doch als sie die Kranke an der Schulter berührte, da war Frau Rumann plötzlich kalt. Lag da und war kalt und war einfach in die andere Welt gegangen, ohne vorher den Heiland und die Erlösung gefunden zu haben, und nebenan lag ohnmächtig auf dem Fußboden Elise, und sie, das arme Louischen, war mutterseelenallein mit einer Toten im einen und einer Ohnmächtigen im anderen Zimmer. Sie hatte kein Feuerzeug, um Licht zu machen, und keinen Essig, um die ohnmächtige Elise aufzuwecken!

Louischen half keine Ohnmacht aus dieser fürchterlichen Situation, sie mußte durch. Sie mußte die Zündhölzer finden, und sie fand sie, sie mußte den Essig finden, und sie fand ihn, sie mußte der Toten die Augen zudrücken, damit sie nicht offen blieben, und sie drückte ihr die Augen zu, sie mußte ihr die Hände falten, damit es wenigstens so aussah, als sei sie erlöst gestorben, und sie faltete ihr die kalten Hände, dann ging sie mit der brennenden Kerze zu Elise, rieb sie mit Essig ein, schüttelte sie, bis sie erwachte, und schrie sie dann an: »Die Frau Kammerrätin ist tot!«

Ohne sich noch weiter um Elise zu kümmern, begann sie fieberhaft darüber nachzudenken, was denn nun wohl ihre nächste Pflicht sei. Anstatt sich still neben die Tote zu setzen und für sie zu beten und zu warten, bis der Ehemann kam, überlegte sie, er wolle ja gewiß seine Frau jetzt heim nach Hannover holen. Dafür brauche er natürlich einen Sarg. Sie weckte um halb ein Uhr nachts die Wirtsleute und ließ sich sagen, wo der Dorftischler wohnte. Dann befahl sie Elise, die Leiche zu waschen und ihr ein frisches Hemd anzuziehen, und eilte allein hinaus in die Nacht, um beim Tischler den Sarg zu bestellen.

Nachdem sie ihn mühselig aus dem Bett geholt hatte, befahl sie ihm, der Sarg müsse schon am Morgen fertig sein, da der Herr noch heute nacht komme, um seine tote Frau abzuholen. Der unterwürfige Mann ging auch sogleich in die Werkstatt, und Louise lief denselben Weg durch die Nacht wieder zurück. Ganz überspannt glaubte sie, weiße Gespenster sich grausig zwischen den Büschen schlängeln zu sehen. Eine Eule schrie, Ratten witschten aus Kellerlöchern hervor, fahle Wolkenschleier huschten über die kleine Sichel des Mondes.

Da unterbrach auch schon das Hobeln des Tischlers die beängstigende Stille, und sie hörte, wie von weitem das Posthorn zweimal ertönte und so ankündigte, daß *zwei* Reisende mit der Extrapost in Kürze eintreffen würden. Aha, dachte sie, da bringt der Herr Rumann auch noch seinen Bruder, den Stadtdirektor, mit.

Im Gasthaus zurück, fand sie die Leiche gewaschen und gekämmt. Ein Pfarrer und der Arzt standen am Bett, die Wirtsleute und das Hauspersonal knieten im Sterbezimmer.

Louischen umarmte erst einmal die Jungfer Elise und bat sie zitternd und schluchzend um Entschuldigung. Diese kannte ihr Fräulein von Kindheit an und wußte, wie jähzornig sie sein konnte und daß sie im Grunde doch ein gutes Herz hatte. Dann knieten sich beide zu den anderen nieder und weinten. Doch als der Kammerrat und der Stadtdirektor Rumann eintrafen, erhob sich alles ehrfürchtig und machte den Trauernden Platz vor dem Bett, auf dem die Leiche lag. Die Herren nahmen ihre Zylinder ab, verrichteten ein Gebet, knieten nieder, und alle Anwesenden, der Pfarrer, der Arzt, das Wirtspaar, zwei Knechte, drei Mägde und Elise, taten es ihnen nach.

Louise zitterte vor Erregung, als sie den Witwer da so förmlich und steif sein Gebet verrichten sah. Sie spürte, er trauerte nicht, er war sich keinerlei Schuld bewußt, vielleicht war er sogar erleichtert, daß nun alles ein Ende hatte.

Der Ehemann fragte nicht, wie seine Frau denn gestorben sei und ob sie ihm vor ihrem Tode noch vergeben habe. Da konnte sie sich nicht mehr beherrschen, und es brach aus ihr heraus: »Herr Kammerrat Rumann! Sie kommen zu spät! Sie wollte Ihnen so gerne noch vergeben! Aber Sie haben sie nicht mehr um Entschuldigung gebeten! Sie hat so sehr darauf gewartet, daß Sie Ihre Schuld einsehen, Herr Rumann, und sie Ihnen vergeben kann! Und ich bin schuld! Ich bin schuld! Ich habe Sie zu spät rufen lassen! Sie hat so sehnsüchtig darauf gewartet, Ihnen vor ihrem Tod noch vergeben zu können, daß sie darüber ihre eigene ewige Seligkeit vergessen hat! Sie hat nicht mehr bereut, sie hat nicht mehr zum Heiland gefunden! Und ich bin daran schuld! Ich hätte wissen müssen, daß sie nicht zum Heiland finden kann, ehe sie ihrem Mann vergeben hat! O Gott, vergib mir meine große Schuld! O Amalie, vergib mir ...«

Louischen weinte laut, erging sich in immer fürchterlicheren Anklagen gegen sich selbst, aber auch in Anklagen gegen den Witwer, der seine arme Frau so unglücklich gemacht habe!

Der Bruder des Witwers konnte das schließlich nicht mehr mit anhören. Er nahm die hysterisch Weinende energisch bei der Hand und führte sie aus dem Zimmer. »Nehmen Sie sich doch gefälligst zusammen«, herrschte er sie an. »Es ist ja peinlich, was Sie da vor all den fremden Leuten für eine Szene aufführen. Gott macht seine Vergebung für meine Schwägerin doch nicht von Ihnen abhängig, mein gnädiges Fräulein, was bilden Sie sich denn eigentlich ein! Lassen Sie meinen armen Bruder jetzt gefälligst in Ruhe!«

Jäh verstummte Louischen. Seit dem Tode des Vaters hatte sie niemand mehr so hart zurechtgewiesen. Aber nun überkam sie plötzlich das Gefühl, von aller Welt ungerecht verfolgt und gejagt zu sein. Hatte der Oberstadtdirektor sie hinausgeworfen? Sie, die Frau Rumann wochenlang aufopfernd gepflegt hatte? Was würde dieser Mensch ihr noch antun!

Louise wurde von einer hysterischen Angst gepackt, der Herr Oberstadtdirektor und der Herr Kammerrat Rumann würden sich jetzt an ihr rächen. Sie mußte fort, so schnell wie möglich fort!

»Elise«, schrie sie, »packe ganz schnell die Koffer! Ich bestelle inzwischen die Extrapost! Wir müssen nach Hause! Wir müssen ganz schnell nach Hause! Mama wird sich entsetzlich um mich ängstigen! O Gott, meine arme Mama, sicherlich fühlt sie, in welche Gefahr ich hier geraten bin! Schnell, schnell, Elise! Pack! Pack!«

Elise packte stumm und gottergeben in aller Eile die Koffer, und bald stand die Extrapost mit sechs Pferden vor der Tür, die beiden Mädchen kletterten hinein, und ohne sich von den Brüdern Rumann, den Wirtsleuten oder der toten Amalie zu verabschieden, fuhren sie aus Lippspringe fort, und die vom Kutscher zu höchster Eile angetriebenen Pferde jagten schnaubend über die Feldwege.

Es war eine glühende Hitze. Louischen hatte in der Eile vergessen, ihre Schute unter dem Kinn festzubinden, so flog sie durch den Fahrtwind davon. Aber ihr war das gleichgültig. Sie ließ den Kutscher nicht anhalten. Die Löckchen umflatterten das tränenüberströmte Gesicht, sie zitterte und schluchzte immer weiter und trieb den Kutscher zu immer größerer Eile an, während nach und nach ein Sonnenbrand ihre Stirn zu röten begann. Elise schwieg. Sie kannte das Fräulein. Hier war Reden zwecklos. Als der Kutscher die Pferde an einer Station auswechseln wollte, weil diese naß und schnaubend ihr Äußerstes geleistet hatten, verweigerte Louise den Halt. »Weiter! Weiter!« schrie sie. »Wir können jetzt nicht halten! Mama ängstigt sich doch zu Tode um mich!« Da fuhr der Kutscher trotz der immer sengender werdenden Sonnenglut weiter, und plötzlich brach eins der sechs Pferde mitten auf dem Feldweg tot zusammen. Das gab natürlich einen viel längeren Aufenthalt, als wenn sie in dem Dorf gleich stehengeblieben und die Pferde gewechselt hätten. Der Postillion geriet in Rage. Er verlangte von Louise nicht nur alles Geld, das sie bei sich trug, sondern auch noch eine Unterschrift für einen weiteren Betrag, den sie ihm für das tote Pferd schuldig war.

»Was kann ich denn dafür, wenn der Kutscher ein krankes Pferd vorspannt«, regte sich Louise auf, aber der Mann wollte erst weiterfahren, wenn sie bezahlt hätte.

Auch das war ihr nun gleichgültig. Nur zu Mama, nur zu Mama! Louise warf sich in Elises Arme und suchte bei der zwölf Jahre älteren Jungfer Trost und Schutz.

»Ja, ja, Fräuleinchen«, sagte die treue Seele beruhigend und tröstend, »wir sind ja gleich bei Mama in Neustadt.« Sie war doch eine Freundin.

Sie durcheilten Hannover, ohne irgendwo zu essen oder zu trinken, und als sie in Neustadt ankamen, vergaß Louischen, daß Schwager Richard sie in Springe vor die Tür gesetzt hatte, und stürmte ins Haus ihrer Schwester, wo sie ihre Mutter gemütlich auf einem Lehnstuhl sitzend vorfand. Louischen warf sich in ihre Arme, und die Mutter sagte erstaunt in ihrer ruhigen Art: »Bewahre! Biste da?«

Über ihre Versuche als »Diakonissin« in Lippspringe schrieb Louischen einige Jahre später an ihre Freundin:

Du bist heute Abend in Lippspringe angekommen – ich wollte, ich wäre bei Dir, um Dir alle Plätze und Orte zeigen zu können, wo ich so viel gelitten … habe. Lippspringe ist ein Kreuz auf meinem Lebenswege, das hoch aufgerichtet steht. Ich kehre noch bisweilen innerlich an diese Stätte zurück, um zweierlei zu tun: mich zu verlieren in der Erinnerung ungeheurer Sünde, denn was ich alles an der Rumann versäumt, vernachlässigt, gesündigt habe, ist unbeschreiblich; mich in Gott wiederzufinden, der mir dort gegeben hat über Bitten und Verstehen. Trotzdem war ich dort ganz verrenkt … denn ich brauche bloß an Lippspringe zu denken, so weiß ich, daß ich nichts ausführen kann, weil bei mir immer die Kraft kalt und die Liebe schwach macht, drum immer nur eins zur Zeit wirkt.

In Gegenwart der Schwiegermutter konnte Richard Flügge seine junge Schwägerin diesmal nicht vor die Tür setzen, und Emilie freute sich so sehr über ihr Kommen, daß Louischen sich nicht darüber beschwerte, mit Elise zusammen in einer Bodenkammer schlecht untergebracht zu sein.

Die nun achtundzwanzigjährige Emilie hatte den Schwung und die fröhliche Ausstrahlung, mit der sie früher Herzen eroberte, völlig verloren. Der Zwang, sich zusammenzureißen und Richards Brutalität zu ertragen, hatte ihrem Gesicht einen verkrampften, verbissenen Ausdruck verliehen.

Heirat war etwas Endgültiges, allenfalls der Mann, keinesfalls die Frau wagte, eine Ehescheidung zu beantragen. Getrennt leben war nur denen möglich, die sich das finanziell leisten konnten, denn bürgerliche Frauen hatten keinerlei Erwerbsmöglichkeit. Für Emilie gab es kein Entrinnen. Sie mußte den Mann, mit dem sie »gesündigt« hatte, ertragen lernen.

Immer war es ausschließlich Aufgabe der Frauen, für den Frieden in einer Ehe Sorge zu tragen oder, besser gesagt, die Ehe einigermaßen erträglich zu machen. Jede kluge Frau lernte also zu schweigen. Wenn ein Mann aber ein Trinker war, wie Richard, dann nützte auch alles kluge Schweigen nichts, und die Frauen waren den Wutanfällen ihrer Männer hilflos ausgeliefert. Oft schrieb die Umwelt auch noch ihnen die Schuld an der Trunksucht zu.

Louischen war noch so erfüllt von ihren Erlebnissen in Lippspringe, daß sie zunächst nur daran interessiert war, bei Mutter und Schwester Verständnis für ihre Probleme zu finden. Emilies Zustand und Sorgen interessierten sie vorerst wenig. Es fiel ihr auch kaum auf, wie elend die Schwester aussah, weil sie darauf wartete, daß jemand ihr eigenes Elend zur Kenntnis nahm. Aber wie immer hatte die Mama wenig Mitgefühl. »Wenn du in einem Sterbezimmer, das voll von Leuten ist, so ein lautes Theater machst, kannst du dich nicht wundern, daß der Oberstadtdirektor Rumann dich vor die Tür setzt.« Und zu Louischens Sorge um die Seele der Frau Rumann sagte sie nur: »Aber Kind, mach doch deinen Gott nicht so klein, daß er es von dir abhängig macht, ob er der Frau Rumann verzeiht oder nicht.«

Das war im Grunde dasselbe, was auch der Stadtdirektor gesagt hatte, aber das entsprach Louises Vorstellungen keineswegs. Ihr Gott erlaubte sich keinerlei Unkorrektheiten. Er sagte nicht, »ohne Reue keine Vergebung«, und vergab dann doch, wenn einer ohne Reue starb. Ihr Gott war liebevoll, aber streng und absolut unnachsichtig, wie ihr Vater gewesen war. Sie mußte ihn fassen und begreifen können. Für einen Gott, der aufhörte, ihrem kleinen ungebildeten Geist vorstellbar zu sein, war sie noch lange nicht reif.

Emilie und Louischen konnten selten so miteinander sprechen wie früher, weil immer das Kind, die Mama oder Richard zugegen waren, aber einen Nachmittag waren sie doch noch allein.

Da sagte Emilie: »Louischen, ich fürchte, Gott hat mir die Sünde auf der Heimreise von Kalübbe nach Hannover doch nicht vergeben, wie wir glaubten, als ich nicht schwanger war. Oder er hat von mir verlangt, nach diesem Geschenk meine Verlobung zu lösen. Ich habe das Gefühl, er hat seine Hand von mir abgezogen und bestraft mich jetzt. Ich hätte Richard nie heiraten dürfen. Ich hätte die Verlobung lösen müssen, denn ich wußte ja, daß er ein Sünder ist.«

»Ja, das wußtest du, und das wußte ich auch. Ich hätte dich hindern müssen, ihn zu heiraten. Ich trage an deiner Ehe die Mitschuld, und wenn Gott dich straft, straft er mich mit.«

Beide weinten und fielen sich um den Hals. Obwohl Emilie sieben Jahre älter war als Louischen, hatte diese immer das Gefühl, als die Klügere verantwortlich für die Ältere zu sein. Emilie war so viel sanfter und nachgiebiger und daher fleischlichen Versuchungen gegenüber noch gefährdeter als die Schwester.

Die zweite Schwangerschaft Emilies empfand Louise schon beinahe als einen Makel. Daß Ella auf die Welt gekommen war, nun, das war nicht zu verhindern gewesen nach der Hochzeit. Das war ja beinahe Pflicht; aber noch weiter mit einem Mann intimste Beziehungen zu unterhalten, nachdem jede Liebe erloschen war, konnte Louischen nicht gutheißen. Sie selbst ließ sich niemals zwingen, zu nichts. Eine Pflicht zum ehelichen Verkehr, wie sie die damaligen Ehegesetze vorschrieben, hätte sie sowenig anerkannt wie den Befehl des Vaters, nicht zu lesen. »Es gibt Menschengesetze, und es gibt Gottes Gesetze«, hätte sie gedacht, wenn sie selbst betroffen gewesen wäre, und so sagte sie jetzt auch zu Emilie: »Nur wer gegen Gottes Gesetze verstößt, den bestraft Gott.«

Louischens pietistischer Pfarrer Petri, der sie konfirmiert hatte, muß in dem jungen Mädchen ungeheuer überzeugend die absolute Gewißheit befestigt haben, Fleischeslust sei die größte und unverzeihlichste aller Sünden. Er muß ihr den sinnenfeindlichen Paulus als Gott selbst dargestellt und Jesus darüber ganz vernachlässigt haben.

Für all diese Überlegungen ihrer Töchter hatte die Mama Grisebach kein Verständnis. Vier Jahre nach der Französischen Revolution geboren, hatte sie der evangelischen Kirche, der sie angehörte, immer etwas fremd gegenübergestanden und war gefühlsmäßig weder von einer politischen Idee noch von einer Religion gefangengenommen worden. Den Mann, der ihr vom Vater bestimmt worden war, hatte sie sofort lieben können und dürfen; Fleischeslust als Sünde zu empfinden war ihr so erspart geblieben. Hilflos und ratlos hörte sie mit an, wie ihre Töchter litten, und konnte nichts von all dem nachempfinden.

Ihre Sorgen besprach sie zur Zeit mehr mit Elise, die Emilie untersucht und dabei den Kopf geschüttelt hatte. Das Kind läge irgendwie falsch, hatte sie bemerkt, anders als bei den normalen Geburten, die sie bisher so meisterhaft zum glücklichen Ende gebracht hatte.

»Das werde ich nicht allein können«, hatte sie gesagt. »Wir werden einen Arzt brauchen, wenn es soweit ist.«

»Du hast doch noch nie einen Arzt gebraucht, bei allen Töchtern und Schwiegertöchtern nicht, es ist doch immer gutgegangen, auch bei Ellas Geburt. Ich selbst habe doch auch nie einen Arzt gebraucht.«

»Diesmal ist es anders«, sagte Elise düster. »Ich habe Angst. Ich kann die Verantwortung nicht übernehmen. Aber, gnädige Frau, sagen Sie Frau Flügge nichts davon. Wenn sie schon vorher Angst bekommt, wird es noch schlimmer.«

Obwohl die Mama Grisebach sich die Gründe für Elises Angst nicht richtig vorstellen konnte, ging sie zu dem einzigen Arzt in Neustadt und bat ihn, sich um die voraussichtliche Zeit im September für eine schwere Geburt bereit zu halten.

Ihrem Schwiegersohn sagte sie nichts, der würde es Emilie nicht verheimlichen können und sie unnötig erschrecken. Womöglich ließ er sich dann gerade an dem Tag vor lauter Angst volllaufen. Auch Louischen wußte nichts von dem, was ihrer geliebten Schwester bevorstand.

Ruhig und gelassen ertrug Emilie deshalb die Vorwehen und ging dabei mit Louise im Garten auf und ab, während die kleine Ella mit den Blumen und im Sand spielte. Beide Schwestern waren nicht wehleidig und von klein auf darin geübt, sich bei körperlichen Schmerzen nicht anzustellen. Die Schmerzen setzten regelmäßig alle zehn Minuten ein, nur waren sie etwas stärker und dauerten jeweils etwas länger als bei Ella. Die Mama Grisebach war aber inzwischen schon beim Arzt gewesen und hatte ihn gebeten, in einigen Stunden zu kommen und alle Zangen und Geräte, die damals bei schweren Geburten zur Verfügung standen, mitzubringen.

Elise legte inzwischen Tücher zurecht und bereitete Töpfe mit heißem Wasser vor. Richard war vorläufig noch im Amt und wurde nicht benachrichtigt. Das habe Zeit, meinte Elise.

»Jetzt geht's los«, sagte Emilie und verlangte nach dem üblichen Einlauf, der kurz vor den Preßwehen gegeben wurde. Sie kannte das schon und zeigte noch keinerlei Angst. Die Preßwehen begannen aber nun doch schon so stark, daß sie ins Bett wollte. Sie könne nicht mehr stehen. Der Arzt zwang sie, aufrecht zu bleiben und herumzugehen, damit sich das Kind durch die Bewegung vielleicht doch noch von selbst in die richtige Kopflage brachte. Aber es half nichts.

Seit Beginn der Vorwehen waren fünfzehn Stunden vergangen, Richard war bereits zu Hause, als Emilie sich aufs Bett warf und zu schreien begann. Der Arzt und Elise zogen sie aus, untersuchten sie und stellten fest, daß der Muttermund sich noch um keinen Zentimeter geöffnet hatte. Er würde sich auch nicht öffnen, wußte der Arzt aus Erfahrung, diese Frau würde durch ihr Kind in zwei bis drei Tagen getötet werden. Elise hatte diese Erfahrung noch nicht. Sie hoffte noch und sprach Emilie Mut zu, zu pressen und noch mehr zu pressen.

In unserer Zeit wäre die Gebärende mit Blaulicht und Sirenen ins nächste Krankenhaus gekommen, wo man einen Kaiserschnitt gemacht und das Kind problemlos geholt hätte. Diese Technik kannte man damals nicht. Der Arzt wird versucht haben, sie von unten aufzuschneiden, aber weder er noch Elise konnten das Kind greifen. Es lag viel zu hoch oben, noch dazu in Querlage. Es war weder am Köpfchen noch an den Beinchen zu fassen. Louischen rannte nach einem Pfarrer. Emilie kreischte und schrie ihm ihre Sünden entgegen; Richard stand dabei und hörte mit an, daß seine Frau das Verhältnis mit ihm als die unverzeihlichste Sünde empfand, die sie im Leben begangen hatte. Er rannte davon in die nächste Kneipe. Louischen brachte die kleine Ella zu Nachbarn, damit das Kind das entsetzliche Gewimmer und Geschrei der Mutter nicht hörte. Arzt, Pfarrer, Mama, Elise und Louischen standen hilflos neben dem Bett und mußten mitansehen, wie die arme Emilie unter Höllenqualen durch das Kind, das keinen Ausgang fand, innerlich langsam und mörderisch zerrissen wurde. Schließlich konnten sie alle nicht mehr stehen und fielen auf die Knie. Sie flehten Gott nur noch um ein schnelles Ende an, aber er erfüllte die Bitte nicht. Emilie wurde zum Schluß so heiser durch das Schreien, daß nur noch krächzende Töne herauskamen.

Die Mama weinte, aber Louischen war ganz starr vor Furcht. Es wurde ihr klar: Dies ist das Strafgericht Gottes für eine sehr schwere Sünde. Weil Emilie bereut hat, wird die Strafe hier zu Lebzeiten vollstreckt, damit ihre Seele für die Ewigkeit gerettet wird. Die Frau Rumann, die sich heimlich bei der Nacht davongeschlichen hat, ohne vorher zu bereuen, wird dafür in alle Ewigkeit solche Höllenqualen erleiden müssen! »O Gott!« flehte sie. »Kürze dein Strafgericht an Emilie ab! Erlöse sie von den Höllenqualen! Nimm sie zu dir! Mach mit ihr ein Ende! Sie hat doch nun genug gebüßt!«

Aber vom Beginn der Vorwehen an bis zu Emilies Ende dauerte »die Strafe Gottes« drei Tage und vier Stunden. Emilie war nicht mehr zu erkennen, als das Gekrächze und Gestöhne endlich aufhörte und die Qual ein Ende hatte. Der Arzt schnitt der Leblosen noch das tote kleine Mädchen aus dem Leib, legte es in den Arm der Toten, kniete nieder und begann zu beten. Alle anderen, die schon auf den Knien gelegen hatten, versuchten nachzusprechen, was der Pfarrer vorsprach, aber Elise fiel zur Seite in Ohnmacht, die Mama konnte vor lautem Weinen nicht sprechen, und Louischen, tränenüberströmt und zitternd, lachte und weinte gleichzeitig und stammelte Dankesworte.

Louischen schrieb später, sie habe nie wieder im Leben einen derartigen Jubel im Herzen empfunden und Gott so gedankt wie damals, als die Qual ihrer Schwester endlich aufhörte.

Ich habe keine mörderische Lust an Sterbenden und Toten, sondern es ist eine Gnade Gottes, daß mich der Tod nicht graut, mir aber dennoch immer auf's lauteste zuschreit: Schaffe Deine Seligkeit mit Furcht und Zittern. Ich bin nicht durch Gewohnheit stumpf und gleichgültig gegen diese Eindrücke geworden, sondern ich fühle mich jedesmal bei einem Toten Gott so nah, als läge die Leiche Jesu vor mir …, denn es ist doch mal nicht anders: die Toten sind besser dran als die Lebenden. Ist es nicht ein wonniges Gefühl vor einer Leich, daß er in Sicherheit ist, während wir noch alle Tage unsere Seele verlieren können? …

Es war für Louise völlig klar, daß Gott ihrer Schwester diese entsetzlichen Qualen auferlegt hatte, um ihre Seele noch zu Lebzeiten für das ewige Leben zu läutern, daß dieser gräßliche Tod also das weitaus geringere Übel war, als wenn sie ohne Reue und Buße und erlittene Strafe gestorben wäre wie die Rumann. Und sie gelobte Gott mit festem, unerschütterlichem Willen, nie, nie, niemals würde sie sich Hermann hingeben, außer er heirate sie und gäbe sein liederliches Leben für alle Zeit auf.

Nachdem die Mama die Beerdigung ihrer Tochter in Neustadt organisiert hatte, reiste sie mit Elise, Louischen und der kleinen zweijährigen Ella Flügge nach Hannover ab und sah ihren Schwiegersohn Richard nie wieder. Er wurde kurz danach auch aus diesem Amt entlassen, floh nach Brasilien, wo er 1854 gestorben ist. Ella blieb bei der Großmutter und wurde von dieser und den Tanten Mariechen und Louischen erzogen.

Im Armenverein

Um sich von ihrem Verlangen nach Hermann Jochmus zu befreien, mit dem sie trotz aller Schwüre ständig weiter Liebesbriefe wechselte, suchte Louischen nach einer Beschäftigung, die sie geistig mehr in Anspruch nahm als das langweilige Nähen mit Mama und Mariechen. Gegen Mariechen hatte sie auch ein schlechtes Gewissen und traute sich nicht, ihr zu gestehen, an wen die langen Briefe gerichtet waren, die sie dauernd schrieb und heimlich zur Poststation brachte. Wo sie konnte, ging sie ihr aus dem Wege.

Angesichts der entsetzlichen Armut im Lande und der Überfüllung Hannovers mit landlos gewordenen Bauern hatten im Jahre 1840 wohlhabendere Bürgerfrauen einen Armenverein gegründet, der im Jahre 1843 im Friederikenstift einen festen Platz fand. Durch Stimmenmehrheit des Komitees war eine im Jahr 1800 geborene Ida Arenhold als Vorsteherin und Hausmutter dieses Stiftes gewählt worden.

Während gebildete, kluge, aufgeklärte Männer darüber nachzudenken begannen, was die Ursache für die Armut sein könnte oder wo man die daran Schuldigen suchen müsse, packten viele ihrer unaufgeklärten, ungebildeten Frauen einfach zu und halfen nach ihren Kräften. In Hannover gab es keine Bettina von Arnim, die ihrem König einfach ein Armenbuch zuschickte, in dem sie die skandalös niedrigen Einkünfte der Armen und die im Vergleich dazu unerhört hohen Steuern auflistete. Auch unsere intelligente Louise dachte niemals über die Gründe der Armut nach. Für sie war das einfach Gottes Wille. Als Tochter eines ehemaligen Generalauditeurs kamen ihr keine Zweifel am Recht der Amtspersonen, im Auftrag ihrer Fürsten Gelder einzutreiben. Auch in Ida Arenhold muß noch die alte Vorstellung gesteckt haben, viele Arme hätten selbst schuld an ihrem Unglück, Gott strafe sie damit für irgendeine Sünde oder aber, er schicke ihnen die Not als Prüfung. Natürlich wollte sie auch den Schuldigen, den Bestraften und Geprüften helfen, aber vorziehen wollte sie zunächst einmal die nachweislich Unschuldigen. Wer trotz Reinlichkeit, Ordnung und Fleiß arm war, der war in ihren Augen ein Unschuldiger. Dem mußte zuerst geholfen werden. Der Paragraph 7 der instruktionellen Bestimmungen ihres Vereins zeigt, wie sie sichergehen wollte, daß keine Unschuldigen vernachlässigt würden und sich niemand durch Einschmeicheln bei den besuchenden Damen besondere Vorteile verschaffen könne:

Die Oberin theilt jedem Mitgliede des Vereins die von denselben zu besuchenden Armen und Kranken zu. Grundsatz des Vereins ist, daß die Armen und Kranken nicht immer von derselben Dame besucht und unterstützt werden, sondern (nach Ermessen der Oberin) von dem größten Theil der Mitglieder des Vereins. Für jeden Armen und Kranken ist ein Buch anzufertigen mit Notizen über ihre Verhältnisse, in welchem die besuchende Dame nach einem gedruckten Schema ihre Wahrnehmung über Ordnung, Reinlichkeit, nebst der gereichten Unterstützung einschreibt. Jeden Donnerstag morgen versammeln sich die Mitglieder des Vereins bei der Oberin im Friederikenstift zu gemeinschaftlicher Besprechung der Vereinsangelegenheiten und zu erneuter Verteilung der Armen- und Krankenbesuche durch die Oberin.

Viele Augen sehen mehr als zwei, muß sie gedacht haben. Natürlich war unser verwöhntes Louischen die letzte, die beurteilen konnte, was bei den einzelnen Familien, die sie besuchen wollte, die Ursache ihres Elends war. Es war weise von Ida Arenhold, nichts auf das Urteil einer einzelnen Dame zu geben.

Meine »Stiefurgroßtante« trieb auch keineswegs das Mitgefühl, sondern die Suche nach einer Ablenkung von ihren »sündigen« Phantasien und von ihrer Langeweile. Das Heil und die Rettung ihrer Seele waren ihr erheblich wichtiger als das Los der Armen. In den unendlich vielen engbeschriebenen Seiten ihrer Briefe hat sie sich niemals darüber geäußert – wie das beispielsweise Bettina von Arnim tat –, daß ihr irgendein Schicksal, irgendeine Not, deren Zeugin sie als Armenpflegerin wurde, zu Herzen ging und ihr Mitgefühl weckte.

Im Gegenteil fand ich viele Bemerkungen darüber, daß sie die einfache, arbeitende, notleidende Klasse darum beneidete, von dem, was sie, Louise, quälte und unter dem sie litt, verschont zu sein. Für meine Urgroßtante war Armut nicht Folge von Schuld oder Sünde, darüber gestattete sie sich nicht, irgendein Urteil zu fällen, weil sie sich selbst für so schuldig hielt. Sie hielt Armut für die Folge von Dummheit. Und wie die Berliner hätte sie sagen können: »Du hast's jut, du bist doof!«

Was körperliche Schmerzen betraf, war Louise mit sich selber nach Emilies entsetzlichem Tod sehr hart. Hungern und Frieren hielt sie für Kleinigkeiten, die ein Mensch, ohne zu klagen, aushalten müsse. Vielleicht war sie nicht ganz so weltfremd wie seinerzeit die französische Königin Marie-Antoinette, die auf Vorhaltungen, das Volk habe kein Brot, verwundert fragte: »Warum essen sie dann keinen Kuchen?« Aber was Hunger bedeutet, wußte auch sie nicht. Sie hielt ihn für das Gefühl, das man hat, wenn die Mahlzeit einmal ausfallen muß. Was Frieren ist, kannte allerdings zu ihrer Zeit jeder, ob reich oder arm; denn Reiche hatten in der Beziehung nur das eine Privileg, daß sie sich gelegentlich aufwärmen konnten und daß sie wärmendere Kleidung trugen. Aber daß man im Winter meistens fror, war sogar Königen selbstverständlich, und ebenso, daß man im Sommer meistens schwitzte.

Krankheiten waren, das hatte man sie gelehrt, größtenteils Folgen der »schrecklichsten aller Sünden« mit Ausnahme von Seuchen und der Tuberkulose, an der Vaters erste Frau, der liebste Bruder Carl und die Frau Rumann gestorben waren, und deshalb hielt sich ihr Mitgefühl mit Kranken auch sehr in Grenzen. Was Gott über die Menschen verhängte, als Strafe oder zur Läuterung fürs spätere Leben, das mußte der Mensch annehmen, man durfte ihn nicht bemitleiden oder bedauern.

Louise wurde also von Ida dafür eingesetzt, erste Besuche bei Armen zu machen, Sterbenden die letzte Ehre zu erweisen und mittwochs Bücher zu verleihen, die meistens aus Traktätchen bestanden, mit denen die unwissenden Armen über den Heiland aufgeklärt werden sollten. Viele Arme in Hannover hatten zu dieser Zeit schon Lesen und Schreiben gelernt. Aber was man ihnen zu lesen gab, war wie für Kinder geschrieben und sollte sie zu artigen Untertanen erziehen, nicht etwa ihren Wissensdurst stillen. Diesen ungestillten Wissensdurst, unter dem Louise so sehr litt, setzte sie beim »einfachen Volk« so wenig voraus, wie bürgerliche Männer ihn bei Frauen voraussetzten.

Als Louise nun bei Ida Arenhold beschäftigt war, zumal bei dem Bücherverteilen am Mittwoch, machte sich dort häufig auch ein junger Theologie-Kandidat zu schaffen, der damals zweiter Inspektor am Seminar war. Er schien nur zu kommen, um Ida Arenhold um Rat in irgendwelchen Armensachen zu fragen, und war Weihnachten 1844 beim Baumputzen für die Armen mitbeschäftigt, wobei auch Louise half. Ihre Freundinnen machten sich über ihn lustig, weil er immer in so auffälliger Weise um Louise herumstrich, als wolle er auf sich aufmerksam machen. »Der benimmt sich wie ein Lieutenant«, lachten sie, was ein bezeichnendes Licht auf die Wertschätzung des damaligen Militärs bei den jungen Mädchen wirft. Louischen ärgerte sich über die Aufdringlichkeit dieses Menschen, mit dem sie noch kein Wort gesprochen hatte.

Zu Silvester erhielt sie zu ihrer großen Überraschung einen Brief von ihm, in dem er um ihre Hand anhielt und sie das Kleinod seiner Seele nannte. Da Louise diesen Menschen überhaupt nicht kannte, lehnte sie den Antrag ab.

Danach aber erging es ihr wie damals auf der Landstraße von Lüneburg nach Lüne, als Hermann versucht hatte, den Arm um sie zu legen. Kaum spürte sie das Begehren eines Mannes, erwachten in ihr erotische Gefühle, die sie sich selbst so erklärte, daß Gott in ihr mit dem Teufel kämpfe und es an ihr sei, dabei den Willen Gottes herauszufinden. Eine kurze Zeit lang glaubte sie, Gott wolle, daß sie diesen Theologen heirate. Später hielt sie diesen Irrtum für eine »rechte Schmachgeschichte«, deren sie sich entsetzlich schämte.

Hier möchte ich sie ausnahmsweise selber erzählen lassen, denn diese Geschichte mit Röbbelen – so hieß der Kandidat – ist eine der wenigen »Nadeln im Heuhaufen« in ihrer Korrespondenz, wo sie sich einmal nicht nur in Andeutungen über die Folgen eines Ereignisses für ihre Seele ergeht, sondern dieses Ereignis selbst mit eigenen Worten schildert. An ihre Freundin Amalie Hassenpflug schrieb sie:

Ich bin mit meiner Erzählung bis an den überreizten, halb verrückten Zustand gekommen, wo ich glaubte, Gott wolle, daß ich Röbbelen heirathete, und drum müßte ich ihn lieben. Ich reizte meine Phantasie zum Siedepunkt und brachte mich dahin, daß ich eines Tages, wo ich ihn bei Ida gesehen und er mir wirklich einige sehr originelle und gescheute Sachen gesagt hatte, ganz erschöpft von Liebe zu ihm nach Hause kam, mich auf die Knie warf und Gott um eine Eingebung bat, die ich denn auch aus Zufluß meines eigenen Phantasietriebes dahin empfing, daß ich mich hinsetzte und ihm einen Brief schrieb, worin ich ihm sagte (was ich damals für Wahrheit hielt), ich habe Hermann die Treue gebrochen; denn ich liebe ihn mehr als Hermann und wüßte mir nicht zu helfen, da ich glaubte, daß Hermann mein Verlust zu Tode grämen würde, drum wendete ich mich an ihn um eine Entscheidung, die er doch allein geben könne, und schickte ihm, damit er die Verhältnisse klar übersehen könne, alle Briefe von Hermann. Nachdem der Brief weg war, wurde ich beinahe verrückt, und ich sehe es noch jetzt für ein Wunder der Gnade Gottes an, daß ich's nicht geworden bin. Ich hatte das rasendste Fieber, die Zunge klebte mir am Gaumen, Herzklopfen, ich war so satt, daß ich nichts essen konnte, und was das Gräßlichste war: die Schuppen waren mir von den Augen gefallen, ich sah auf einmal, daß ich Hermann liebte wie vorher, Röbbelen nicht ein bißchen, er war mir lächerlich, und dazu mußte ich jeden Augenblick erwarten, daß er mir schrieb: steht es so, so bist du meine Braut! Gott sei gelobt, es kam ein Brief von ihm, der ein Muster der Liebe und des Edelmuthes war. Er nannte darin Hermann einen Mann von hervorragenden Eigenschaften, dem er das Kleinod (mich) nicht rauben dürfe, er wolle frei sein von der Blutschuld, sein Glück auf den Untergang eines anderen Herzens gebaut zu haben, er wolle lieber zerarbeitet werden von seinen Schmerzen (die er überhaupt wie seine Liebe wüthend schilderte) bis auf die letzte Faser seines Herzens. Aber, sagte er weiter, wenn Sie Ihren Vetter nicht mehr lieben, so heucheln Sie ihm keine Treue, in der keine Wahrheit mehr ist. Christus ist die Wahrheit, und so darf Ihre Treue nur eine Tochter der Wahrheit sein. Sie dürfen Ihre Rolle nicht lange spielen, und wenn Sie dann ausgespielt hätten, würde es furchtbar werden. Darum schiebe ich die Entscheidung unseres Schicksals doch wieder in Ihr Gewissen. Sie müssen und können allein entscheiden.« – Malchen, das waren wahrhafte Verbrecherempfindungen, mit denen ich diesen acht große Seiten langen Brief las. Ich sah plötzlich, daß ich mich schändlich benommen hatte. Nun mußte ich noch mal antworten und schrieb ihm, daß auch ehe sein Brief gekommen, ich schon innerlich klar gewesen sei, fügte Dank und Freundschaftsversicherungen, an die ich Thörin damals wirklich trotz dieser Vorgänge glaubte, hinzu. Ich bekam noch einige Briefe von ihm, die ich nicht beantwortete; in einem schrieb er z. B., daß der Inspektor Küster, sein intimster Freund, jetzt die ganze Geschichte kenne, denk Dir selbst meine Empfindungen vor dem, wenn ich ihn zuweilen irgendwo treffe. Später fiel er mich noch einmal auf der Straße an und wollte eine mündliche Beantwortung, besonders über sein Vertrauen zu Küster haben, da ich ihm nicht geschrieben hatte. Er sagte mir da auch, daß er ferner Briefe von mir verlange, worauf ich ihm sagte, daß ich ihm nicht wieder schreiben würde, da seine Lei-

denschaft durch Briefe von mir immer nur genährt werden würde, ich aber nur wünschen könne, daß sie ersterbe. Ach Malchen, ich brachte diese Tage und Wochen wie ein Hund hin. Schwieg von mir immer gänzlich, da ich nicht wußte, was ich sagen sollte, er schien auch dran nicht zu denken. Ob er glaubte, ich liebe ihn oder Hermann, weiß ich nicht. Nach diesem letzten Gespräch schrieb er auch nicht wieder, und die Sache verlor sich nach und nach, nur leider nicht seine Leidenschaft. Denk Dir, ich war die Einzige und Erste, die er geliebt, und er [ist] vierunddreißig Jahre alt! Ich Unglückselige! Und statt ihn von seiner Liebe zu heilen, hatte ich ihn in einen wahren Roman gestürzt! In einem Brief sagte er, wenn das Verhältnis mit Hermann aus sei, dann, dann – es folgte stiller Jubel über die Gewißheit seines Glückes durch mich, dessen Ausdrücke ich nicht weiß.

Jetzt will ich heute aufhören. Meine Confession ist mir sauer geworden, denn Röbbelen ist wirklich ein ehrlicher Mann. Erfährt er mal gründlich, was ich für ein Scheusal bin, wendet er sich wohl jemand anders zu, und dann denke ich wieder: Laß Gott walten! Sieht mich dieser lebens- und welterfahrene Mann in meinem eigentlichen selbstsüchtigen, schändlichen Treiben mit ihm, kann es ihm ein Todesstoß fürs ganze weibliche Geschlecht sein, und er denkt: einmal glaubte ich, und es ist mit mir gespielt [worden] – dann ist auch kein weibliches Wesen ehrlich! Andererseits scheint's mir schwer, mich ihm vollständig zu erklären, weil man wirklich dazu mein leider compliciertes Wesen kennen muß, denn Komödie hab ich nicht mit ihm gespielt, weil ich ja all diesen Wahnsinn selbst mitlebte.

Genau wie ihr Vetter Hermann war Louischen also eine so sinnliche Natur, daß sie sofort in Flammen stand, sobald das leiseste Begehren eines Mannes sie anrührte. Sie konnte dann nicht mehr unterscheiden, ob der Herd dieses Feuers in der Libido oder im Herzen saß.

Natürlich konnte es der Mama Grisebach und Mariechen auf

die Dauer nicht verborgen bleiben, welches Wechselbad von Gefühlen Louischen durchlebte. Hermann ließ sie allzuoft auf Antwort in ihrer Korrespondenz warten, und das machte die Schmachtende so nervös, daß die Familie darunter litt.

So nahm sich die Mama eines Tages ihre Tochter vor, fragte sie streng aus, und Louise gestand ihre Liebe zu Hermann, seine Gegenliebe und ihre Korrespondenz mit ihm.

»Aber«, setzte sie ihrer Beichte hinzu, »wir werden niemals heiraten, denn wenn er überhaupt heiraten wird, das weiß er, wird er Mariechen heiraten, aber das geht ja nicht, wegen der Verwandtschaft. Wir planen nur, daß ich ihm den Haushalt führen werde, wenn er einmal Amtmann ist ...«

»Was für ein Unsinn«, schalt die realistische Mama, »erst verdreht der Hermann Mariechen den Kopf, dann verdreht er ihn dir und jetzt bindet er dich noch an sich mit dem Versprechen, du dürftest ja mal seine Haushälterin werden! Er verdirbt dir doch dadurch alle Heiratschancen! Der Röbbelen wäre ein wunderbarer Mann für dich gewesen. Die Beziehung zu Hermann muß sofort ein Ende haben.«

»Du darfst dich da nicht einmischen!« schrie Louise, »das geht nur Hermann und mich etwas an!«

Sie war so böse, daß die Mama versprach, nicht mit Hermann zu reden, aber hinter Louises Rücken wandte sie sich an ihren Schwiegersohn Hagemann und bat ihn, Hermann die Leviten zu lesen, wenn dieser gerade in Lüne war.

Eines Tages bekam also Louise einen Brief von Hermann, in dem dieser ihr mitteilte, Hagemann hätte ihm Vorwürfe gemacht, Louise an sich zu binden, obwohl er sie doch nicht heiraten könne, deshalb wolle er die Korrespondenz mit ihr abbrechen.

Louise war außer sich über Klatsch und Einmischung fremder Leute in ihre Liebesgeschichten. Sie schrieb zurück, nie habe sie so etwas gesagt, am wenigsten zu Hagemann, sie liebe Hermann, es sei ihr freier Wille, ihm zu schreiben, ohne sich an ihn gebunden zu fühlen, und sie würde ihn ewig lieben und ihm immer weiter schreiben. Hermann jedoch antwortete nun nicht mehr.

Von da an saß also die Mama, noch eifriger an den Hemden stickend, mit zwei Töchtern in ihrem Nähzimmer, deren Herzen derselbe Mann, ihr eigener Neffe, gebrochen hatte und die einander spinnefeind waren. Louise jedoch ging täglich ins Friederikenstift und ließ sich von Ida am liebsten dahin schicken, wo einer gestorben war und der Heiland eine Familie trösten sollte.

Ein Segen blieb die Fruchtbarkeit der Geschwister, durch die die eine oder die andere Grisebach immer wieder zu Wochenbetten gerufen und dadurch von sich selbst abgelenkt wurden.

ZWEITER TEIL

Amalie Hassenpflug – ihr Leben bis 1846

Amalies Kindheit (1800 bis 1813)

Amalie Hassenpflug, die später zur engsten Freundin von Louise Grisebach werden sollte, wurde dreiundzwanzig Jahre vor dieser in Kassel geboren. In Kassel sah es im Jahr 1800 für unsere Augen äußerlich nicht viel anders aus als 1823 in Hannover, nur waren die Menschen anders gekleidet und anders frisiert. Die Männer trugen noch gelockte Perücken mit Zöpfchen, die Damen tief ausgeschnittene Kleider (die Louises Altersgenossinnen dann später sehr unanständig und frivol fanden) und riesige Krinolinen. Man hatte von der Französischen Revolution zwar gehört, aber ihre Gründe und Folgen nicht selbst erlitten, und die deutschen Bürger bemühten sich immer noch, sich so geziert zu betragen, wie das an den Fürstenhöfen üblich war. Trotz der Affektiertheit, mit der man sich und seine teure Kleidung den Mitmenschen präsentierte, war man innerlich freier und noch lange nicht so verklemmt wie später die Menschen im 19. Jahrhundert. Neuartige Kindererziehungsratschläge hatten die gebildeten Deutschen zwar gelesen, aber nur die wenigsten richteten sich auch schon danach. Wie von alters her ging man mit seinen Kindern so um wie mit kleinen Hunden. Man richtete sie streng und unnachsichtig zu unbedingtem Gehorsam ab, damit sie für die Bedürfnisse der Eltern verfügbare und willige Handlanger wurden und diese im Alter ernährten. So bestimmte der Drill zwar das äußere Betragen, die Seelen dahinter aber ergriff er kaum. In Deutschland mit seiner Kleinstaaterei hatten die Fürsten und Könige niemals eine solche Macht und solchen Reichtum gewonnen, daß Gebilde wie Versailles daraus hätten entstehen können. Und auch die französische Mode, seine Kinder nach der Geburt erst mal für drei Jahre aus dem Weg zu schaffen, indem man sie zu einer Amme aufs Land gab, wurde in Deutschland kaum nachgeahmt. Deutsche Mütter stillten noch selbst, Kleinkinder empfingen sehr viel mehr Wärme und Liebe als in Frankreich, und die meisten Untertanen der Fürsten fühlten sich bei ihren jeweiligen Herrschern wie Kinder bei ihren Eltern. Man konnte gute Eltern haben und schlechte, das war Glückssache, aber niemand zweifelte die Berechtigung der Eltern an, über ihre Kinder Macht auszuüben.

Amalies Vater, Johannes Hassenpflug, war Jurist wie Louises Vater, aber er übte den Beruf eines Advokatus aus, was dem eines heutigen Staatsanwaltes entspricht. Das große Haus, das er bewohnte, gehörte ihm nicht, sondern war ihm vom Kurfürsten zur Verfügung gestellt worden. Der Erwerbssinn, der Rudolf Grisebach auszeichnete, ging ihm völlig ab, seine Interessen galten den schönen Künsten, vor allem der Musik, und der Politik. Er lebte nach dem Motto »Über Geld spricht man nicht, das hat man«. So führte er ein offenes Haus und gab das Geld, das er verdiente, aus, ohne sich um spätere Zeiten zu sorgen. Wie Rudolf Grisebach war auch er als Kind zu Hinrichtungen mitgenommen worden, um ihm für sein ganzes Leben ein Grausen vor dem Verbrechen beizubringen. Der Zeit entsprechend war auch er sicherlich ein Mann, der seinen Kindern Respekt und Moral mit Prügeln einbleute, aber andererseits war er auch ein warmherziger Mensch, der Frau, Kindern und Gesinde ein um aller Wohl bemühter Herr und Vater war. Bevor die Familie nach Kassel zog, hatte sie in Hanau gewohnt. Amalies Mutter war als Vollwaise einer deutsch-französischen Ehe in Hanau bei einer französischen Tante aufgewachsen, hatte dort geheiratet und zwischen 1788 und 1794 drei Töchter und den Sohn Ludwig geboren.

1798 war Johannes vom Kurfürsten zum Regierungspräsidenten befördert worden und zog in das Kasseler Regierungspräsidium in der oberen Königsstraße, das sogenannte Weiße Palais. Dort wurde dann im Jahr 1800 der Nachkömmling Amalie geboren.

108

In dem um sechs Jahre älteren Ludwig fand sie einen ganz anderen Bruder als Louise in ihrem neun Jahre älteren August. Ludwig hatte bisher unter drei älteren Schwestern gelitten und empfand die Geburt des Schwesterchens als so erfreulich, als habe man ihm einen kleinen Hund geschenkt. Ludwig war kein Junge, der am liebsten in seinem Studierstübchen hockte, Kräuter einordnete und sich den Wissenschaften verschrieb wie August Grisebach. Er trieb sich in Kassels Straßen herum, focht Kämpfe aus, klärte Hierarchien und machte auf seine kindliche Weise »Politik«. Kaum konnte das kleine Malchen laufen, nahm er sie wie ein Hündchen an die Leine, zog sie immer hinter sich her, und wenn er rennen mußte, band er sie sich mit dem Gurt um die Hüfte und schleppte sie so mit sich. Und er richtete sie zum absoluten Gehorsam ihm gegenüber ab. Die halbfranzösische Mutter fand es praktisch, dem kleinen Mädchen die ausgewachsene Kleidung des Bruders anzuziehen und es wie einen Jungen herumlaufen zu lassen, damit Ludwigs Freunde sie duldeten und in Ruhe ließen.

Er kümmerte sich so viel um die kleine Schwester, daß seine Eltern ein Kindermädchen sparen konnten. Es ist ihr in all seinen Straßenkämpfen nie etwas zugestoßen, er hat sie immer beschützt, und für Ludwigs wilde Freunde war Malchen der kleine Bruder. Die drei zwölf, zehn und neun Jahre älteren Schwestern wurden nicht, wie die Grisebach-Schwestern, daran gehindert, sich zu bilden. Sie wurden weniger im Haushalt eingespannt, erhielten alle Musikunterricht und durften etwas lernen, obwohl natürlich auch ihre Lektüre vom Vater kontrolliert wurde. Vielleicht lag es weniger an dem Vater als an dem französischen Blut der Mutter, daß es im Hause Hassenpflug weniger geregelt und geordnet, dafür großzügiger und freier zuging als im Hause Grisebach. Niemand scherte sich groß darum, was der andere tat, man ließ »die Kinder« Ludwig und Malchen herumstromern, ohne sie zu gängeln und ständig zu beaufsichtigen. Die ersten Jahre des Jahrhunderts waren ja auch wegen der von Frankreich her drohenden Gefahr für alle Erwachsenen sehr aufregend, und als Napoleon daranging, die deutschen Länder zu erobern, hatten sie anderes im Kopf, als sich um die Kinder zu kümmern.

Im Jahre 1806 standen Napoleons Armeen vor der Stadt Kassel, und man mußte damit rechnen, erobert zu werden. Ludwig streifte, Malchen an der Leine, durch die Straßen, um zu beobachten, welche Verteidigungsmaßnahmen wohl ergriffen würden. Am Spätnachmittag des 1. November war die Sonne bereits untergegangen, die Sterne funkelten schon am Himmel, aber Ludwig konnte sich noch nicht entschließen, dem elterlichen Gebot folgend nach Hause zu gehen. Die sechs Laternen am Königsplatz wurden schon angezündet, und an einem der Pfähle lehnte der stadtbekannte Trunkenbold, den Ludwig und die andern Buben jeden Abend ärgerten. Sie stellten sich vor ihn hin und sangen: »Ätsche, ätsche Saufemann, der schon nicht mehr laufen kann. Kommen die Franzosen, macht er in die Hosen!«

Ludwig hatte Malchen sicherheitshalber schon vorher an seine Hüfte gebunden, und als der Säufer Anstalten machte, die Kinder zu verfolgen, nahm er schleunigst mit ihr Reißaus. Er lief aber nicht in die Richtung der oberen Königsstraße, wo er wohnte, sondern machte einen Umweg um das Friedrichstor. Dort brannte nämlich heute nicht nur *ein* Wachtfeuer, sondern am ganzen Rande des Waldes, der »die Söhre« heißt, waren kreisförmig viele Feuer angezündet. Bewaffnete Gardisten saßen hier, die bei einem Franzosenangriff die Stadt verteidigen sollten.

Ehrfürchtig stellten sich Ludwig und seine kleine Schwester zu ihnen und hörten mit an, wie die Soldaten ihre Heldentaten zum besten gaben und damit prahlten, wie schnell sie die Franzosen vertreiben würden. In größter Achtung vor dem Militär erzogen, erfüllte es die Kinder mit Stolz, so gut beschützt und bewacht zu sein, daß sie keinerlei Angst vor dem Feind zu haben brauchten.

Da kam ein Diener ihrer Eltern angerannt, atemlos vor Aufregung, die beiden endlich nach langem Suchen gefunden zu haben, und trieb sie in höchster Eile nach Hause. Dort bekam

Ludwig von seiner Mutter zu Malchens größtem Schmerz eine schallende Ohrfeige, die großen Schwestern schimpften hysterisch, und der Vater drohte eine noch strengere Strafe an, sobald dafür Zeit sein würde. Im Augenblick mußte die ganze Familie nebst allen Dienern und Mägden Silberzeug und Wertsachen einpacken und im Hof vergraben, denn jeden Augenblick könnten doch plündernde Franzosen ins Haus dringen. Ludwigs beruhigende Meldung, Kassel sei durch viele Soldaten gut bewacht, er habe sie eben noch gesehen und gesprochen, fand kein Gehör.

»Wenn die Gardisten nur das Wort Napoleon hören, rennen die schon weg«, sagte der Vater. »Keiner wird wagen, auch nur einen Schuß abzufeuern. Die glauben doch, er ist unverwundbar. Da retten sie lieber ihre eigene Haut.«

Alle Hausbewohner blieben die ganze Nacht wach und warteten darauf, Schüsse und Schlachtgetümmel zu hören. Es blieb aber alles ruhig. Am nächsten Morgen, als es eben hell wurde, schlichen sich Ludwig und Malchen gegen den ausdrücklichen Befehl der Eltern in die Wohnstube ans Fenster, und da erblickten beide eine eilig vorüberfahrende Reisekalesche ohne Vorderdeck, in welcher der Kurfürst und sein Sohn saßen. Die Kinder kannten beide gut, sie hatten oft vor ihnen knicksen und dienern müssen und empfanden gegen beide tiefste Ehrfurcht. Und was mußten sie nun sehen? Die hohen Herren hielten Schnupftücher vor ihr Gesicht gepreßt und weinten und schluchzten hemmungslos.

Dem sechsjährigen Malchen schossen selbst die Tränen in die Augen, und auch Ludwig würgte ein Kloß im Hals. Nie im Leben konnten sie diesen tief erschütternden Augenblick vergessen. Und dann sahen sie, daß die tapferen Kasseler Soldaten, auf deren Schutz sie so fest vertraut hatten, Gewehre aus der Kaserne trugen und sie zerschlugen. Danach ließ ein Flügeladjutant, der in ihrem Haus wohnte, seine Kalesche anspannen und fuhr auch davon. Nirgends hörte man einen Schuß. Vater hatte recht.

Später kamen dann mit fremdartig klingenden Trommeln und

Trompeten, mit tönender Musik die französischen Truppen hereinmarschiert. Die Familie zitterte und ließ die Kinder nicht nach draußen; aber endlich fanden Ludwig und Malchen doch wieder einen unbewachten Augenblick, um an eine Ecke zu laufen, wo sie auf die Straße blicken konnten.

Da sahen sie ein Schauspiel, das sie ebenso verstörte wie der weinende Kurfürst und das für Malchen zur hinreichenden Erklärung für die Tränen ihres Fürsten wurde: Französische Soldaten, die ihnen klein zu sein schienen im Verhältnis zu den Soldaten aus Kassel und die merkwürdige Tschakos auf dem Kopf trugen, an denen grüne und rote Haarbüschel in langen Schwänzen herunterhingen, wagten es, über die Rasenplätze zu laufen, die zu betreten doch so streng verboten war! Noch niemals hatten die Kinder oder jemand aus ihrer Familie einen Fuß auf diese geheiligten Rasen vor dem Palais gesetzt, und die Franzosen durften das wagen! Niemand hinderte sie daran. Malchen und Ludwig wurde klar, daß dieser Frevel nicht ungesühnt bleiben konnte und sich eines Tages rächen würde. Da fühlte Malchen erst so richtig nach, warum der Kurfürst weinte! Da mußte man ja wirklich weinen! Die Franzosen zertrampelten den Rasen, obwohl dort ein Schild stand: »Betreten bei Strafe verboten!« Unfaßbar!

Geplündert wurde dann nicht. Die Familie zog wieder aus dem Keller in die Wohnräume, und gegenüber ihrem Hause wurde eilfertig eine Militärverpflegungskommission von verschiedenen Staatsdienern gebildet, zu denen auch der Vater Hassenpflug als Kasseler Polizeidirektor hinzugezogen wurde. Der ballte zwar die Faust in der Tasche und sagte, seinen Kindern hörbar: »Warte nur, Bonapartchen, einmal wirst auch du eine Niederlage erleiden, und nach der allerersten Niederlage wirst du von Freund und Feind in Stücke gerissen. Du siegst ja nicht, weil du ein so guter Feldherr bist, sondern weil die Menschen Kaninchen sind, die starr und bewegungsunfähig werden, wenn die Schlange sie anstarrt.« Aber er fügte sich und unterwarf sich wie alle anderen Herren.

In dieser Militärverpflegungskommission lernte der Vater Hassenpflug Jacob Grimm kennen, der Sekretariats-Accessist bei dem Kriegskollegium war. Beide Herren mochten sich auf Anhieb, weil sie wohl beide die einzigen waren, die nicht den Kopf verloren und die ruhig und besonnen taten, was notwendig war. Bald verkehrten auch die Familien miteinander, die Brüder Wilhelm und Jacob und der Maler Ludwig Grimm freundeten sich herzlich mit den Töchtern Hassenpflug an, die kleine Malchen wurde zur besten Freundin der kleinen Lotte Grimm. Nach ein paar Jahren durften die Hassenpfluggeschwister mit den Grimmgeschwistern nach Bökendorf auf das westfälische Gut der Freiherren Werner und August von Haxthausen reisen, wo sich jeden Sommer junge Intellektuelle trafen, die das Franzosenjoch abschütteln wollten und nach Wegen suchten, das »Deutschtum« gegen den französischen Einfluß zu bewahren. Die jungen Leute kamen auf den Gedanken, in den abgelegenen Dörfern Westfalens nach alten Frauen zu suchen, die in ihrem Kopf mit dem allen Analphabeten eigenen hervorragenden Gedächtnis noch Märchen aus uralten deutschen Zeiten aufbewahrt hatten. Die älteste der Hassenpflugschwestern tat sich dabei besonders hervor.

Viele der 1812 endlich herausgegebenen »Grimms Märchen« hat sie aufgetrieben, und daß manche der Märchen, wie »Rotkäppchen« und »Dornröschen«, eigentlich französischen und nicht altdeutschen Ursprungs sind, kann man sich auch mit der französischen Familie der Mutter Hassenpflug erklären, nicht nur damit, daß die Hauptmärchenlieferantin, die Viehmännin aus Zwehren, von Hugenotten abstammte.

In Bökendorf lernte Malchen auch die drei Jahre ältere Annette von Droste-Hülshoff kennen, deren Schwester Jenny damals hoffnungslos in den bürgerlichen und evangelischen Wilhelm Grimm verliebt war. Die katholischen Familien von Adel, zu denen auch die Droste-Hülshoffs gehörten, konnten zwar mit evangelischen und bürgerlichen Menschen in herzlicher, auch lebenslänglicher Freundschaft verkehren, aber Heiraten wurden

113

strengstens unterbunden, wenn nicht mit Gewalt, so durch List und Intrigen.

Natürlich wurde auch in Kassel ein »Altdeutsches Kränzchen« gegründet, an dem die Geschwister Grimm und Hassenpflug teilnahmen, und Malchen fühlte sich eigentlich erst richtig wohl, seit sie in diesem Kreis verkehren durfte. Für sie, die bisher im wahrsten Sinne des Wortes nur an ihren Bruder gebunden war, wurde Lotte Grimm das erste Mädchen, mit dem sie sich anfreundete. Geist und Gedankengut dieses romantischen »Altdeutschen Zirkels« wurden zur festen Basis ihrer Weltanschauung. Man haßte alles »Welsche«, weil man damit die Mentalität der »Eroberer« verband, die Deutsche daran hindern wollten, Deutsche zu bleiben und nach deutschen Wertmaßstäben zu leben. Die Franzosen, so dachte man in dem Zirkel, wollten alle bewährten alten Ordnungen niederreißen, um Unordnung und Chaos einzuführen, sittenlos und gottlos, wie sie in den Augen der Altdeutschen waren.

Voller Freude vernahm man die schrecklichen Nachrichten von der Vernichtung der napoleonischen Armee in Rußland, und die Befreiung Kassels durch die Russen Ende September 1813 grub sich ebenfalls fest in Malchens Gedächtnis ein.

Am 28. September hörte man in der Ferne Schießen und beobachtete voller Schadenfreude, daß französische Artilleriewagen bei ihrer Flucht auf der Brücke so ineinander gefahren waren, daß sie nicht mehr vor und zurück konnten.

Es hieß, der König, den Napoleon anstelle des lieben alten Kurfürsten eingesetzt hatte, sei abgezogen und schon ein Mann sei erschossen worden. Am nächsten Tag hieß es, Kosaken hätten das Castell geöffnet, so daß alle Staatsgefangenen hinausliefen. Am 30. September sah man, daß alle französischen Soldaten mit ihren lächerlichen roten und grünen Haarbüscheln in vielen geraden Linien auf dem Friedrichsplatz angetreten waren und auch einige Kanonen bei sich hatten. Die Kanonen hatten ihre Mündungen auf den dem Friedrichsplatz gegenüberliegenden Teil des Stadtwaldes gerichtet, und im Wald versammelten sich nach und nach immer mehr russische Truppen, die ebenfalls Kanonen aufstellten, deren Mündungen auf den Friedrichsplatz gerichtet waren.

Um der nun erwarteten Schlacht zuzuschauen, versammelten sich alle Hassenpflugs mit Gesinde vor ihrem Haus, während viele Damen des gegenüberliegenden Hauses in weißen Kleidern auf dem Balkon standen.

Zum großen Schrecken des Publikums beim Kriegs-Schauspiel donnerte plötzlich »eine« große Kanonenkugel »mit ungemeinem Getöse« etwa zehn Fuß über die Dachfirste hinweg, die alle fliegen sehen konnten, woraufhin dann die Zuschauer wie der Blitz in ihren Häusern verschwanden und nach Plätzchen suchten, in denen sie sicher waren. Es hätte ja passieren können, daß eine derartige Eisenkugel wie eine Abrißbirne eine Wand zum Einsturz brachte. Mehrere Nachbarn gesellten sich zu Hassenpflugs, bis sich eine kleine Gesellschaft in einem zwischen den Mauern liegenden Gang versammelte. Die »schreckliche Kanonade« setzte sich fort, »neun« Kugeln prallten gegen das Haus, deren eine durch das Dach fuhr und Ziegel herunterriß. Die anderen richteten keinen Schaden an. Die französischen Besatzungstruppen erklärten sich für besiegt; zu einem Kampf Mann gegen Mann hatten sie keine Lust. Sie räumten den Platz, ein Parlamentär erschien, und da trugen schon fünfundzwanzig Kasseler Bürger jubelnd einen Stuhl auf den Friedrichsplatz, auf dem ein russischer Offizier saß. Immer wieder hoben sie ihn hoch und übergossen ihn mit Schnaps aus unzähligen Flaschen, die man ihnen zureichte. Der Offizier war von einem zottigen, seltsamen Zeug umhüllt, das wie ein Bärenfell aussah und vorne mit einer glänzenden Metallagraffe geschlossen war. Er hielt ein weißes Tuch in der Hand, und alle Leute schrien Hurra, was damals etwas ganz Neues war. Ihm folgten kurz darauf noch zwei ebenso herumgetragene Gestalten, und »alle Kasseler ergriff das mächtige Gefühl der Befreiung, und daß diese Russen ihre Freunde seien.«

»Welch selige Nacht wurde da durchlebt!« schrieb Ludwig in

seinen Erinnerungen. »Am Abend dieses Tages kam August von Haxthausen herüber, um die Freude zu vermehren.«

Am nächsten Morgen, dem 1. Oktober 1813, hielten die Russen Einzug. Die Kasseler standen jubelnd Spalier. An der Spitze des Zuges von Dragonern und Kosaken, begleitet von Kasseler Offizieren, ritt einer, von dem Ludwig hoffte, er sei vielleicht schon der zurückgekehrte Kurprinz, aber der Mann hatte ein kleines, glattes Mützchen auf, trug einen starken Bart und Lokken und war von einem ebenso zottigen, bärenfellartigen Mantel bedeckt wie jene Offiziere vom Vortage. Es war nicht der Kurfürst, sondern der russische General Czernischeff. Andere Zuschauer jedoch ließen sich vom Glauben, ihr Kurfürst sei wiedergekommen, auch durch den Augenschein nicht abbringen. Ludwig hörte einen sagen: »Ja, in siwwen Johren verännert sich der Mensch«, und ein Bäuerlein rannte hinter dem Pferd des Generals her, hielt seinen Zopf, den Napoleon abzuschneiden befohlen hatte, triumphierend in die Höhe und rief: »Ihre Durchlaucht! Ich hon en noch!«

Auch Johannes Hassenpflug, der Vater, setzte sich wieder seine Perücke mit Zöpfchen auf, man war stolz auf jeden aufrechten Deutschen, der sich in siebenjähriger Franzosenzeit nicht an seinem Brauchtum hatte irremachen lassen, und die Jugend geriet förmlich in einen Rausch von Vaterlandsliebe und Nationalstolz, wovon Malchen natürlich mit angesteckt wurde. Sie kämpfte mit und für ihren Bruder gegen den Widerstand des Vaters, damit Ludwig bei den freiwilligen berittenen Jägern eintreten und gegen Napoleon kämpfen durfte. Alle Schwestern waren stolz auf den Bruder, als es gelang, und Jacob Grimm schrieb ihm ins Stammbuch: »Siegen kommt nicht von Liegen.« Na bitte.

Von da an war Ludwig nicht mehr Malchens »Herrchen«, und sie mußte endlich lernen, wie ein Mädchen zu leben, was ihr sehr schwerfiel.

Da Malchen eine schöne Singstimme hatte, erhielt sie jetzt Gesang- und Musikunterricht und hatte auch sonst mehr Gelegenheit, sich zu bilden, als Louise, da ihr Vater noch am Leben und auch bereit war, ihren Wissensdurst zu stillen und die Tochter bei Diskussionen mit Freunden wenigstens zuhören zu lassen. Sie mußte sicherlich auch Nähen lernen, das war so selbstverständlich, wie daß ein Junge lesen konnte, aber sie wurde nicht wie Louise ausschließlich damit beschäftigt und durfte vor allen Dingen immer häufiger zu den Haxthausens nach Bökendorf fahren, wo man stets eine Menge junger Leute traf. Auch Ludwig zog es oft dorthin, weil er dort unverfänglich mit Lotte Grimm zusammentreffen konnte, die er, je älter er wurde, desto mehr lieben lernte. Malchen war oft der Postillon d'amour zwischen ihrem Bruder und der Freundin.

Am schwersten fiel es Malchen, jetzt nur noch Mädchenkleider zu tragen und sich jeden Morgen fest in ein Korsett einschnüren zu lassen. Sie ertrug es tapfer, daß man sie mit einem Mittelscheitel verunstaltete, der ihr überhaupt nicht stand, denn ihr Äußeres war ihr ziemlich gleichgültig. Als Mädchen in Knabenkleidung war sie immer froh gewesen, wenn man sie nicht so genau anschaute, außerdem wußte sie, daß sie ein wenig schielte, und hielt sich deshalb nicht für eine Schönheit. Ihr fehlte jegliches Bedürfnis zu gefallen, eher war sie bestrebt, nicht aufzufallen, sich unsichtbar zu machen. Sie wollte sehen und beobachten, nicht gesehen und beobachtet werden. Aber das Korsett war für sie ein Marterinstrument. »Wer schön sein will, muß leiden«, lachte die Zofe, die ihr täglich die Luft abschnüren mußte, aber Malchen wollte nicht schön sein. Im Gegenteil, je weniger schön sie war, desto weniger achtete man auf sie.

Die Anstandsregel, daß Mädchen in Gegenwart von Angehörigen des männlichen Geschlechtes zu schweigen, die Augen niederzuschlagen und zu tun hatten, als könnten sie nicht bis drei zählen, war für Malchen nicht schwer zu erlernen. Als von ihrem Bruder abgerichtetes geschlechtsloses Hündchen hatte sie sowieso in ihrer Kindheit meistens geschwiegen und den Bruder reden lassen, wenn andere dabeiwaren. Daran änderte sich auch jetzt nicht viel. Oft genug war sie mit ihrem Bruder allein, so daß sie reden konnte, wie ihr der Schnabel gewachsen war, und erfuhr, daß ihr jemand zuhörte und alles ernst nahm, was sie sagte. Was der so früh gestorbene Carl für Louise gewesen war, das war Ludwig für Malchen, ein Mensch, der sie ernst nahm und in ihr einen gleichwertigen *Menschen* sah. Freunden ihres Bruders gegenüber hatte sie nie das Gefühl gehabt, »anders« zu sein, alle hatten sie immer für einen Jungen gehalten, nur Mädchen gegenüber fühlte sie sich oft fremd und »anders«. Und so tat man ihr mit dem Korsett nicht nur physisch, sondern auch seelisch Gewalt an. Weder ihre drei Schwestern noch ihre Mutter waren in der Lage, zu begreifen oder zu erkennen, was es für Malchen bedeutete, mit dem Korsett in eine Geschlechtsrolle hineingezwungen zu werden, der sie sich nicht zugehörig fühlen konnte, nachdem sie eine ganze lange Kindheit hindurch Junge, das hieß Mensch sein durfte. Wie Perserinnen ihren Tschador, so trugen die Schwestern ihre Korsetts mit Stolz, als sei es eine Auszeichnung, sich physisch so quälen zu müssen, um männlichen Ansprüchen zu genügen. Malchen trug das Korsett mit Scham.

Die Freundschaft mit Clemens Brentano

Während sich der Bruder Ludwig nach einer kurzen Episode als
»Jäger« im Kampf gegen Napoleon dem Studium und seiner
Karriere widmen konnte und mit großem Fleiß seine Laufbahn
als Politiker vorbereitete, durfte Malchen nur die Brosamen der
Bildung aufpicken, die von der Herren Tische fielen. Und dennoch gab es in ihrem Elternhaus sehr viel mehr geistige Anre-
gung als in Louischens Nähstube. Die Hassenpflugs verkehrten
mit vielen Intellektuellen und Künstlern, und Malchen durfte
den Gesprächen lauschen. Die Freundschaft mit den Grimms,
dem damals noch unverheirateten Achim von Arnim und einem
Legationsrat Karl Jordis regte Malchens Geist besonders an.
Jordis war mit Lulu Brentano, einer Schwester von Clemens
Brentano, verheiratet, und so hatte Malchen schon als sieben-
jähriges Kind den romantischen Dichter kennengelernt, der
wiederum ein enger Freund von Jacob Grimm und Achim von
Arnim, dem späteren Mann seiner Schwester Bettina, war.

Clemens war im Jahre 1807 von Frankfurt nach Kassel gezogen, wo seine skandalöse Ehegeschichte mit einer Auguste Bußmann bald in aller Munde war und der Vater Hassenpflug oft
als Jurist um Rat und Hilfe für die von Clemens angestrebte
Ehescheidung gebeten wurde.

Clemens war 1807, kaum ein Jahr nach dem Tode seiner ersten Frau, von der sechzehnjährigen Auguste, einem Mädchen
aus sehr reicher Familie, regelrecht verführt worden (wie er be-
hauptete). Die kleine »Lolita« hatte sich schon im Alter von
14 Jahren in einen holländischen Offizier verliebt und zum Entsetzen der »guten« Familien Frankfurts in aller Öffentlichkeit
einen Kniefall vor der holländischen Königin gemacht, um die
Erlaubnis zu einer Verlobung zu erzwingen.

Kaum zwei Jahre später lernte sie den schönen Brentano kennen, vergaß ihren Holländer und war nun kaum zurückzuhalten, diesmal vor Napoleon selbst in Gegenwart aller Honoratioren Frankfurts auf die Knie zu fallen, um sich mit Clemens verloben zu dürfen. Er schrieb an Achim von Arnim:

Mit unaussprechlicher Angst ..., daß die Arme, die mich umschlingen, ein Halseisen werden könnten, halte ich sie mit Mühe zurück, daß sie nicht dem Bonaparte gar zu Füßen fällt und meine arme Person in die Weltgeschichte hineinflicht.

Obwohl die beiden sich erst fünfmal getroffen und wenig kennengelernt hatten, arrangierte die leidenschaftliche Auguste eine »Entführung«, bei der *sie* es eigentlich war, die *ihn* entführte (wenn man Clemens glauben will). So zwang sie ihn zu einer Heirat, die heimlich und katholisch in Kassel vollzogen wurde. Clemens entrann dem Halseisen also doch nicht.

Da bei diesem intelligenten, aber sehr wilden und ungezähmten Mädchen die Einschnürung der Libido durch die früh verwitwete Mutter und den schwachen Vormund nicht geglückt war, benahm sie sich in der Ehe nach Clemens' Meinung wie eine Verrückte – während aus ihren Briefen hervorgeht, daß sie ihn für verrückt erklärte. Sie hielt sich an keinerlei Anstandsregeln, und er schlug sie. Durch die ständige Öffentlichkeit ihrer als skandalös empfundenen Konflikte zeichneten beide ein Muster vor für künftige romantische Liebesromane, in deren Mittelpunkt Verführung, Entführung, Flucht, Verfolgung, Selbstmordversuche und unversiegbare erotische Lust stehen.

Nur weil Auguste ein großes Vermögen hatte und auf Unterhalt von Clemens nicht angewiesen war, gelang nach sieben Jahren eine Ehescheidung. Clemens jedoch, als konvertierter Katholik, durfte nicht wieder heiraten, und an diesem Diktat scheiterte dann auch später seine Liebe zu der Pfarrerstochter Louise Hensel.

Durch die vielen Gespräche der Männer über das Thema Auguste Bußmann, die Malchen dann unter vier Augen mit ihrem Bruder Ludwig diskutierte, erfuhr sie, welche fast unüberwindlichen Hindernisse einer Scheidung entgegengesetzt wurden. Sie hörte, daß alle Freunde und Verwandten Clemens dringend anrieten, das unerziehbare »Kind« für immer in ein Kloster zu sperren, wenn denn Schläge nicht halfen, Auguste die Anstandsregeln einer gesitteten Hausfrau beizubringen. Der kleine unauffällige »Bruder« Ludwigs, Malchen, wurde kaum beachtet, und die Männer sprachen ungeniert vor ihr, als sei sie wirklich ein Junge, den man in die Geheimnisse der Geschlechtsliebe einweihen durfte. Bei Malchen setzte sich dadurch ein lebenslänglicher, unüberwindlicher Ekel vor der sexuellen Beziehung zwischen Mann und Frau fest, den sie niemals überwinden konnte. Den »armen« gequälten Clemens aber, dessen Genie durch das »sittenlose Weib« in den Schmutz gezogen wurde, schloß sie in ihr Herz, und er wurde neben ihrem Bruder der einzige Mann in ihrem Leben, für den sie wirkliches Interesse aufbrachte und an dem sie hing.

Die Hassenpflugs hatten in Berlin einen Verwandten, den Professor für Heilmagnetismus Christian Wolfart, zu dessen engen Freunden der berühmte evangelische Theologe Schleiermacher und der große Architekt Schinkel gehörten. Als sich Achim von Arnim und Bettina Brentano in Berlin verheiratet hatten, verkehrten auch sie mit Wolfart. In allen intellektuellen Kreisen, besonders bei den mit dem Professor verwandten Hassenpflugs, wurden die erstaunlichen Heilerfolge des Magnetismus nicht angezweifelt, und man erlebte bei Besuchen in Berlin Wunderdinge mit den Somnambulen Fischer und Hähnle. Von der Fischer sagte Schleiermacher, sie sei eine Erscheinung, fast einzig in ihrer Art; bei der charmanteren und liebenswürdigeren Hähnle zweifelten einige ein wenig, ob sie nicht doch eine Betrügerin sei ...

Die meisten Patienten Wolfarts gehörten kirchlichen Kreisen an und vermischten Religiosität mit Magnetismus. Als Ludwig sich durch Überarbeitung ein Nervenleiden zugezogen hatte und deshalb bei seinem Vetter in Berlin eine Kur machte, kam er in Berührung mit diesen Leuten und führte viele Gespräche mit dem Theologen Schleiermacher. Amalies Bruder glaubte, dadurch den Sinn der göttlichen Offenbarungen verstanden zu haben. Lotte, die Schwester der Brüder Grimm, an die er in jener Zeit viele Briefe schrieb, verspottete ihn anfangs mit seiner plötzlichen Frömmigkeit: Sie wolle ihm eine dicke Schlafmütze machen, denn man könne sich leicht verderben, wenn der Kopf nicht recht warm gehalten wird. Aber Schleiermacher half ihm dann, den Konflikt beizulegen.

In dieser Berliner Zeit begegnete Ludwig seinem Freund Clemens Brentano wieder, aber die früher originelle und fruchtbare Freundschaft bekam dort einen Bruch. Sie trafen sich auf einem Fest, doch für Ludwig wurde es kein schöner Abend. Zu sehr stieß ihn das Betragen von Clemens' Schwester Bettina ab, das ihn an die ungebändigte Ausgelassenheit von dessen geschiedener Frau Auguste erinnerte. Die Lebensweise Bettinas stand ganz und gar im Gegensatz zu seiner neuen religiösen Gesinnung. Er wollte nicht wie Clemens katholisch werden, aber in der Abkehr vom Gott leugnenden Rationalismus war er wie die anderen Patienten Wolfarts bereit, viele Dinge, die der Vernunft widersprachen, dennoch für real zu halten.

Auch bei Ludwigs Rückkehr nach Kassel geschahen wunderliche Dinge. Die Freundinnen Lotte Grimm und Malchen berichteten ihm aufgeregt, daß sie den alten Kurfürsten in seiner Todesstunde in einer schwarzen Kutsche nächtlich durch Kassels Straßen hatten fahren sehen.

> *Diß und sonst großes anders mehr*
> *schickt Gott vor großen Dingen her ...*
> *Großer Herren Tod und Untergang*
> *verkündet Gott vorher so lang ...*

sagte das Volk, und die Intellektuellen waren jetzt bereit, das wieder zu glauben.

Malchen nahm lebhaftesten Anteil an Ludwigs Erlebnissen, Überlegungen und Gedanken. Durch den bei den Herrnhutern erzogenen Schleiermacher war Ludwig in seinem Pietismus bestärkt worden und wurde später wie alle Pietisten von seinen Feinden Frömmler genannt. Er war dogmatischer und, wie wir heute sagen würden, fundamentalistischer eingestellt als seine Schwester. Sie beschäftigte sich auch intensiv mit dem Katholizismus, versuchte doch Clemens oft genug, sie zu einem Übertritt zu bewegen.

Während Ludwig in Aktenbergen erstickte und durch Überarbeitung häufig krank wurde, hatte das unbeschäftigte junge Mädchen Zeit, religiöse, politische und juristische Fragen ausgiebiger und gründlicher zu überdenken, als er das konnte. Die Themen, über die sich Malchen mit dem Bruder und Clemens Brentano unterhielt, brachte dieser in seiner Erzählung vom braven Kasperl und dem schönen Annerl auf den Punkt.

Malchen war im Gegensatz zu ihrem Bruder eine poetische, künstlerische Natur mit einer starken Begabung für die Dichtung und die Musik. Wenn Clemens ihr von seinen Erlebnissen bei der säkularisierten Nonne Katharina Emmerik erzählte, die ihm den Weg zur Erfahrung des Übersinnlichen wies, war ihr das erheblich wichtiger und interessanter, als sich mit ihren Freundinnen über die Männerwelt oder über die Geheimnisse in der Beziehung zwischen den Geschlechtern zu unterhalten.

So verbrachte sie denn ihre frühen Jugendjahre nicht wie ein normaler Backfisch, der sich bemühte, in seine spätere Rolle als Hausfrau, Mutter und Ehefrau hineinzuwachsen, sondern wie ein gekränkter junger Mann, dem nicht gestattet wurde, zu studieren, einen Beruf zu ergreifen oder Arbeiten auszuführen, die ihm lagen. Der Vater gab seiner französischen Frau die Schuld daran, daß Malchen in Dingen des Haushalts nicht genügend geübt und gedrillt war. Er hatte Mühe und Sorgen genug, vier Töchter unter die Haube zu bringen, die wegen der mangelnden Hausfrauenfähigkeiten ihrer Mutter keine große Mitgift zu erwarten hatten. Zwei konnte er mit Müh und Not verheiraten, eine dritte Schwester war nur klug, aber gar nicht hübsch, und Malchen war zwar hübsch, aber sie schielte ein wenig und machte sich gar nichts aus Männern. Trotzdem war ihm diese jüngste Tochter mit ihrer Anteilnahme an seinen politischen, religiösen und juristischen Interessen und ihrer strengen Sittlichkeit die liebste. Auch er diskutierte mit ihr über die Fragen, die in Clemens' Geschichte vom braven Kasperl und dem schönen Annerl aufgeworfen wurden: »Muß man ein Gesetz ändern, das einen Monarchen ermächtigt, darüber zu bestimmen, daß ein Selbstmörder nicht in den Himmel kommen darf, indem er ihm ein christliches Begräbnis verweigert, oder muß man den Monarchen ändern, der selber so schwer sündigt, daß er eigentlich das Recht verspielt hat, Gottes Entscheidungen vorzugreifen? Ist es erforderlich, eine Kindsmörderin hinzurichten, die von einem hohen Herren verführt wurde und dessen Namen nicht nennt? Ist ein Mensch für seine Taten verantwortlich, wenn er doch vielleicht für seine Sünden schon vorbestimmt ist?« Das schöne Annerl hatte als Kind einer Hinrichtung beigewohnt. Dabei war der abgeschlagene Kopf des Verbrechers vom Schafott gefallen, ihr vor die Füße gerollt und hatte sich mit seinen Zähnen in ihr Kleidchen verbissen. Das, so meinte Clemens Brentano, habe sie vielleicht zu dem Schicksal vorbestimmt, eine Mörderin werden zu müssen. Durfte Clemens schreiben, daß der abgeschlagene Kopf der schönen Annerl ihren zu spät zu ihrer Rettung erschienenen Herren anlächelt? Brachte sie damit nicht zum Ausdruck, daß sie nicht bereute, konnte sie deshalb nicht in den Himmel kommen?

Die Befürchtungen seiner Frau, Malchen könnte sich in Clemens verlieben, zerstreute der Vater Hassenpflug. Er kannte die Tochter gut genug, um zu wissen, daß sie viel zu gewissenhaft und ordnungsliebend war, um einen Mann heiraten zu wollen, der so dämonische Ausbrüche kannte, einen so unsteten Lebenswandel hatte und nie bereit war, einen »Stand« (einen Beruf) zu ergreifen. Ihr Interesse am Katholizismus galt nicht dem Mann, sondern der Religion.

Amalie und die Droste

Als junges Mädchen wurde Male Hassenpflug nicht nur zusammen mit ihrer Familie, sondern auch oft allein zu den Haxthausens nach Bökendorf oder auf die Hinneburg bei Brakel eingeladen. So verbrachte sie die warmen Tage des Jahres meist auf diesem oder jenem Gutshof in Gesellschaft der vielen Haxthausen-Vettern, -Basen, -Onkeln und -Tanten.

Die alte freundliche Freifrau von Haxthausen hatte einer Menge von Stiefkindern eine ebenso große Zahl eigener Kinder zugefügt, so daß Tanten oft jünger waren als Nichten, Stiefenkel oft älter als eigene Kinder. Zwei dieser Stiefenkelinnen, die ihre so jugendliche Großmutter verehrten, waren die Schwestern Jenny und Annette von Droste-Hülshoff. In ihrer Wasserburg Hülshoff in Westfalen, in der ihre Mutter ein strenges Regiment führte, waren die beiden Freifräulein längst nicht so gern wie hier in Bökendorf im Kreise all der vielen jungen Leute. Jenny war fünf, Annette drei Jahre älter als Malchen, so daß diese sich mehr mit Anna von Haxthausen, einer gleichaltrigen Tante der beiden, anfreundete, mit der sie bei ihren Besuchen immer das Zimmer teilte und dadurch zu deren Vertrauter wurde. Meistens war auch ein neun Jahre jüngeres Enkelkind der Freifrau, eine Amalie von Zuydtwick, zu Besuch, die leidenschaftlich an Malchen hing und für die sich Malchen sehr interessierte, weil dieses Kind ganz außerordentliche Begabungen zu haben schien.

Die großzügige Freifrau von Haxthausen machte für sich selbst keinen Unterschied, ob ein Gast bürgerlich oder adlig, protestantisch oder katholisch war. Für sie galt nur der Mensch. Aber sie war sehr fromm und hielt Sitten und Traditionen für göttliche Gebote, die ein Mensch nun einmal zu befolgen habe, ob ihm das lieb war oder nicht. So erwartete sie von ihren Gästen nicht nur selbstverständlich die Befolgung der göttlichen Gebote, sondern auch die Respektierung der menschlichen Traditionen, etwa daß zwischen Adligen und Bürgerlichen ebenso wie zwischen Protestanten und Katholiken keine Ehen geschlossen und somit auch keine Liebesbeziehungen angeknüpft werden sollten.

Ihre studierenden Söhne und Enkel brachten ungehindert bürgerliche und protestantische Freunde mit nach Hause, die Haxthausenfräulein bürgerliche und protestantische Freundinnen. Man sammelte gemeinsam Märchen, man sang gemeinsam die von Clemens Brentano und seinem Freund Achim von Arnim gesammelten Volkslieder aus »Des Knaben Wunderhorn«, man politisierte und las sich Gedichte und Novellen vor, aber es wurde nicht in der Weise »geflirtet«, wie das heutzutage in einem so großen Kreis junger Männer und Frauen üblich wäre.

Ludwig Hassenpflug, der Lotte Grimm liebte und während seiner Studienzeit bereits entschlossen war, sie zu heiraten, hatte in Bökendorf Gelegenheit, die Geliebte auf neutralem Boden zu sehen und zu sprechen, denn in Kassel hätte jeder Besuch, der nicht den Brüdern galt, Lotte ins Gerede gebracht; aber erst als durch viele Briefe, die Malchen oft hin und her trug, abgeklärt war, daß auch Lotte Ludwig liebte, wagten sie den ersten heimlichen Kuß.

Wie selten kam es vor, daß zwei Heiratskandidaten, die den gleichen Stand und die gleiche Religion hatten und deren Vermögensverhältnisse vom Familienrat für passend befunden wurden, sich auch wirklich liebten. Die Regel war, daß ein Mann innerhalb seiner Standes- und Religionsgrenzen eine gewisse Auswahl unter »passenden« Mädchen hatte, sich die hübscheste »erkor« und das betreffende Mädchen dann aufgefordert wurde, diesen zu heiraten und zu lieben, was sie, wie Louischens Mutter Grisebach, meist auch gehorsamst tat.

Als Backfisch hatte Malchen die Tragödie miterlebt, daß der bürgerliche, protestantische Wilhelm Grimm und die adlige katholische Jenny von Droste-Hülshoff gegen dies Gebot verstießen und sich ineinander verliebten.

»Malchen, hast du gesehen, wie rot die Jenny immer wird, wenn der Wilhelm sie anschaut?« fragte die fünfzehnjährige Anna von Haxthausen die gleichaltrige Zimmergenossin.

Malchen hatte nichts gesehen.

Anna bohrte weiter, denn ihr war so vieles noch unklar, über das ihre Freundin Malchen durch ihren Bruder besser Bescheid wußte. »Du, Malchen, was ist denn das eigentlich bei dem Wilhelm? Immer, wenn er die Jenny anschaut, wird er so komisch.«

»Halt den Mund«, schalt Malchen, »darüber darf man nicht sprechen.«

»Ach Malchen, mir kannst du's doch sagen. Was will denn der Wilhelm von Jenny?«

»Anna, jetzt ist aber genug«, schalt Malchen noch einmal.

»Aber Malchen, wir sind doch allein, uns hört doch niemand, ich muß das doch wissen. Sind Männer so wie die Tiere?«

»Es gibt welche, ja, aber anständige Menschen sind das nicht.«

»Dein Bruder Ludwig nie?«

»Nein, mein Bruder Ludwig nie.«

»Jenny und Wilhelm auch nicht?«

»Nein, die auch nicht.«

»Merkwürdig«, seufzte Anna. »Die sind aber so komisch.«

»Die sind gar nicht komisch. Du hast dir nur was eingebildet«, belehrte Malchen die Freundin, »sage um Gottes willen nie jemandem weiter, was du glaubst gesehen zu haben.«

Aber Anna war, wie alle unaufgeklärten Backfische, unersättlich neugierig und ließ nicht locker. Sie wollte Genaueres über diese verbotene Seite des Lebens erfahren. Sie spionierte Jenny und Wilhelm Grimm immer hinterher und benahm sich dabei so auffällig, daß es der Freifrau von Haxthausen auffiel.

»Anna, was hast du denn da immer zu gucken?« fragte sie eines Tages die Tochter, und als Anna verlegen schwieg und nicht antwortete, fing sie selbst an, Jenny und Wilhelm zu beobachten. Sie merkte nun selbst, daß beide in großer Liebe zueinander entflammt waren, aber das Äußerste taten, um dies gefährliche Geheimnis für sich zu behalten und es niemandem, wohl noch nicht einmal einander, zu verraten. Der Freifrau tat ihre geliebte Stiefenkeltochter sehr leid. Mußte denn nun auch dieses liebe Kind den Schmerz kosten, den sie selbst als junges Mädchen erlitten und nie ganz überwunden hatte? Warum nur legte Gott den Frauen so schwere Prüfungen auf? Jenny wird daran reifen, wie ich daran gereift bin, dachte sie und informierte Jennys und Annettes Mutter von der Sache. Diese kam sofort, holte ihre Tochter auf die Wasserburg Hülshoff zurück und verbot ihr, je wieder mit den Grimms zusammenzutreffen. Die Reinhaltung des alten Namens »von Droste-Hülshoff« sei ein höherer Wert als die vergängliche Liebe, niemals dürfe eine Droste-Hülshoff einen Grimm heiraten. Das erlaube Gott nicht, außerdem sei Grimm ein Protestant, der nach seinem Tode nicht in den Himmel kommen könne. Was wolle Jenny mit einem Ehemann, von dem sie nach ihrem Tode doch geschieden würde. Mit Wilhelm Grimm sprach die alte Freifrau von Haxthausen selbst – voll Liebe, voll Güte und voll Mitgefühl. Sie muß den ihr geistig weit überlegenen, aufgeklärten Mann vom Willen ihres Gottes so überzeugt haben, daß er tatsächlich seine Liebe zu Jenny aufgab und später eine andere Frau heiratete.

Es war ein tränenreiches Jahr. Alle Gäste auf Bökendorf litten mit den Liebenden, empfanden den Beschluß der Freifrau zwar als schmerzlich, aber auch als richtig. Nächtelang saß Malchen mit Jennys Schwester Annette, der Dichterin, zusammen und suchte die drei Jahre ältere Freundin von der Weisheit ihrer Großmutter zu überzeugen. Annette widersetzte sich. Sie empfand es als primitiv, Sitten und Traditionen zu göttlichen Geboten zu erklären. Ihr Vertrauen zu der bisher für unfehlbar gehaltenen Großmutter bekam einen Sprung und auch das Vertrauen zu ihrer bisher für unfehlbar gehaltenen Religion. Ihre Verse hörten auf, sich nach dem Geschmack ihrer Mutter und Großmutter zu richten, hörten auf, wohlgefällige Reime zu sein, sondern begannen etwas von den tiefen Glaubenskämpfen auszudrücken, die sich in ihrem Herzen abspielten. Sie fing an, sich nach Menschen umzusehen, deren Geist dem ihren glich und die wirklich etwas von Literatur verstanden.

Malchen dagegen imponierte die Festigkeit der alten Freifrau. Sie wußte, daß diese unter der Härte, zu der sie sich gezwungen sah, selbst litt. Sie tadelte Annette um ihrer Zweifel willen, wie sie Anna um ihrer Neugier willen getadelt hatte. Sie konnte sich das erlauben, denn obwohl eine der Jüngsten, wurde sie doch im Kreis der Bökendorfer Jugend seltsamerweise stets als eine Autorität angesehen.

Alle fanden sie hübsch, lobten ihren Takt und ihren Verstand und empfanden es als wohltuend, daß sie den anderen Mädchen keine Konkurrenz zu machen drohte. Sie zeigte an begehrenswerten jungen Männern kaum Interesse. Und suchte nicht zu gefallen.

Im Jahr 1819 kam die Droste zur Wiederherstellung ihrer schwächlichen Gesundheit für anderthalb Jahre nach Bökendorf zu Besuch. Ihr fehlte dort die verständnisvolle Schwester Jenny sehr, und so schloß sie sich in dieser Zeit besonders an Malchen an. Malchen lachte nicht wie die anderen Mädchen über ihre Gedichte, sondern prüfte sie ernsthaft und unterzog sie einer durchdachten, sachlichen Kritik. Sie fand die Tatsache, daß Annette Gedichte machte und diese gelegentlich abends im großen Kreise vorlas, sehr anerkennenswert. Den anderen Mädchen war das so peinlich, als hätte ein junger Mann Frauenkleider angezogen und ernsthaft gefragt, ob ihm die wohl gut zu Gesicht ständen. Sie glaubten, Annette dichte nur, um damit auf originellere Weise Männer anzulocken, weil ihr die normalen »Lockmittel« nicht zur Verfügung ständen. Malchen, die selber jegliche Werbung für ihre Person verabscheute, verstand die Dichterin und hatte ein Gespür für die künstlerische Kraft, die nach einem adäquaten Ausdruck drängte. Aber sie war immer ehrlich und heuchelte kein Lob, wenn ihr Herz tadelte. Die Droste schrieb über Malchens Kritik:

129

*Leider bin ich mit Malchen, was Kunst und Poesie betrifft, nicht
einer Meinung, da sie einer gewissen romantischen Schule auf
sehr geistvolle, aber etwas einseitige Weise zugetan ist; dennoch
ist jedes ihrer Worte tiefgedacht und sehr beherzigenswert; sie
wird mich aber nie in ihre Manier hineinziehn, die ich nicht nur
wenig liebe, sondern auch gänzlich ohne Talent dafür bin …
Malchen ist ganz Traum und Romantik, und ihr spuken unauf-
hörlich die Götter der Alten, die Helden Calderóns und die
krausen Märchenbilder Arnims und Brentanos im Kopfe.*

Trotz der Andersartigkeit erkannte die Dichterin in Malchen
aber einen geistig ebenbürtigen Menschen und nannte ihr Kommen jedesmal einen Feiertag und ein Fest.

Doch als es 1820 für die damals dreiundzwanzigjährige Dichterin um Sein oder Nichtsein ging, stand Malchen nicht auf der
Seite der Freundin.

Wenn August von Haxthausen seine Studienfreunde aus Göttingen nach Bökendorf einlud, war es für die dort anwesenden
jungen Mädchen unmöglich, sich den »Löwen« gegenüber – wie
sie die ihnen so überlegenen jungen Männer nannten – zu be-
haupten. Sie galten nicht als gleichwertige *Menschen*, und besonders die sensible Annette von Droste-Hülshoff fühlte sich im
Bökendorfer Jugendkreis oft nur ausgenutzt und für irgendwelche ihr unverständliche Zwecke der Männer benutzt. Dagegen
sträubte sich ihr Stolz. Der einzige ihr als Frau zugängliche Weg,
wirklich beachtet und anerkannt zu werden, war, Männer in
sich verliebt zu machen. Da ihre nur als Mittel zu diesem Zweck
angewandte Koketterie aber nicht ihre wahre Natur war, fing
sie es ungeschickt an und erntete damit bei manchen der Jüng-
linge ein gewisses Unbehagen, so etwa bei Wilhelm Grimm, der
ihre unverkrampftere Schwester Jenny liebte. Wie Ludwig
Grimms Karikaturen von der jungen Annette im Kreis der Bökendorfer Jugend zeigen, war sie körperlich größer als die meisten anwesenden Herren, so daß diese eher vor ihr zurückgewi-
chen sein werden.

Viel später, im Januar 1844, schrieb sie an ihre Freundin Elise Rüdiger über ihre damaligen Probleme:

Was kommen Sie mir denn mit meiner steinalten, seit 25 Jahren begrabenen Koketterie? Ich habe Ihnen ja schon früher erzählt, wie wir sämtlichen Kusinen haxthausischer Branche durch die bittere Not gezwungen wurden, uns um den Beifall der Löwen zu bemühen, die die Onkels von Zeit zu Zeit mitbrachten, um ihr Urteil danach zu regulieren, wo wir dann nachher einen Himmel oder eine Hölle im Hause hatten, nachdem diese uns hoch oder niedrig gestellt. Glauben Sie, wir waren arme Tiere, die ums liebe Leben kämpften, und namentlich Wilhelm Grimm hat mir durch sein Mißfallen jahrelang den bittersten Hohn und jede Art von Zurücksetzung bereitet, so daß ich mir tausendmal den Tod gewünscht. Ich war damals sehr jung, sehr trotzig und sehr unglücklich und tat, was ich konnte, um mich durchzuschlagen.

Auf männlichen Beifall verzichten zu können und mehr Selbstbewußtsein zu entwickeln half ihr dann die soviel kühlere Amalie Hassenpflug.

Annettes Tragödie begann damit, daß Ostern 1820 ein gewisser Heinrich Straube zu Besuch nach Bökendorf kam.

Heinrich Straube war ein intimer Studienfreund von August von Haxthausen und dessen Protegé. Als Kind reicher Leute geboren und verwöhnt, war er durch einen Konkurs seines Vaters schlagartig verarmt und hätte Studium und Karriere aufgeben müssen, wenn August von Haxthausen und dessen Freunde ihn nicht ausreichend mit Geld versorgt hätten. Sie alle hielten ihn für einen großen, ja den größten Dichter ihrer Zeit und taten sich etwas darauf zugute, die selbstlosen Förderer des zukünftigen Goethe zu sein.

Obwohl Straube stets einen schmutziggelben Flausch trug, der aus der Nähe unangenehm nach feuchter Wolle oder nassem Hund roch, oft eine staubige Perücke auf dem Kopf hatte, häßlich war und mit einer ungewöhnlich hohen Stimme sprach, die ihm den Spitznamen »Wimmer« eintrug, gewann er sofort alle Herzen, vor allem die der mitfühlender Frauen. Allgemein wetteiferte man darum, diesem lieben armen Kerl zu helfen, der so laut und herzlich lachen und so wundervoll dichten konnte. Wer ihn nicht Wimmer nannte, sprach von ihm als dem Allotria.

Annette hatte Ostern 1820 gerade den Schmerz um eine verlorene Jugendliebe überwunden. Dem Studenten Wolff, der sich aus ihr unverständlichen Gründen von ihr abgewandt hatte, war unheimlich geworden, daß die von ihm Verehrte dichtete und ihm erzählte, sie habe Augenblicke, wo sie die Menschen fliehen und allein sein müsse.

So war sie offen für den schmuddeligen Charme des jungen Dichter-Genies, der als erster ernst nahm und respektierte, was sie schrieb. Sie kannte ihn schon länger, hatte ihm aber nie besondere Beachtung geschenkt.

Es war Frühling, ein warmes Lüftchen wehte, Straube ging viel mit den anderen spazieren, sein einziger Anzug lüftete etwas aus, der Geruch ließ nach, und mit seinem geistreichen, klugen Wesen begann er, Annette allmählich zu bezaubern. Was es für ein zweiundzwanzigjähriges Fräulein vom Land, deren Dichtungen bisher von niemandem ernst genommen wurden, bedeutete, daß ein anerkannter Poet für ihre Werke Interesse zeigte, kann nur verstehen, wer selbst heimlich künstlerisch tätig ist und noch niemanden fand, der darüber ein kompetentes Urteil abgeben konnte. Es ist ein überwältigendes Gefühl! Es ist, als ob eine Pflanze begossen wird, die schon dicht vor dem Verwelken und Vertrocknen ist. Sie blüht auf, reckt sich voller Leben und beginnt, von innen heraus Kraft auszustrahlen.

Straube lobte aber nicht nur ihre Gedichte, er hatte auch tiefstes Verständnis für Annettes Glaubenszweifel.* Er, der Prote-

---

* Sie arbeitete gerade an dem Zyklus »Das geistliche Jahr«, den sie ihrer Großmutter zu Weihnachten schenken wollte. Und sie litt darunter, daß es ihr nicht gelang, den von ihrer Großmutter gewünschten reinen, unbeschwerten Kinderglauben zum Ausdruck zu bringen.

stant, unterhielt sich mit ihr, der Katholikin, über Unterschiede und Gemeinsamkeiten ihrer Religionen von einer so hohen Warte aus, daß Gott für Annette plötzlich aus dem engen Rahmen seines vorgeschriebenen traditionellen Bildes heraustrat und ihr lebendig wurde.

Bei diesen Gesprächen kam Straubes Seele ihrer so nahe, daß beide nach einiger Zeit glaubten, zwischen ihnen sei die große Liebe entbrannt.

Annette hielt sich für stärker und für klüger als ihre Schwester Jenny. Sie hatte sich schon bei deren Tragödie geschworen, sich von niemandem davon abhalten zu lassen, einen bürgerlichen Protestanten zu heiraten, wenn ihre Liebe zu ihm groß genug sein würde. Was Gott verlangte, war Liebe und nicht ein lupenreiner Stammbaum, was Jesus verlangte, war, ihm und nicht irgendeiner Konfession anzugehören. Aber da sie wußte, was sie opfern müßte, wenn sie Straube heiraten würde, brauchte sie Zeit zur Prüfung. Es gab etwas an ihm, was sie störte.

Eigentlich wußte sie nicht, warum sie so widerstrebte, als er eines Tages auf einem Spaziergang darauf drängte, in eines der Bökendorfer Treibhäuser hineinzusehen. Das war doch eine Gelegenheit, mit dem Verehrten ganz allein und unbeobachtet zu sein! Einerseits fieberte ihr Herz dem großen Augenblick entgegen, das erstemal im Leben geküßt zu werden, andererseits befahl ihr der Verstand, davor zu flüchten, wegzulaufen. Aber sie hatte sich zuvor in ihren Phantasien schon so in die ganz großen Gefühle hineingesteigert, von denen sie gelesen und die sie bei Jenny erlebt hatte, daß sie nun, wo der Traum Realität werden sollte, zitternd dem drängenden Willen des Verehrers nachgab und sich küssen ließ.

Doch dann war alles ganz anders, als sie es sich erträumt hatte. Sie mußte entdecken, daß die Seele dieses wundervollen, von ihr so heiß geliebten Menschen in einem Körper steckte, der in der Erregung Schweiß absonderte. Jetzt erst merkte sie, daß der rührend häßliche Mund des Mannes, der so kluge, geistreiche Worte sagen und so herzlich lachen konnte, kranke Zähne hatte und roch. Sie hatte erwartet, eine Welle von Lust- und Wonnegefühlen würde sie überfluten, statt dessen überkam sie etwas wie Ekel, das sie daran hinderte, den Kuß aus eigenem Antrieb auch zu erwidern.

Aber Straube hatte gar nicht erwartet, daß ein Freifräulein mehr tat, als bei seinem Kuß stillzuhalten. Er bat sie um ihre Hand – wie sich das gehörte –, und sie bat sich Bedenkzeit aus, wie sich das auch so gehörte. Beim ersten Mal durfte kein Mädchen gleich jubelnd ja sagen.

Die beiden waren jedoch nicht unbeobachtet geblieben. August von Haxthausen hatte gesehen, wie sie im Treibhaus verschwunden waren, und sich sein Teil dabei gedacht. Denn August kannte dieses Treibhaus gut und wußte, wozu es sich eignete. Er gönnte seinem Freund den Spaß und amüsierte sich darüber. Aber einen bürgerlichen Protestanten ein katholisches Freifräulein heiraten zu lassen ging doch nicht gut an …

So ließ er sowohl in Bökendorf als auch später im Kreise der Göttinger Studienkollegen humorvolle, scheinbar unabsichtliche Bemerkungen fallen, die das Geheimnis von Annette und Heinrich verrieten, aber es als ein Spiel darstellten, das von der »koketten« Annette nicht ernst genommen wurde. Die Folge war, daß viel Mitgefühl mit dem armen Straube und Verdächtigungen gegen Annette geweckt wurden, als ob sie ein Mädchen sei, daß leichtfertig mit jedem Beliebigen »ins Treibhaus« gehe. Da August ein Mann war, der mit vielen Mädchen tändelte, traute er ein derartiges Verhalten auch der Nichte zu und war sich möglicherweise gar nicht bewußt, daß er falsche Verdächtigungen in die Welt setzte.

Wenig später kam ein weiterer Studienfreund von August von Haxthausen, ein gewisser August von Arnswaldt, zu Besuch nach Bökendorf, der ebenfalls schon mehrfach mit Annette zusammengetroffen war und große Zuneigung für sie empfunden hatte.

Seit 1817 war er ein intimer Freund sowohl von Straube als auch von August von Haxthausen, da er deren Interessen für

Philologie, Geschichte, Theologie und Literatur teilte. Auch er hielt Straube für einen großen Dichter und beteiligte sich an dessen finanzieller Unterstützung.

Arnswaldt war ein ausnehmend schöner Jüngling von ruhiger Vornehmheit, bescheidenem Auftreten und großer Sensibilität. Als überzeugter Protestant klagte er einmal einem Freund, daß es »öde und kalt« in ihm sei. Die Wahrheit habe er zwar begriffen, doch nur in Erkenntnis des Verstandes, aber Leben und Liebe fehle ihm, so »erschrecke ihn jetzt der Zorn Gottes«. Er lebe nur im verzehrendsten Sündegefühl, und das Licht der Gnade wolle ihm nicht erscheinen.

Mit diesen Glaubenskämpfen und Zweifeln ähnelte der Protestant der katholischen Annette und verstand das, was sie in ihrem Zyklus »Das geistliche Jahr« zum Ausdruck bringen wollte, besser als jeder andere. Aber er hatte nicht, wie Straube, Antworten und Alternativen anzubieten. Die Gespräche mit ihm waren nicht tröstlich, sondern stürzten Annette eher in noch tiefere Zweifel. Und dann hatte Arnswaldt nicht das umwerfend laute Lachen zur Verfügung, mit dem Straube alle bösen Geister verscheuchen konnte.

Obwohl August von Arnswaldt für die katholischen Haxthausenmädchen wegen seines Protestantismus zu den »verbotenen Früchten« gehörte, in die sie sich nach dem Willen ihrer Mutter und Großmutter nicht verlieben sollten, entbrannte Anna von Haxthausen, die intime Freundin unserer Amalie Hassenpflug, in heißer, aber vorläufig unerwiderter Liebe zu ihm. Eifersüchtig beobachtete sie jedes Gespräch Annettes mit dem Angebeteten und neckte sie – in Gegenwart von Arnswaldt – ziemlich intrigant mit ihrer Beziehung zu Straube. Arnswaldt hatte derartige Anspielungen auch schon in Göttingen gehört, aber nicht geglaubt. Zuvor war er sich noch nicht ganz klar darüber gewesen, ob er Annette wirklich liebte oder nicht. Jetzt aber ließ sein Stolz nicht zu, daß ihm möglicherweise jemand vorgezogen wurde, den er finanziell unterstützte und der auch noch so häßlich war. Zudem gab es unter den jungen Göttinger

Studenten einen Ehrenkodex, der besagte, daß keiner dem anderen ein Mädchen abspenstig machen durfte. Wer dagegen verstieß, wurde fast geächtet. Selbst wenn er in Annette schon leidenschaftlich verliebt gewesen sein sollte, was die Briefe nicht wirklich glaubhaft andeuten, hätte er sich sofort zurückgezogen, wenn er berechtigte Ansprüche Straubes hätte feststellen können. Also, so dachte er, mußte er ihre wahren Gefühle prüfen.

Die dreiundzwanzigjährige Annette wußte in diesem Mai 1820 kaum, wie ihr geschah. Ostern hatte Straube um ihre Hand angehalten, den sie herzlich zu lieben glaubte, gegen den sich aber etwas in ihr innerlich sträubte, und nun kam im Mai August von Arnswaldt und zeigte ganz deutlich, daß er sie liebte und erobern wollte.

Alles, was sie an Straube vermißt hatte, besaß Arnswaldt in hohem Maße. Er sah blendend aus, war nach der neuesten Mode gekleidet und frisiert, und wenn er gelegentlich lachte, zeigte er ein makelloses Gebiß. Alles an ihm war sauber und gepflegt, er war adlig und reich. Annette beschrieb ihre zwiespältigen Gefühle den beiden Verehrern gegenüber:

Ich hatte Arnswaldt sehr lieb, auf eine andere Art wie Straube. Straubens Liebe verstand ich lange nicht, und dann rührte sie mich unbeschreiblich, und ich hatte ihn wieder so lieb, daß ich ihn hätte aufessen mögen. Aber wenn Arnswaldt mich nur berührte, so fuhr ich zusammen. Ich glaube, ich war in Arnswaldt verliebt und in Straube wenigstens nicht recht ...

Mädchen unseres Jahrhunderts werden kaum glauben, wie wenig Annette, die heute so berühmte Dichterin des 19. Jahrhunderts, von der Beschaffenheit ihrer unterschiedlichen Gefühle zu den beiden Verehrern wußte. Sie würden ihrer Freundin lachend erzählen, »der Arnswaldt ist mein ›leiblicher‹ Freund, der Straube ist mein ›seelischer‹ Freund, beim Arnswaldt ist im Herzen etwas nicht ganz sauber, beim Straube ist im Mund etwas nicht ganz sauber, ich werde noch warten auf den, bei dem alles in Ordnung ist.« Annette aber glaubte, die erste zu sein, die in einen derartigen Konflikt geriet, und alle, die im Mai 1820 in Bökendorf zu Gast waren, lauerten voller Sensationsgier oder aber – wie Anna von Haxthausen – mit brennender Eifersucht darauf, daß die »Kokette« noch einmal mit einem Galan im Treibhaus verschwinden und wieder ihr »sündhaftes« Spielchen mit dem armen Opfer ihrer »Verführungskunst« treiben würde.

Obwohl Annette ganz genau spürte, daß Arnswaldts zur Schau getragene Liebe nicht ganz echt war, da er hin und wieder Bemerkungen machte, die sie völlig ernüchterten, glaubte sie doch weiter an seine edle Natur und ging vertrauensvoll mit ihm ins Treibhaus, um einen Heiratsantrag, wenn er erfolgen sollte, abzulehnen. Sie hatte dabei nicht mit der Reaktion ihres Körpers auf seine erste leise Berührung gerechnet, ließ sich daher küssen und erwiderte mit Leidenschaft seine Küsse, ehe sie es fertig brachte, ihn von sich zu stoßen und ihm zu sagen, sie liebe ihn nicht.

Da sagte auch er, daß er sie nicht liebe, er habe sie nur wider Willen geküßt, weil das so über ihn gekommen sei, er bäte um Entschuldigung für die unfeinen Äußerungen und darum, daß sie doch Freunde bleiben mögen. Beide trennten sich scheinbar ohne Groll und Vorwürfe, aber Annette glaubte später, Arnswaldt habe sie von da an gehaßt und vernichten wollen und sie habe recht gehabt, zu ahnen, daß die ganzen Liebesbeteuerungen nur geheuchelt waren.

Natürlich blieb auch dieser Treibhausgang nicht ohne Beobachter, und daß Amalie ihre Freundin Annette deswegen später so hart verurteilte, mag auch daran gelegen haben, daß sie damals gerade in Bökendorf war, mit Anna von Haxthausen im gleichen Zimmer schlief und miterlebte, wie diese die ganze Nacht vor Verzweiflung und Eifersucht weinte, während Annette sie in diese intimsten Angelegenheiten nicht einweihte.

Arnswaldt reiste ab. Um sein Gesicht vor der Haxthausenfamilie zu wahren, meldete er sich im Juli noch einmal in Böken-dorf an, um sich mit Annette »auszusprechen«, wie er mit ihrem Onkel August absprach, damit seine »ernsten Absichten« nicht in Zweifel gezogen würden.

Er führte also bei ihr und allen anderen das Mißverständnis herbei, als sei er gekommen, ein halb gegebenes Jawort zu holen, und Annette – wieder bezaubert von seiner Anziehungskraft – fühlte sich verpflichtet, ihm zu gestehen, wie stark er auf sie wirke, daß sie sich aber an Straube gebunden fühle.

Sie schrieb später an Anna darüber:

Er hat mir eine unabsichtlich erscheinende Neigung auf alle Weise bewiesen. Du hast es ja oft gesehen. Ein wahrscheinlich sehr herbeigeführtes Mißverständnis ließ mich glauben, daß Arnswaldt mir seine Neigung gestanden, und ich stand keinen Augenblick an, auch meine Gesinnungen offen zu gestehen. Das glaubte ich irrig zu dürfen, da ich fest entschlossen war, ihm meine Hand zu verweigern, wenn er sie fordern sollte, und entdeckte ihm mein Verhältnis zu Straube ... Ich konnte ihm nicht alles sagen und wollte doch nicht lügen; so verwirrte ich mich, und er ängstigte mich dermaßen durch seine Fragen, daß ich doppelsinnige Antworten gab, und sonach endlich das Ganze äußerst verstellt und verändert dastand ... Dieser stille tiefe Mensch hatte für die Zeit eine unbegreifliche Gewalt über mich ... Ich habe noch oft von Straube, mit aller Liebe, die ich für ihn fühlte, geredet und mich aufs härteste angeklagt, aber Arnswaldt ging immer leicht darüber hin; Straube sollte mit Gewalt gerettet werden; und ich zu Grunde, o, wie mußte der mich hassen!

Tatsächlich muß der »stille, tiefe, vornehme Mensch« von Annettes Ablehnung tief verletzt worden sein, denn er rächte sich furchtbar. Er fuhr zu Straube. Ohne ihm ein Wort davon zu sagen, wie oft Annette von ihrer Liebe zu Straube gesprochen hatte und wie sehr sie sich an ihn gebunden fühlte, erzählte er ihm, ihn habe sie auch im Treibhaus geküßt, und zwar sehr leidenschaftlich. Sie küsse wohl jeden und meine es mit keinem ernst, und sie beide sollten sich doch wegen einer so leichtsinnigen Frauensperson nicht auseinanderbringen lassen. Straube war darüber todunglücklich, aber dann schrieben beide gemeinsam einen Abschiedsbrief an Annette, von dem nichts erhalten ist als die grausamen Worte Arnswaldts:

Meinen Freund Straube zu retten, war mein erster Gedanke, ich fand dies leichter, als ich dachte; denn er war schon fast gerettet.

Das erschien ihm aber noch zu milde, und er korrigierte dazu:

sehr viel leichter.

So sollte Annette glauben, Straube empfände über die Trennung von ihr keinen Schmerz.

Diesen grausamen, verletzenden Brief schickten sie nicht etwa mit der Post an Annette persönlich, sondern an August von Haxthausen, verbunden mit einer geradezu lächerlich übertriebenen Aufforderung zu »äußerster, äußerster Geheimhaltung«. Er möge doch »ganz ganz unauffällig« diesen Brief Annette zuspielen, ihnen beiden dann aber doch bitte mitteilen, welche Wirkung er auf die Nichte gehabt habe. Und August war natürlich nicht der Ritter, der sich taktvoll schützend vor seine Nichte gestellt hätte. Er übergab den Brief mit den gleichen lächerlichen Mahnungen und Aufforderungen zur Geheimhaltung an eine Bekannte und schrieb dann später an die Freunde: »Euer Brief an Nette hat fast die Wirkung gehabt, die wir dachten«, nämlich, das leichtfertige Mädchen sei ohne besondere Betroffenheit darüber hinweggegangen. Nichts ist geheimgehalten worden, alle erfuhren davon; sämtliche Haxthausenverwandten einschließlich der alten Freifrau von Haxthausen und Annettes Mutter empfanden Annettes Verhalten als einen solchen Skandal, daß ihr Bökendorf für lange Zeit verschlossen blieb und alle

Onkel, Tanten, Vettern und Basen sich von ihr zurückzogen. Weitere Versuche, für sie noch einen Ehemann zu finden, wurden auf immer eingestellt. Sie wurde zum schrecklichsten aller Schicksale verurteilt, das ein Mädchen dieser Zeit treffen konnte, dem der »alten Jungfer«.

Natürlich ist die Dichterin nicht mit Leichtsinn darüber hinweggegangen, vielmehr ist sie ihr Leben lang nicht über die Beleidigung hinweggekommen. Sie hat noch einmal versucht, sich gegen die Verketzerung und Mißachtung zu verteidigen, und Anna von Haxthausen einen erschütternden, ausführlichen Brief geschrieben, in dem sie alles, was geschehen war, aus ihrer Sicht darstellte und vor allem ihre unauslöschliche Liebe zu Straube betonte. Anna schickte diesen Brief – wie wohl beabsichtigt – an Straube, der ihn lebenslang mit Annettes Locke aufbewahrte. Doch Anna schrieb ihm auch, nachdem er sie um ein Wiedersehen mit Annette oder einen direkten Brief von ihr gebeten hatte:

Lieber Straube, nein, ich glaube nicht, daß es gut ist, wenn Nette Ihnen schreibt. Wär' sie schon ganz fest in ihrer Besserung, ja dann würde es mich selbst erfreuen. Aber sie ist noch ein zartes Pflänzchen, das wir pflegen müssen, und so fürchte ich, daß es nicht gut wäre, wenn Nette glauben könnte, sich mit Ihnen versöhnt zu haben, getilgt die große Schuld, die sie gegen Sie hat. Nette muß zu ihrer Buße noch oft den Vorwurf in sich fühlen, wie schlecht sie gegen Sie gehandelt hat – glaubt sie aber sich gegen Sie gerechtfertigt oder auch nur ganze Verzeihung, dann möchte sie am Ende auch glauben, gegen den Himmel *nichts mehr verbrochen zu haben, und wie kann sie das?«*

Daraufhin hat dann Straube nicht mehr versucht, mit Annette in Verbindung zu treten, obwohl er zweifellos darunter litt.

Um den Freund zu trösten, schrieb ihm August von Haxthausen im November 1820 einen Brief, in dem es unter anderem heißt:

Du findest in mir einen sehr verliebten Privatdozenten, den nichts so sehr ärgert, als daß er seine neue Liebe wieder fast genau so angefangen hat wie die meisten vorigen und daß er durchaus keinen rechten Schwung von interessanten Situationen hereinbringen kann, daß die Küsse immer auf dieselbe Weise erteilt und gewonnen werden, daß überhaupt nichts Neues unter der Sonne ist ...

Und dann gibt er dem Freund den Rat:

Sauf dich lieber knüppeldicke voll und prügle mit diesen Knüppeln die Liebe zu den Beinen heraus!

Der gleiche Mann, der es den Mädchen zum Vorwurf macht, daß sie ihre Küsse immer auf dieselbe Weise erteilen und keine neuen, interessanten Situationen hervorbringen, empfindet es als unauslöschlichen Skandal, daß seine Nichte Annette nicht gleich beim ersten Kuß weiß, ob dies der Mann fürs Leben sein wird. Ebendieser Mann verbietet ihr sein Haus und macht sie in der ganzen Gesellschaft unmöglich. Und seine kleine Stiefschwester Anna hält ihn für einen ehrenwerten Menschen, zu dem sie in Ehrfurcht aufblicken darf, während sie Annette so verurteilt, als habe diese sich gegen *Gott* versündigt und ein schlimmes Verbrechen begangen.

Überhaupt läßt dieser von heuchlerischer Moral triefende Brief Annas darauf schließen, daß Arnswaldts Haß auf Annette Annas Intrigen zu verdanken war, mit der sie in verzweifelter Eifersucht darum kämpfte, den Geliebten für sich zu gewinnen.

Intrigen waren die einzigen Waffen und die einzige Kunst der Mädchen, mit denen sie einen eigenen Willen durchsetzen konnten. Anna muß sehr klug und sehr geduldig vorgegangen sein, denn erst 1830 hat sie ihren Arnswaldt geheiratet. Sie wurden ein angeblich glückliches Paar, das allerdings unter der Hypochondrie des Ehemannes gelitten haben soll und viele kranke Kinder bekam.

Amalie Hassenpflug blieb immer mit ihnen befreundet. Sie erlebte und beurteilte die traurige Geschichte der Dichterin, wie sie das schreckliche Schicksal vom braven Kasperl und dem schönen Annerl beurteilte. Sie zweifelte weder an der Pflicht der Gerichte, ein Mädchen hinzurichten, das sein Neugeborenes getötet hatte, noch an der Pflicht der alten Freifrau und ihrer Söhne, Annette zu verurteilen und diese Strafe auch zu vollstrecken. Derlei Strafen verlangte Gott. Man mußte sie anordnen, auch wenn man selbst die Täterin nicht verurteilte. Schuld festzustellen war Gottes Angelegenheit im jenseitigen Leben, darüber hatten sich die Menschen kein Urteil anzumaßen. Hier auf der Erde mußte für die Taten bezahlt werden. Malchen betrachtete Annettes »Sünde« und die Sünde der schönen Annerl, wie man heute den Verkehrsunfall eines guten Freundes betrachtet, den dieser selbst verursacht hat. Man erkennt an, daß eine Strafe vollzogen werden muß, entzieht dem Freund aber seine Liebe nicht. Annettes große »Sünde« fand vor Malchens Augen keine Entschuldigung. Es ist durchaus denkbar, daß sie der Freundin Anna bei der Abfassung des fürchterlichen Briefes an Straube geholfen und den Satz von »der Schuld gegen den Himmel« diktiert hat.

Wie oft hatte Male mit ihrem Bruder Ludwig über das Thema »Strafen« diskutiert. Das politische Ziel Hassenpflugs war es, den *Gottesgesetzen* wieder Geltung zu verschaffen, gegen die, seiner Meinung nach, die Franzosen so schwer gesündigt hatten.

Wie der Theologe Vilmar, der später die Partei der Hessischen Renitenz gründete, hätten Ludwig Hassenpflug und seine Schwester die weltliche Obrigkeit am liebsten wieder mit den Befugnissen eines Gottesstaates ausgestattet. Das Volk mußte die von der Obrigkeit erlassenen Gesetze anerkennen und ihnen zustimmen können, wenn man wollte, daß es sie befolgte. Kam ein Gesetz von Gott, war jeder Zweifel am *Recht* des Rechtes auszuschließen.

Die Tatsache, daß die Droste und Malchen zeitlebens Freundinnen blieben, obwohl Malchen genau wie alle Haxthausens

Annettes Regelverstoß für so strafwürdig hielt, beweist, daß auch die Droste sowohl die Regeln als auch das für einen Verstoß gesetzte Strafmaß *anerkannte*. Immer wieder beklagte und bereute sie ihre »große, große Sünde« gegen Straube.

Einer weiteren Belastungsprobe wurde die Freundschaft der beiden jungen Frauen ausgesetzt, als Malchens Bruder Ludwig endlich nach langem Werben und Warten 1822 Lotte Grimm heiraten konnte. Dadurch gehörte Malchen nun zur Familie der Grimms, und weil Jenny Droste und Wilhelm Grimm nie aufhörten, sich zu lieben, konnte Malchen lange Zeit nicht mehr auf die Wasserburg Hülshoff eingeladen werden, um die Freundin dort zu treffen. Als Annettes Vater 1826 starb, siedelte seine Witwe mit den unverheirateten Töchtern in den Witwensitz Rüschhaus über, aber erst als Jenny 1834 den Freiherrn von Laßberg heiratete und fortzog, durfte Malchen die Freundin wieder besuchen. So lange mußte Rücksicht auf Jennys Gefühle genommen werden, obwohl Wilhelm Grimm sich inzwischen längst anderweitig verheiratet hatte.

Warum Malchen keinen Mann fand, obwohl sie viel hübscher war als ihre andere unverheiratete Schwester, wurde von den Zeitzeugen stets so erklärt: Sie sei ein überaus edler, reiner, lauterer Mensch gewesen, so daß sie von den »niederen« Bedürfnissen gewöhnlicher Frauen nach Ehebett und einem Kind an der Brust niemals angewandelt worden sei.

Geschlechtslose reine Wesen, erhaben über alles Fleischliche, hielt man damals für denkbar und absolut wünschenswert, das Idealprodukt einer vollkommen gelungenen Erziehung.

In Wahrheit hatte Malchens Erziehung nur eine außergewöhnliche Selbstdisziplin hervorgebracht, die jeden Triebwunsch so radikal zu unterdrücken verstand, daß bei ihr bereits als junges Mädchen alle jene Krankheitssymptome aufzutreten begannen, die Folgen innerer Verkrampfung sind.

Dem Eindruck, Malchen wolle gar keinen Mann haben, widersprach, daß sie auch für die Rolle der nützlichen Familientante so gar keine Begeisterung aufbringen konnte, dabei war das doch die einzige Alternative zur Rolle einer Ehefrau. Aber auch darin war sie der Dichterin Annette von Droste-Hülshoff ähnlich, daß ihr jede Arbeit, die eine Frau normalerweise im Haushalt zu verrichten hatte, ungeheuer lästig war und sie gar kein Geschick dafür hatte.

Ludwig hatte ja in seiner Schwester von jeher einen kleinen Bruder gesehen und verstand völlig, daß sie als Hilfskraft in seinem Haushalt, der sich jährlich um ein Kind vergrößerte, unbrauchbar war. Dennoch wurde sie von der Schwägerin Lotte immer wieder zu »Besuchen« aufgefordert, die monatelang dauerten, denn was blieb Malchen anderes übrig, als entweder bei der Mutter oder einer ihrer Schwestern oder beim Bruder so zu tun, als sei sie zu irgend etwas nützlich. Beim Bruder wurde sie wenigstens von dessen Kindern mit größter Freude empfangen, weil sie ihnen so schöne Märchen erzählte.

»Für die Kinder«, lachte Lotte, »ist sie ein Segen. Von allem anderen soll sie lieber die Finger lassen. Sie macht doch mehr kaputt als gut.«

Dennoch freute sich auch der Bruder jedesmal, wenn sie kam. Sie war ihm wichtig als Ratgeberin bei seinen politischen Querelen und eine unentbehrliche Stütze seines moralischen Rückgrates. Sie teilte in allen Dingen seine Meinung, denn diese Meinung hatten sie sich in endlosen Gesprächen und Diskussionen gemeinsam gebildet. Sie verstanden sich, wie sich Zwillinge verstehen.

Lotte, ganz hingebende, liebende Frau und Mutter, wie das

144

Zeitideal es verlangte, wurde auf die Schwägerin und Freundin nicht eifersüchtig. Sie sah in ihr einen unentbehrlichen Teil des von ihr geliebten Mannes und liebte sie einfach mit. Auch alle Brüder Grimm liebten diesen weiblichen, freundlichen Teil des oft so herrischen und schroffen Schwagers, der ihnen in der Härte seiner Maßnahmen manchmal unheimlich war. Durch Male herrschte zwischen den Familien der Brüder und den Hassenpflugs herzliche Harmonie. Alle Kinder spielten miteinander, besuchten sich, und die Maletante war bei allen heiß geliebt. Ludwig Grimm hat sie oft im Kreise der Familie gezeichnet.

Anfang der dreißiger Jahre wurde der Bruder erst Justiz-, dann auch Innenminister. Er vertrat eine konservative, antidemokratische Richtung, sah im Liberalismus und der Pressefreiheit den größten Feind einer gesunden Ordnung und strebte danach, das monarchische Prinzip unter Gottes Führung wiederaufzurichten. Seit er in Berlin eine enge Freundschaft mit dem Theologen Schleiermacher geschlossen und an dem Benehmen der Bettina von Arnim großen Anstoß genommen hatte, war er gegenüber jeglichen liberalen Bestrebungen intolerant geworden. Diese kleine, intelligente, quicklebendige, dynamische Frau, die in Ludwigs Augen nur vorgab, eine Dichterin zu sein, die in Wahrheit ihrem Jahrhundert so meilenweit vorauseilte, war ihm, dem Konservativen, herzlich unsympathisch. Sie entsprach so gar nicht dem von ihm geliebten, zeitgemäßen Frauenideal. Auch seine Schwester entsprach dem nicht, aber das wurde ihm nicht bewußt, weil er sie wie einen Bruder betrachtete. In Malchen steckte aber gar nichts von dem revolutionären Geist, der Bettina beseelte und den er – wie jeden Ungehorsam – als Sünde gegen Gott empfand.

Verstand Malchen es durch ihre Menschenliebe und ihren angeborenen Takt, mit Personen umzugehen, deren Ansichten sie nicht teilte und deren Handlungsweise sie kritisieren mußte, so war es Ludwigs Problem, daß er sich durch seine ganze Art, die arrogant erschien – obwohl er im Herzen gutmütig und bescheiden war –, viele unversöhnliche Feinde machte. Es wäre ein

Segen und kein Fluch für Hessen gewesen, wenn Malchen statt seiner hätte Minister werden können. Man nannte ihn nämlich bald den »Hessenfluch«, und die liberale Presse dichtete über ihn:

> *Wir wollen ihn nicht haben,*
> *den Herrn von Haß und Fluch,*
> *den eine Schar von Raben*
> *zum Adlerhorst uns trug.*

Da er jedoch von ungeheurem Fleiß und sehr intelligent war, gelang es ihm lange Zeit, sich an der Macht zu halten und auch viele Gleichgesinnte hinter sich zu bringen. Diese nannten ihn später den »glücklosen Bismarck«, weil auch er die deutsche Einheit anstrebte, wobei er Preußens Führung dabei durchaus einkalkulierte.

Glücklos war er, weil sowohl der hessische Kurfürst als auch später dessen Sohn gar nicht begriffen, daß Hassenpflug für die Erhaltung des monarchischen Prinzips, also für ihren eigenen Thron kämpfte, der jederzeit durch eine Revolution verlorengehen konnte und im März 1830 auf der Kippe gestanden hatte. Sie umgaben sich mit Mätressen, brachen ihre Ehen und genügten keinem der moralischen Ansprüche, die sie an ihre Untertanen stellten. Die Obrigkeit, von deren Respektierung das Wohl aller Untertanen abhing, weil ohne Befolgung der Gesetze keine Ordnung, ohne Ordnung keine florierende Wirtschaft und ohne florierende Wirtschaft kein Brot für alle zu schaffen war – diese Obrigkeit verspielte leichtfertig den Respekt, den das Volk ihr schuldete.

Als Ludwig 1832 Minister geworden war, hatte er in ein großes Haus ziehen und viele teure Möbel anschaffen müssen. Sein Amt verlangte, daß er repräsentierte und große Gesellschaften mit teuren Diners gab.

Mehr denn je hätte er zur Führung dieses Haushaltes, in den immer mehr Kinder hineingeboren wurden, eine »Managerin« wie Louises Tante Doris gebraucht. Lotte war nur an ganz kleine, überschaubare Verhältnisse gewohnt und völlig überfordert mit der Führung und Leitung eines Ministerhaushaltes. Man mußte fremde Menschen, Diener und Butler, anstellen, die nicht nur arbeiteten, sondern auch das Personal anleiteten. Die verlangten sehr viel mehr Lohn als gewöhnliche Dienstboten und zweigten, ohne daß Lotte, Malchen oder Ludwig das merkten, sehr viel Geld für sich selbst ab.

Auch zur Spesenabrechnung mit dem Staat waren alle drei völlig ungeeignet. Im Vertrauen darauf, daß sie die riesigen Ausgaben, die nun erforderlich wurden, ersetzt bekommen würden, und angesichts des hohen Ministergehalts, das ihnen allen unerschöpflich vorkam, verschuldeten sie sich – vorerst – immer mehr, versäumten aber, Anträge auf Ersatz rechtzeitig einzureichen und alle die äußerst lästigen Maßnahmen zu ergreifen, die für die Rückerstattung von Spesen erforderlich waren, zumal bei den umständlich bürokratischen Vorschriften in Hessen.

Wäre Malchen wirklich ein Bruder gewesen, Ludwig hätte ihn als Sekretär und Buchhalter eingestellt, aber sie war eine Frau. Sie durfte keine nur für Männer bestimmten Aufgaben erledigen, sie mußte in Gegenwart von Herren den Mund halten, sie durfte niemals selbständig Personal anstellen oder entlassen. Sie hatte sich nur in der Küche, dem Kinderzimmer oder in der Kirche aufzuhalten.

Als der Vater Hassenpflug starb, hinterließ er zwar gottlob keine Schulden, aber doch viel zuwenig Kapital, als daß Ludwigs Schulden damit hätten bezahlt werden können. Es reichte gerade dazu, der Witwe und den beiden unverheirateten Töchtern eine kleine Jahresrente von je zweihundert Talern auszusetzen. So war Male jedenfalls finanziell nicht vom Bruder abhängig.

Im Jahr 1833 geschah das für Ludwig und Malchen Entsetzliche: Die von beiden so geliebte Lotte erlag nach der Geburt des sechsten Kindes einer Grippe.

Es gab damals keine Antibiotika, und wenn eine Frau entkräftet war, dann starb sie schnell an einer Infektion. Für Ludwig und die vier noch lebenden Kinder war das eine Katastrophe. Und für Malchen waren die schönen sorglosen Ferien in Bökendorf oder auf der Hinneburg nun vorüber, sie hatte jetzt Pflichten und mußte versuchen, Lotte wenigstens bei den Kindern zu ersetzen. Das neugeborene Mädchen lag ihr natürlich besonders am Herzen, und für dies Kind entwickelte sie auch ganz echte Muttergefühle, die von der kleinen Dorothea später erwidert wurden. Aber dem Bruder konnte sie natürlich die geliebte Frau nicht ersetzen, und auch zum Repräsentieren bei in- und auswärtigen hohen Gästen, Königen, Kurfürsten und anderen Herren in höchsten Stellungen war eine unverheiratete Schwester ungeeignet, die im Rang unter jeder noch so jungen Ehefrau stand. Es hätte sofort in der Zeitung gestanden, beim Hessenfluch habe eine alte Jungfer das Sagen, dieser Mann sei nicht fähig, ein so hohes Amt zu bekleiden.

Bezahlte Lakaien, um deren Tun und Lassen sich Ludwig kaum kümmerte, wirtschafteten also nun ohne jede Kontrolle durch eine Hausfrau. Ludwig hatte kein Interesse an Besitzerhaltung und -vermehrung, sowenig wie seine Eltern das gehabt hatten, und so wuchsen und wuchsen die Schulden, ohne daß Malchen und ihr Bruder das so richtig bemerkten.

Malchen hatte das erste Mal im Leben eine verantwortliche Aufgabe und Pflichten, und wenn sie für diese Pflichten auch wenig Talent hatte, so erfüllte sie sie doch freudig. Bei der Kindererziehung handelte sie nach den von Vilmar formulierten Prinzipien, »daß wahre, hilfreiche Autorität durch Vorbild und Selbsterziehung geschaffen wird und daß ihre Gerechtigkeit nicht nur um des äußerlichen Bestandes der Dinge, bloß um des zeitlichen und irdischen Lebens willen ausgeübt wird, sondern mit vollem Bewußtsein kraft göttlichen Rechts und um der ewigen Vergeltung und ewigen Gerechtigkeit willen.«

Wäre Malchen eine revolutionäre Natur gewesen, wie Bettina von Arnim, sie hätte sich vom Mitgestalten der Politik nicht abhalten lassen. Aber als konservativer Mensch erkannte sie die Regeln, die ihr als Frau das »Menschwerden« untersagten, als

»*göttliche Gebote*« an und fügte sich. Dabei gab es nichts, was sie glühender interessierte als die Politik, und da sie mit offenen Augen durch die Welt ging und unter dem von Jahr zu Jahr schrecklicher werdenden Elend um sich herum fast physisch litt, bedrückte es sie unendlich, nichts dagegen tun zu dürfen.

(Man stelle sich eine konservative Politikerin unseres Jahrhunderts vor, wie etwa Margaret Thatcher, die ein Leben lang in Gegenwart von Herren schweigen muß, nichts tun darf als, was man ihr befohlen hat, die man damit beschäftigt, Hausaufgaben von Kindern zu beaufsichtigen und für die Wäsche eines großen Haushaltes Sorge zu tragen.)

Daß Malchen unter diesen Umständen Männer – mit Ausnahme ihres Bruders – nicht liebte und eher für Frauen entflammte, kann man wohl verstehen, auch wenn diese Veranlagung nicht angeboren oder nicht schon in der Kindheit angelegt worden sein dürfte. Sie war eine starke Persönlichkeit mit einer ihr selbst unbewußten großen Ausstrahlung, vor der die Männer ihrer Zeit zurückschreckten.

Aber auch in ihr schlummerte unter dem Korsett eine starke Liebesfähigkeit, nur fehlte ihr Louischens Phantasie, sich dafür ein Objekt wie den Heiland auszudenken. Streng und selbstdiszipliniert verbarg sie vor allen Menschen, auch vor ihrem Bruder, wie sie litt.

Im Jahr 1837 entschloß sich Ludwig zu einer zweiten Heirat, er nahm die adlige Agnes von Münchhausen zur Frau. In deren Familie empfand man den Ministerrang des bürgerlichen Freiers als ebenbürtig und nicht als Entwertung des Namens von Münchhausen. Es ist mir nicht bekannt, ob er lange um sie kämpfen mußte. Sie liebte ihn, und sie war, wie die Tante Doris, eine in jeder hausfraulichen Arbeit beschlagene tüchtige »Schafferin«.

Für Malchen war das ein furchtbarer Schlag, denn sie sah sich dadurch um die einzige Aufgabe betrogen, mit der man sie in ihrem Leben je betraut hatte. Die Kinder aus der Hand zu geben, vor allem die kleinste, Dorothea, war der bisher größte Schmerz ihres Lebens. Ihr Bruder verstand sie wohl. Aber da er von Agnes weitere Kinder erwartete, sollten alle Geschwister nur eine gemeinsame Mutter haben, und die mußte seine Ehefrau sein.

Malchen mußte wieder zu ihrer Mutter in deren Witwenwohnung ziehen, ohne dort irgendeine Aufgabe zu haben.

Sie gab sich Mühe, aber es ist verständlich, daß sie zu der neuen Schwägerin niemals ein wirklich warmes, herzliches Verhältnis herstellen konnte und ihr immer unterstellte, sie behandle Lottes Kinder schlecht. Agnes wird für Lottes Kinder weniger Zeit gehabt haben als Malchen, da eine Sisyphusarbeit auf sie wartete, den völlig verfahrenen, schuldenbelasteten Haushalt in Ordnung zu bringen. Bereits wenige Wochen nach ihrer Heirat mußte die Familie aus dem Regierungspalast mit all seinen teuren Möbeln wieder ausziehen, um sich in einer billigen Kasseler Wohnung bescheiden neu einzurichten. Denn kurz nach Hassenpflugs zweiter Hochzeit war es der Kurfürst leid, von seinem Minister ständig Moralpredigten zu hören, und er warf den verdienten Beamten einfach hinaus. Die unerfahrene junge Agnes sollte nun versuchen, all die Spesen einzutreiben, die das Land dem Gefeuerten noch schuldete, aber das Chaos in den Papieren war groß, und die Schulden wuchsen zusehends durch die Zinslast.

Die adlige Familie von Münchhausen bereute nun doch, ihr Kind einem Bürgerlichen anvertraut zu haben, und Malchen nannte sie voll Zorn das »Münchhausenpack«.

Wegen ihres in Ungnade gefallenen Bruders zogen sich immer mehr ehemalige Freunde von ihr zurück, aber mit den Grimms und mit Annette blieb die Verbindung noch lange Zeit eng. Als die Droste 1838 eine erste Werkauswahl veröffentlichte, schrieb sie an ihre Schwester Jenny, die sich inzwischen verheiratet hatte:

In Kassel haben das Buch Hassenpflug, Malchen, H. und J. Grimm gelesen. Ersterem hat es gar nicht, Malchen nur teilweise und Jacob sehr gefallen. Malchen schrieb mir seine eigenen Worte – die Gedichte sind sehr gewandt in der Sprache, voll feiner Züge und von Anfang bis zum Ende durchaus originell.

In einem anderen Brief der Dichterin heißt es:

In meinen Gedichten glaubt Male ein gutes Talent auf höchst traurigem Wege zu sehn, und namentlich die »Schlacht am Loener Bruck« ist ihr durchaus fatal. Sie nennt es eine ganz verfehlte Arbeit. Da sie mich aufrichtig liebt und Großes mit mir im Sinne hat, so quält sie mich unermüdet mit Bitten, die einen Stein erweichen sollten, von meinen Irrwegen abzulassen.

An Professor Schlüter in Münster schrieb sie:

Die vielfachen Bitten Malchen Hassenpflugs haben mich bestimmt, den Zustand unseres Vaterlandes, wie ich ihn noch in frühster Jugend gekannt, und die Sitten und Eigentümlichkeiten seiner Bewohner zum Stoff meiner nächsten Arbeit zu wählen; ich gestehe, daß ich mich aus freien Stücken nicht dahin entschlossen hätte ... Nur die vielen Gespenstergeschichten, der mannigfache Volksaberglaube usw. unseres Vaterlandes haben Male dahingebracht, bei meiner Halsstarrigkeit faute de mieux diesen Stoff in Vorschlag zu bringen, und ist das Buch fertig, so wird es ihr schwerlich genügen ...*

* Es handelte sich um den Text »Bei uns zu Lande auf dem Lande«.

Malchen und Veronika

Ich erzählte bereits, daß Malchen in Bökendorf die neun Jahre jüngere Kusine der Droste, Amalie von Zuydtwick, kennengelernt hatte, die als Kind so sehr an ihr hing. Jetzt lebte die Achtundzwanzigjährige bettlägerig und krank in Kassel bei ihrer verwitweten Mutter und wurde für Malchen in ihrer Vereinsamung und Langeweile zu einer Art Lebensquell. Wie in einem Brennglas konzentrierten sich die bislang verschütteten Gefühle der Siebenunddreißigjährigen auf diese junge Frau, bis auch sie entflammte und sich zwischen den beiden eine leidenschaftliche Liebe entwickelte. Malchen nannte diese andere Amalie in ihrem Manuskript Veronika, und so will ich sie, der besseren Unterscheidung wegen, hier auch nennen.

Nach Durchsicht der hinterlassenen Briefe und Manuskripte erscheint es mir undenkbar, daß diese beiden Frauen jemals etwas von gleichgeschlechtlicher Liebe gehört hatten. Sie wußten wohl von der in ihrer Kindheit so außerordentlich streng bestraften, schrecklichsten aller »Sünden«, der Selbstbefriedigung, aber nichts davon, daß auch zwei Frauen ein sexuelles Verhältnis haben könnten. Hätten sie etwas Derartiges geahnt, wären sie voller Entsetzen voreinander davongelaufen. Sie sahen sich aber täglich.

Wir müssen uns also ihre Gefühle sehr qualvoll vorstellen. Wie das Korsett im weiblichen Körper viele Organe zerstörte, so hatte die schwarze Pädagogik, der beide ausgesetzt gewesen waren, die Libido zerstört.

Wie sehr Amalie die soviel jüngere Frau liebte und bewunderte, wird in dem einzigen Buch deutlich, das sie vor ihrem Tod herauszugeben wagte und das sicherlich nur eine Auflage von einigen hundert Stück gehabt haben wird. Darin beschreibt sie »Veronika« so:

Eine leibliche Cousine der Dichterin Annette von Droste-Hüls-
hoff, entstammte sie von mütterlicher Seite einem durch außer-
ordentliche Talente reichbegabten Geschlechte Westphalens. Ihr
war davon in vollem Maße zu Theil geworden, namentlich eine
bedeutende Anlage zum Zeichnen und Malen, worin sich eine
außergewöhnliche Erfindungsgabe voller Phantasie und Aus-
druck zeigte ... In einem Kreise aufgewachsen, den die Strömun-
gen einer edlen Bildung durchzogen, auf vielen Gebieten nicht
fremd, wußte sie auch dem Abgelegendsten und Trockensten ein
Interesse abzugewinnen, nicht mit jener geistigen Näscherei, die
überall ein Tröpfchen Schaum abzugewinnen versteht, sondern
mit der Lebendigkeit eines weder von heftigen Leidenschaften
noch phantastischen Vorstellungen abgemüdeten Geistes. Sie
war überhaupt kein aus sich widersprechenden Stoffen gebilde-
tes Wesen, sondern in sich selbst klar, geordnet, heiter und fest,
ein Wesen, welches sich schon instinktartig von allem Dunkel,
Unlautern, den innern Frieden Störenden abwandte. Wohl fehlte
es ihr nicht an innerem Kampf, wie sie denn stolz und selbst-
süchtig zu sein sich wohl anklagte, aber die Conflikte, in wel-
chen ihre Seele sich ausbildete, lagen doch zumeist in dem
Streben eines regsamen Geistes, dem – wie sie sich ausdrückte –
Arbeit und Mühe war, was dem Fisch sein angeborenes Element
in einer Lebensfreudigkeit, in der sie auch nach langem Leiden
noch die »Heiterkeit der Kindheit« in sich fühlte – und in dem
Gefesseltsein durch die bis in das Mark der Seele hinein nagen-
den Einflüsse der Krankheit.

Über was haben die beiden gesprochen? Man wird es nie erfahren. Die Post wurde zensiert, auch Männer hüteten sich,
brieflich irgendeine Meinung zu politischen Themen zu äußern,
wieviel mehr hüteten sich Frauen davor, weil ihnen ja ohnehin
verboten war, irgendeine Meinung zu haben. Ich weiß nur soviel, daß Veronika lebhaft versuchte, Malchen zum katholischen
Glauben zu bekehren, und daß diese um ihres Bruders willen
nicht darauf eingehen konnte. Diesmal war die Versuchung

noch größer als bei Clemens Brentano, denn diesmal hing noch mehr davon ab.

Veronika wurde nämlich so krank, daß man fürchtete, sie könne den Winter in Kassel nicht überleben. Die Familie beschloß, sie nach Nizza an die Riviera zu schicken.

Eine Reise nach Nizza war selbst für Männer ein abenteuerliches, gefährliches Unternehmen, wieviel mehr für ein krankes Fräulein. Voller Elan bot sich Malchen als Reisebegleiterin an und fieberte dieser Aufgabe entgegen, bei der sie Mut, Organisationstalent und ihre Liebe zu Veronika unter Beweis stellen und ihre ganzen Energien entfalten wollte. Aber in endlosen Beratungen, die sich Wochen hinzogen, entschied die Familie von Haxthausen, daß es nicht angehe, die katholische Veronika mit der Freundin reisen zu lassen, da sie in der Fremde jederzeit sterben konnte und in der Todesstunde dann nur eine Protestantin um sich hätte. Außerdem sollte die wochenlange Hinreise von Kloster zu Kloster führen, damit schon auf der Fahrt geistlicher Beistand erlangt werden konnte.

Clemens Brentano empfahl als Begleitung eine Margarethe Verflassen. Sie sei ausgebildete Krankenpflegerin, habe versucht, in Frankreich Nonne zu werden, sei aber wegen ihrer schwächlichen Gesundheit zurückgewiesen worden und betätige sich jetzt in selbstloser Weise als freiwillige Armen- und Krankenpflegerin. Sie sei ein heiterer, sehr frommer und auch sehr mutiger Mensch, deren starker Glaube Veronikas Lebenswillen stärken und zu ihrer Heilung beitragen würde.

Malchen war außer sich vor Eifersucht, daß diese »Betschwester« ihr den Platz an der Seite der Geliebten rauben wollte, sie war auch böse auf Clemens, daß dieser ihre Interessen so verriet, wie ihr das zunächst vorkam. Als sie aber dann diese Margarethe Verflassen kennenlernte, legte sich der große Zorn, und sie ergab sich in ihr Schicksal. Sollte Veronika geheilt werden können, so konnte diese Frau mehr dazu beitragen als sie. Das war eine Persönlichkeit, die von Gott gesandt schien, das Leben der Freundin zu retten.

Unter vielen Tränen nahmen die beiden Frauen voneinander Abschied. Die Hoffnung, sich jemals wiederzusehen, war gering, denn Veronika war nicht nur durch ihre Krankheit vom Tode bedroht, auch die Reise selbst war so lebensgefährlich, daß man den beiden schwachen Frauen auch noch Pistolen mitgab, um sich gegen Wegelagerer und Banditen wehren zu können. Nicht nur in Deutschland, in ganz Europa herrschte bittere Not.

Gretchen gelang es, die Kranke glücklich nach Nizza zu bringen, und tatsächlich wurde sie dort geheilt.

Malchen erhielt viele glückliche Briefe von den beiden, die sie teils erfreuten, teils ihre schlimmsten Ahnungen bestätigten: zwischen ihrer geliebten Veronika und der Pflegerin Gretchen hatte sich ebenfalls eine große Liebe entwickelt, und Gretchen war katholisch. Mit ihr würde Veronika nach ihrer Rückkehr zusammenleben dürfen, während sie – Malchen – für immer von ihr getrennt werden würde.

Veronika schrieb jedoch nach ihrer Heimkehr ihre Heilung nicht Nizza und nicht der aufopfernden Pflege Gretchens zu, sondern Gott. Sie entzog sich der Entscheidung, Malchen oder Gretchen lieben zu müssen, durch den Entschluß, ins Kloster zu gehen.

Das war nun für die beiden, gleicherweise eifersüchtigen Frauen ein sehr harter Schlag. So fromm Gretchen auch war und so gerne sie selbst Nonne geworden wäre, Veronikas Entschluß dazu konnte sie nicht ertragen. Sie flüchtete sich zunächst zur Leidensgenossin Male nach Kassel, wo sie in der Pflege von Malchens kranker Mutter wieder eine Aufgabe fand und die ehemalige Rivalin näher kennen- und lieben lernte.

Nach dem Tode von Malchens Mutter im Jahr 1842 ging sie nach Koblenz zurück zu ihren Eltern und widmete sich wieder der Krankenpflege, während Malchens Kräfte weiterhin in der unnötigen Hilfe beim Bruder und den Schwestern verkümmerten und sie immer häufiger krank wurde. Sie hatte nun auch keinen eigenen Raum mehr, denn aus der Witwenwohnung der Mutter mußte sie ausziehen. Alles, was sie ihr eigen nannte, waren zweihundert Taler jährlich, und die gab sie zum großen Teil, Gretchens Beispiel folgend, den Armen.

Die zweite große Liebe von Malchen Hassenpflug, als diese das vierzigste Lebensjahr überschritt, war also Gretchen Verflassen, und auch von dieser ungewöhnlichen Frau, die das genaue Gegenteil meiner Urgroßtante Louise war, muß ich in diesem Buch berichten, denn auch sie gehörte zu denen, auf deren Talente ihre Welt verzichten zu können glaubte.

Die Freundin Margarethe Verflassen

Gretchens Vater war Kunstmaler und hielt sich mit einer Malschule über Wasser. Als ängstlicher Charakter wurde er beherrscht von seiner Frau, die, wie Malchen sich ausdrückte, eine jener Frauen war, »welche Ordnung, Frömmigkeit und Fleiß oft zu bedenklichen Eigenschaften machen«. Von ihren 14 Kindern waren nur Gretchen und eine um einige Jahre ältere Schwester am Leben geblieben. Ihr Vater hielt sie als kleines Mädchen einmal vor einem steinernen Muttergottesbild auf dem Arm. Als sie das Jesuskind ernsthaft angeschaut hatte, zog sie ihr eigenes Strümpfchen aus und versuchte, es über den Fuß des Bildes zu ziehen. »Das Christkind hat doch nackte Füße und friert«, sagte sie dabei, und das war typisch für alles, was sie auch später im Leben tat.

Die Eltern bekämpften Gretchens Neigung zum Lachen und ihren Eigensinn mit für unsere Zeit unvorstellbar grausamen Strafen (etwa indem man sie zum Fenster heraushängte und ihr drohte, sie hinabzuwerfen). Es gelang aber nicht, ihr den Humor und die starke Willenskraft auszutreiben, es gelang nur, ihr einzureden, daß sie sich dieser Eigenschaften wegen schämen und sie vor Gott bereuen müsse.

Einem Beichtvater war es gelungen, ihre Liebe für Jesus zu wecken, und so beschloß sie früh, Nonne zu werden. Da der Vater sie verheiraten wollte und sie deshalb auf Bälle schickte, tat sie Senfpflaster auf ihre Fußsohlen, damit diese sich so entzündeten, daß sie nicht tanzen konnte.

In Koblenz wurde am 8. April 1826 nach vierunddreißig Jahren wieder das erste Hospital eröffnet, zu dessen Bau alle Katholiken der Stadt nach Vermögen und Gesinnung beigetragen hatten. Clemens Brentano schrieb über diesen Tag:

Leute auf dem Lande und in der Stadt rührte der Anblick der
Klosterfrauen bis zu Thränen, es war ihnen, als würde es jetzt
erst recht Frieden, als sei die Klöster und Kirchen brechende
Sündfluth der Revolution endlich abgeronnen und als kehre die
Taube mit dem Oelzweig »in die Arche zurück«.

Gretchen erreichte es mit nachhaltigem Betteln, daß sie in diesem Hospital die Krankenpflege erlernen durfte. Hier lernte sie
auch den dreißig Jahre älteren Dichter Clemens Brentano kennen, der ihr ein väterlicher und fürsorglicher Freund und Berater
wurde.

Anschließend an die Lehrzeit im Koblenzer Hospital versuchte sie – nach langem Kampf mit dem Vater – im Hospital
St. Charles in Nancy Nonne zu werden, aber es bedurfte einer
langen Probezeit, bis dies Kloster ein junges Mädchen als Novizin annahm. Es mußte erst lernen, daß sich Werke christlicher
Barmherzigkeit nicht darin erschöpften, angenehmen Kranken
das Haupt zu stützen, eine Suppe oder Arznei zu reichen, vor-
zubeten oder vorzulesen, wie die verwöhnte Louise das bei der
Frau Rumann noch geglaubt hatte. Die Mädchen wurden nicht
nur körperlich, sondern auch seelisch hart rangenommen, mußten stinkende Landstreicher waschen, schreckliche eiternde
Wunden verbinden, verkotetes Stroh wechseln, auf dem die
Kranken lagen; sie mußten Flüche und Geschrei anhören, Am-
putationen beiwohnen, die ohne Narkose vorgenommen wurden, kurz, vieles aushalten lernen, von dem feine Bürgertöchter
üblicherweise immer verschont blieben.

Wie seiner Schwester Bettina ging auch Clemens Brentano die
Not im Lande unmittelbar zu Herzen, und er bewunderte auf-
richtig die barmherzigen Schwestern, die sich selbstlos dieser
Not annahmen. Vielem von dem, was er darüber schrieb, hat er
Gretchens Erzählungen zugrunde gelegt.

Malchen schrieb später in ihrem Buch über Margarethe Verflassen, diese habe trotz großer Empfindlichkeit jeden Ekel überwinden können, sogar den am schwersten zu überwindenden,

den sittlichen. Sie habe es über sich gebracht (man denke, man staune in unserem 20. Jahrhundert), mehrere Nächte im gleichen Raum mit einem jungen Mädchen zu schlafen, das von einem Franzosen verführt worden war. Es sei ihr einziger Trost gewesen, daß dieses Mädchen voll Reue und Abscheu über die Vergangenheit war.

Schauerlicher als die Toten, die sie in Decken einnähen mußte, waren Gretchen viele der Lebenden; in ihre verwilderten, wüsten, von Schmerz und Krankheit entstellten Gesichter zu sehen war ihr, als ob sie den Verdammten gegenüberträte. Doch zunächst lief alles gut, man war mit ihr zufrieden. Bald aber wurde ihre sehr zarte Gesundheit überfordert.

Die Nonnen erkannten, daß eine so harte Arbeit ihr den Tod bringen würde, und schickten sie wieder nach Hause. Gretchen fühlte sich von Gott selbst verstoßen und litt entsetzlich unter der Schande, nicht für wert befunden worden zu sein, Nonne zu werden.

Auf Anraten von Clemens Brentano versuchte sie nach ihrer Genesung, in einer Erziehungsanstalt zu arbeiten, die auf Marienberg bei Boppard gegründet worden war. Gretchen fühlte sich in Marienberg wohl, ihre Arbeit wurde anerkannt, aber dann ging dem Heim das Geld aus, die Vorsteherin wurde krank, und man bemühte sich um Angliederung an den Orden Sacré-Cœur. Gretchen wurde in das Mutterhaus nach Paris geschickt, um dort zu lernen, wie man im Geist des Ordens unterrichtet, und um die Verhandlungen einzuleiten. Kaum war sie dort, packte sie abermals die große Sehnsucht, Nonne zu werden, und nach einer kurzen Probezeit nahm man sie in diesem Kloster gerne als Novizin auf. »Sie sah sich hier auf die Höhe des Lebens, welches ihr allein des Daseins wert schien, des Lebens für die Kirche, gehoben.« Es war der seligste Tag ihres Lebens, als am 24. Juli 1830 der Novizenschleier über ihre Stirn gelegt wurde.

Aber außerhalb der Klostermauern, von den Nonnen kaum bemerkt, tobte bereits die Julirevolution in Paris. Die Damen des Sacré-Cœur, die anfänglich nicht am Sieg der Regierung zweifelten, beruhigten die jungen Gemüter, bis Schweizersoldaten vom Boulevard her über Mauern in den Garten flüchteten, wo einer von ihnen erschossen wurde. Die Sache des Königs war verloren, und die Nonnen, in Erinnerung an das, was bei der ersten Revolution mit den Klöstern geschehen war, flüchteten. Der Wagen, in dem Gretchen saß, wurde auf der Straße mit viel Geschrei: »Le roi, le roi!« angehalten, aufgerissen und durchsucht, aber dann ließ man die verschreckten Mädchen unbehelligt weiterfahren. Abermals war Gretchen aus dem Paradies vertrieben worden.

Das Kloster, das die geflüchteten Nonnen aufnahm, war wieder von Damen geleitet, denen Gehorsam und robuste physische Kräfte viel wichtiger für den Dienst an Jesus erschienen als die subtilen geistigen und seelischen Vorzüge, die Gretchen anzubieten hatte.

Als die empörten Eltern, die nun erst vom Noviziat ihrer Tochter erfuhren, sie zurückholen ließen, kämpfte Gretchen nicht noch einmal um die Erlaubnis, bleiben zu dürfen. Ihr war zumute wie der Braut, der der Bräutigam am Hochzeitstage entlaufen ist und die nun keinen anderen Mann mehr will. Die Kirche nahm sie nicht an.

Malchen, die ihre Freundin Gretchen über alles verehrte und für eine Heilige hielt, sagte von diesem Schicksal:

Denn der Herr, der dieses Herz zu einem Raum für sich ausersehen, der nicht gewollt, daß die ihm innewohnenden Keime in der Enge und Einförmigkeit des Klosters in sich zergehen sollten, ließ es sich frei entfalten in Liebe und Leid, Fassen und Entsagen, Gemeinschaft und Vereinsamung, guten und bösen Gerüchten, allen Kämpfen, denen es seiner Natur nach ausgesetzt war, bis es dem himmlischen Gärtner als eine früh gezeitigte Frucht in die Hand fiel.

Beide Freundinnen waren in ihrer Umwelt vielen Verdächtigungen und Angriffen ausgesetzt, weil die eine katholisch, die andere aber evangelisch war. Manche Freunde Gretchens meinten, sie müsse Malchen doch bekehren können und ihr die »verkehrten« Auffassungen und den protestantischen »Dünkel« überwinden helfen, aber Gretchen lehnte es ab, über den inneren Gang einer Seele, die ihr so nahe war, zu verfügen. In jedem Ereignis sah sie eine Verfügung Gottes, so auch darin, daß die eine in diese, die andere in jene Kirche hineingeboren worden war. So schrieb sie an Male:

Ich bin aber zu einer Anschauung gekommen, die mich glücklich macht und mich tröstet über Dich und viele Protestanten, die ich kenne. Ich habe lange darum gebetet und hoffe, daß es keine Ansicht ist, die mich von meiner Kirche trennt, wenn sie auch viele meiner katholischen Freunde von mir scheidet. Und doch, wenn sich's so berechnen ließe mit dem Glauben wie mit einem anderen Ding, so ist meine Liebe zur Kirche nur inniger und erweiterter, aber reiner als vorher. Nein, die Kirche ist etwas anderes, als was die Leute zu Markte tragen ...

Diese liberale Ansicht brachte sie in den Verruf, eine gefährliche Ultramontanin zu sein. Das kümmerte Gretchen aber wenig, denn ihr Tag war von sechs Uhr morgens bis spät in die Nacht ausgefüllt mit Armenbesuchen, Krankenpflege, Betreuung ihrer alten Eltern und Bittgängen. Die Not unter den Armen wurde in dem langen harten Winter 1844/45 besonders groß und ließ sie nicht ruhn und rasten. Eher wäre sie aus Schwäche umgesunken, als daß sie an Tagen, wo Kohlen und Kartoffeln verteilt wurden, nicht persönlich für ihre Armen gesorgt hätte. Malchen schreibt:

Sie mußte schrecklich viel knixen und discurriren oder saß von Morgen bis Abend wie ein Kanzlist mit der Feder in der Hand und schrieb an Grafen, Excellenzen oder Bürgermeister.

Hinter ihr stand kein »Sozialamt«, kein »Verein« und kein »Orden«, der die Gelder bereitstellte, die sie an die Armen verteilte, sie mußte jeden Pfennig allein erbetteln.

Einmal schilderte sie ihrer Freundin selbst so einen Fall:

Während ich schreibe, muß ich lachen ... Nun höre, wie es kam. Du weißt doch, die armen Bäckersleute mit den elf Kindern blieben damals, wie wir ihnen die vierunddreißig Thaler liehen, dem Mann noch sechsundvierzig Thaler schuldig, und der hatte die Sache einem Juden übergeben, und sie sollten vorigen Donnerstag ausgepfändet werden. Ich hatte kein Geld, wußte mir also nicht anders zu helfen, als für sie betteln zu gehen, und da mir die Excellenz grad sehr gegen den Strich ging, bildete ich mir ein, der liebe Gott verlange diese Überwindung von mir und mache Seinen Segen davon abhängig. Kurz, ich machte mich so fein als möglich und ging hin. Der Bediente, der mich melden sollte, wie er meinen großen schwarzen Hut und die Brille sah, fing an zu lachen, das vermehrte noch meine Consternation. Es ging aber alles sehr gut ... Unter solcher Huld und Freundlichkeit zog ich mit zwei Thalern ab, und wahrlich, dieser Heckepfennig hat mir Segen gebracht. Mittwoch Morgen hatte ich schon meine sechsundvierzig Thaler beisammen, und Du kannst Dir mein Plaisir denken ... Es ist doch ein Wort mit ihnen zu reden (den Excellenzen). Es war mir ganz gewöhnlich, weil sie von Grimms, von Clemens und lauter bekannten Menschen sprachen. Das findet immer leicht den Weg in mein Gemüth ...

Anfang 1845 wurde sie durch die ständige Überanstrengung so schwach, daß sie nicht mehr aufstehen konnte. Es war unmöglich, einen Arzt zu holen, weil der Rhein an diesem Tage den unteren Stock des Elternhauses überflutet hatte. Nur ein Pfarrer ruderte zu der heiligen Kommunion und der Letzten Ölung in das Haus. Danach blieb sie ruhig bis zum andern Morgen, den 2. April 1845. Malchen schrieb über ihren Tod:

Der Athem, immer leiser und leiser gehend, [stand] früh um zwei Uhr still ... Und so ist sie geräuschlos und verborgen, wie in allen schweren Durchgängen ihres Lebens, auch in ihrem

letzten geblieben. Vom Jammern der alten Eltern, der Schwester,
der Kinder, der Armen, die mit ihren Klagen bald das Haus
füllten, dem Schmerz Malchens, die bei aller Eile – aufgehalten
durch die vom Wasser zerstörten Wege – zu spät kam, der Trau-
er der Freunde, fern und nah, ist hier zu schweigen. Ein Dasein
wie das Gretchens konnte nicht ausgewurzelt werden, ohne tiefe
Risse, schmerzliche Wunden, zurück zu lassen ... Er, der Herr,
hatte die Gelübde, die sie nicht leisten konnte, sie durchleben
lassen, in keuscher Zucht, geistlicher Armuth, in kirchlichem
und kindlichem Gehorsam ...

In keinem der Augenzeugenberichte ist vermerkt worden, welche Krankheit Gretchen eigentlich hatte, es ist auch nie davon
die Rede, daß ein Arzt sie untersucht und eine Diagnose gestellt
hätte. Sowohl Malchen als auch Clemens Brentano, Annette von
Droste-Hülshoff oder die Grimms schreiben immer nur von ihrer »Schwäche«. Es war offenbar nichts Außergewöhnliches,
daß eine siebenunddreißigjährige Frau aus »Schwäche« nicht
mehr aufstehen konnte und dann nach einigen Tagen sanft ver-
schied, ohne daß ein Mensch etwas unternommen hätte oder
unternehmen konnte, das Leben zu retten. Wenn jemand keine
bemerkbaren Krankheitssymptome hatte wie Husten, Fieber,
Ausschlag, Schmerzen, Durchfall oder Lähmung, dann war er
offenbar nur »schwach« und lebensunfähig. Auch Annette von
Droste-Hülshoff war lebenslänglich »schwach«, aber wenn
man liest, was sie über ihre Ernährung schrieb, wundert einen
das nicht. Viele Menschen verhungerten mit vollem Magen, weil
man den Nährwert einer Nahrung danach bemaß, wie viele
»Unzen« sie wog. (Eine Unze war durchschnittlich 31 Gramm.)
Man wußte nur, daß der menschliche Körper zur Erhaltung
seiner Energien Eiweiß, Fett, Kohlehydrate und Wasser benötig-
te, aber nichts von Vitaminen, Enzymen, Salzen und Spurenele-
menten. So nahm man an, wenn ein Mensch nur ausreichende
Unzen Brot, Speck, Kartoffeln und Erbsen bekomme, würde er
nicht verhungern. In Armenküchen, Kantinen oder auf Schiffen

berechnete man die zugeteilten Portionen nur nach Gewicht, wobei man einen »Verlust im Kochen« – etwa beim Fleisch – einkalkulierte. Man dachte, ein fleißiger Landarbeiter, der wöchentlich 119 Unzen Brot und 4 Unzen Speck zu verzehren hatte, sei schlechter ernährt als etwa ein Armenhäusler, der davon mehr Unzen bekam. Alle Dinge, die sich etwa der Landarbeiter nebenher beschaffen konnte, Früchte, Gemüse oder Kräuter, galten als Erquickungen, als Luxus, auf den in der Not auch verzichtet werden konnte. Diese Mogelrechnungen, die man anstellte und veröffentlichte, waren die Grundlage zu den Überlegungen, Wohlfahrt sei schädlich, weil es den Arbeitswillen lähme, wenn der Armenhäusler mehr hätte als der fleißige Arbeiter.

Da von Gretchens Geschwistern bereits zwölf als Kleinkinder starben, wird Gretchens tüchtige, sparsame Mutter es gemacht haben wie viele unwissende Frauen, nämlich den Eintopf am Haken über dem offenen Feuer den ganzen Tag köcheln zu lassen, da das Anzünden neuen Feuers mehr Geld und Arbeit kostete, als die Glut zu erhalten. Da war dann der Verlust im Kochen alles, was Gretchens Leben hätte erhalten können.

Als Gretchen 1845 siebenunddreißigjährig starb, hatte sie das durchschnittliche Lebensalter der Bevölkerung von fünfunddreißig Jahren schon überschritten.

Ihr Tod war angesichts der Hungersnot, gegen die sie mit ihren schwachen Kräften angekämpft hatte, eigentlich nichts Besonderes. Um so erstaunlicher ist das, was sie tat und wie sie es tat. Wäre ich Katholikin, ich glaube, ich würde versuchen, sie selig sprechen zu lassen. So winzig und zart sie auch war, sie muß eine große Frau gewesen sein, der nicht nur Malchen ein Buch gewidmet hat*, sondern deren Namen ich auch in den Briefen der Großen ihrer Zeit immer wieder erwähnt fand.

Ich sehe sie ordentlich vor mir, wie sie mit großem schwarzen

---

* Das Buch erschien unter dem Titel »Margarethe Verflassen. Ein Bild aus der katholischen Kirche« 1870 in Hannover. Amalie hatte den Autorennamen verschämt durch ihre Initialen A. H. ersetzt.

Hut und Brille, wie eine Soldatin der späteren Heilsarmee, ihren Kampf mit den Exzellenzen und reichen Leuten geführt, sich über deren Eitelkeiten und alberne Macht-Insignien das Lachen verbissen (und dies später als Sünde gebeichtet) hat. Sie hat niemals das Göttliche mit dem Menschlichen vermischt, wie es in den anderen vom Pietismus beeinflußten Familien üblich war, wo man das »Du sollst nicht tanzen«, »Du sollst nicht ins Theater gehen« und so weiter mit dem gleichen Ernst aussprechen konnte wie das »Du sollst nicht ehebrechen«, »Du sollst nicht töten«.

Wie sie als kleines Kind, ohne jeden Gedanken an Lohn, ja eher in Erwartung einer Strafe, ihre Strümpfchen ausgezogen hatte, um sie dem armen, kalten Jesuskind anzuziehen, so half sie ihr ganzes Leben lang, ohne jede Erwartung auf Lohn für ihre Seele, mit und ohne Erlaubnis kirchlicher Obrigkeit jedem, der Hilfe brauchte, ob er Protestant oder Katholik, ob er tugendhaft oder ein Verbrecher war. Niemals hätte sie, wie die Männer ihrer Zeit, Überlegungen angestellt, ob Wohlfahrt der Armut im Lande eher schadet als nützt, oder hätte nach »Schuldigen« an dieser Not gesucht. Ob Mißernten daran »schuld« hatten oder Fehlentscheidungen von Menschen, die ja im Frühkapitalismus noch nicht wußten, welche Folgen ihr Tun haben würde, galt ihr gleich. Auch menschliche Irrtümer und Fehler kamen nach ihrer Logik »von Gott«, und man mußte sie hin- und annehmen.

Hätte man in ihrem Jahrhundert, in dem sich das spätere Schicksal unseres Jahrhunderts vorbereitete, die Frauen nicht so radikal ausgeschaltet, für unmündig erklärt und mundtot gemacht, dann hätten die Männer ihre Welt nicht so einäugig betrachtet, als sie den »Nebel« der Religion durch die Aufklärung verscheuchten, um der »klaren« Wissenschaft zum Durchbruch zu verhelfen. Dann hätten sie die Welt auch mit den Augen der *Liebe* betrachten können, wie eine Frau wie Gretchen das tat, und nicht nur mit den Augen des *Hasses* auf die *Schuldigen*. Dann wäre die Weltgeschichte anders verlaufen, und vieles wäre uns erspart geblieben.

Malchen hatte geplant, mit Gretchen zusammenzuziehen, sobald deren alte Eltern gestorben sein würden, und auch aus Gretchens Briefen spricht große Vorfreude auf die spätere Gemeinsamkeit. Sie wären ein gutes Gespann gewesen. Malchen mit ihrem vom Bruder geschulten, klaren politischen Kopf und Gretchen mit ihrer leidenschaftlichen Menschenliebe hätten gemeinsam zu wichtigen Erkenntnissen kommen können.

Malchen klagte einmal, sie könne die Menschen nicht so bedingungslos lieben, wie Gretchen das tat, sie sei zu kritisch und zu selbstsüchtig. Da gab ihr Gretchen zur Antwort: »Halte Dich an die heilige Therese: Tu so, als ob Du liebtest, dann kommt die Liebe von selbst nach.«

Nach dem Tod der Mutter, der Heirat ihres Bruders, die sie überflüssig machte, dem Klostereintritt Veronikas und nun dem Tod von Gretchen fühlte sich Malchen all dessen beraubt, was ihr je etwas bedeutet hatte.

Ihre Freundin Anna von Haxthausen, die jetzt von Arnswaldt hieß, weil sie den bösen Verführer Annettes geheiratet hatte, riet ihr, es nun auch, wie Gretchen, mit der Armenpflege zu versuchen, und so zog sie nach Hannover – das erste Mal im Leben in eine eigene kleine Unterkunft, die sie sich mit einer Pfarrerswitwe teilte –, um im Friederikenstift bei Ida Arenhold »so zu tun, als ob sie die Armen liebte«, und sich – wie Gretchen – aufzuopfern.

Und hier im Friederikenstift lernte sie ihre dritte ganz große Liebe kennen, meine Urgroßtante Louise Grisebach, die 1846 ein junges Mädchen von dreiundzwanzig Jahren war, deren Mutter die sechsundvierzigjährige Malchen hätte sein können.

Die »Rosensteiner«
oder
Die große Liebe (1846/47)

Ein ungewöhnlicher Briefwechsel

Louise und Amalie, von deren Freundschaft dieser dritte Teil berichten wird, haben sich in den Jahren 1846 und 1847 insgesamt etwa 700 Buchseiten füllende, wortgewaltige Briefe geschrieben und darin große künstlerische Begabung verraten. Der Wille des Menschen, Kunstwerke zu schaffen, entspringt dem Wunsch, den lebendigen Geist der Gegenwart in irgendeiner Form über den eigenen Tod hinaus am Leben zu erhalten, damit er der Nachwelt noch einmal begegnen und zu ihr sprechen kann. Den Frauen des vorigen Jahrhunderts wurde dieses menschliche Bedürfnis verwehrt. Sie durften nur Briefe schreiben. Der weibliche Geist in ihnen war wie in eine zugekorkte Flasche gesperrt, wenn es nicht gelang, die Briefe zu veröffentlichen.

Louise und Amalie wußten, daß ihre Briefe literarische Qualität hatten. Sie ließen sie 1847 von einem Buchbinder mit Namen Rosenstein in Leder binden. Seitdem heißt die Sammlung bis heute »Die Rosensteiner«.

Wenn ich den Geist, der aus ihnen spricht, jetzt vorsichtig aus der Flasche lasse, in die er 150 Jahre lang gesperrt war, sprüht und funkelt er zwar noch, aber sobald man ihn mit unseren Händen berührt, zerfällt er zu Staub. Ich würde ihn zerstören, wenn ich versuchen würde, diesen Geist in meinem Sinn zu transponieren, damit Sie als Leser ihn besser verstehen. Deshalb werde ich Louise und Amalie so oft wie möglich selbst zu Wort kommen lassen.

Manchmal, lieber Leser, liebe Leserin, werden Sie vielleicht entsetzt sein über die Gedanken, denen die beiden Ausdruck verleihen. Der in der Flasche eingesperrte weibliche Geist hatte nicht weniger Pferdefüße als der »freie« Geist der Männer.

So waren viele Menschen des neunzehnten Jahrhunderts überzeugt von der Lehre des Johann Gottlieb Fichte, die andere Denker teilten:

Im unverdorbenen Weibe äußert sich kein Geschlechtstrieb und wohnt kein Geschlechtstrieb, sondern nur Liebe, und diese Liebe ist der Naturtrieb des Weibes, einen Mann zu befriedigen. Es ist allerdings ein Trieb, der dringend seiner Befriedigung erheischt, aber diese seine Befriedigung ist nicht die sinnliche Befriedigung des Weibes, sondern die des Mannes; für das Weib ist es eine Befriedigung des Herzens.

Die meisten Frauen glaubten diesen Unsinn selbst, denn man hatte sie nachdrücklich von Kindheit an darüber belehrt. Sie glaubten auch alle: Geist – den göttlichen Odem – hat Gott nur dem Manne eingehaucht, das Weib hat keinen Geist, sie ist die Hand des Mannes und er der Kopf.

Und weil nicht sein *kann* was nicht sein *darf*, (es wäre ja sonst Unnatur) brach für viele Frauen des Bürgertums ein für uns kaum noch nachvollziehbares Elend herein, ganz besonders für sehr geistreiche und erotisch sehr vitale Frauen. Sie hielten es für ihre religiöse Pflicht, den eigenen Geist und die eigenen sinnlichen Gefühle zu bekämpfen, sich völlig abzutöten. Sie zweifelten keine Sekunde daran, daß Gott einen derartigen inneren Kampf von ihnen verlangte, wenn sie eine Chance haben wollten, ihre Seele für den Himmel zu retten.

Als Louises Sohn im Jahr 1885 die »Rosensteiner« las, war er so erschüttert von diesem Kampf seiner Mutter, den auch er noch für dringend geboten hielt, daß er die Briefe für die Nachwelt in seiner sauberen, heute noch gut lesbaren Schrift abschrieb. Er versah seine Abschrift mit einem langen, glorifizierenden Gedicht an seine Mutter und mit einem Vorwort, dessen Schluß lautete:

Und nun möge der Leser ihn mitkämpfen, diesen Kampf des Herzens mit dem Herzen, der auf den folgenden Seiten mit fast betäubender Gewalt ihn umfangen wird, *und es möge ihm daraus so viel Segen und Freiden erwachsen wie dem getreuen Abschreiber, der die Rosensteiner zu seinen Lebensbüchern, der diese Abschrift zu seinen Lebenswerken zählt.*

Louise und Amalie haben die »Rosensteiner« nur wenigen Vertrauten gezeigt. Einer davon war der Pfarrer Petri, der Louise konfirmiert hatte. Er behielt den Band über Gebühr lange in seinem Haus und gab ihn dann eines Tages schweigend zurück. Er muß wie vor den Kopf geschlagen gewesen sein.

Louise schrieb zu dem Vorgang:

So sind die Rosensteiner still verklungen, mit denen wir so viel Aufsehen in der Welt zu machen gedachten, und mit der tiefsten Befriedigung empfinde ich in ihrem Schicksal Strafe und Zucht für meine immense Eitelkeit.

Malchen antwortete:

Petri ist kein Publicum für die Rosensteiner, und wenn die Mitwelt sie nicht erkennt, so werden sie an die Nachwelt apelieren. Aber Vilmar hat sie erkannt.

Der politische Theologe Vilmar, der die Partei der Hessischen Renitenz gegründet hatte, welcher auch Ludwig Hassenpflug angehörte, muß es vollständig in Ordnung gefunden haben, daß Frauen diesen Kampf zu kämpfen hatten. Er lobte die Briefe, allerdings in ziemlich allgemeinen Ausdrücken, sagte aber: »So etwas habe ich noch nie gelesen. Literarisch muß ich Louise die Palme zusprechen.«

Dann gab Louise die Briefe auch noch einer Bekannten, welche früher die Freundin der inzwischen verstorbenen Schwester Emilie gewesen war.

Über deren Urteil schrieb Louischen:

Lüneburg, Sommer 1853

Oldeköpfchen ist die wahre Vassalin für unsere Briefe, welche Huldigungen bringt sie uns dar! Da könnte Vilmar lernen, bei dem wir die Perlen vor das Schwein geworfen haben. Nur weibliche Seelen können Weibliches recht schätzen und verstehen. *Sie trinkt die Briefe wie köstlichen Wein nur in kleinen Zügen; hier schreibe ich Dir eine Stelle ab, woraus Du sehen kannst, daß sie Dir auch die gebührende, d. h. die meiste Ehre von den Briefen giebt:* »Deine Briefe machen mir den Eindruck von Hast und Unruhe, ein Feuer, das mehr leuchtet, sprüht, als die Kraft der Wärme in sich trägt. Malchens Briefe thun mir wohl; die Deinen geben mir den Eindruck von Geist und Phantasie, Malchens von Tiefe, verborgener Tiefe, und Klarheit. Oft ist's mir, als klänge ein Ton von Einfalt und Kindlichkeit daraus heraus, oft auch ein Anklang verdeckten geistigen Hochmuths. Ihr Leben ist gewiß schrittweise von einer Abklärung zur andern gegangen, das giebt ihr etwas Harmonisches und Weiches.«* Eine andere Stelle: Malchen schreibt in einem Briefe:* »Der Mensch lernt so spät, daß er von sich selbst das schwerste Kreuz zu tragen hat« – *ich könnte neidisch werden über eine solche Äußerung! Ein Mensch, der sie thut, hat sich gewiß vieler Stunden zu erinnern, von denen ich mir so oft eine* ersehnte: *einmal irdisch satt sich gefühlt zu haben an Glück. Meine früheste bewußte Erinnerung ist die, daß ich mir selbst immer das Schwerste zu tragen gewesen bin. Den Körper habe ich geschleppt wie einen schweren Mantel, die Sünde wie eine stets wachsende Bürde.*

Nun, was wirst Du zu all diesen Oldekopiaden sagen? Willst Du, so können noch mehr kommen, da sie erst so weit ist, daß ich in Osnabrück bin und Du im Begriff, nach Bökendorf abzureisen.

Den Körper haben sie geschleppt wie einen schweren Mantel, die Sünde wie eine stets wachsende Bürde, das war das Lebensgefühl der Louise, Theodore, Amalie, Emilie, Annette, Veronika, Margarethe und von fast allen intelligenten Frauen aus dem Bürgertum.

Wir sind heute so schnellebig, so kurzatmig! Ich bitte Sie, liebe Leserinnen und Leser, wir sind es diesen Ururgroßmüttern und Tanten schuldig, den Atem mal ein klein wenig anzuhalten und vielleicht sogar gelegentlich etwas zweimal zu lesen, wenn uns die einzige Form, die sie hatten, zu umständlich ist. Wir müssen unsere lebendigen Wurzeln kennen, wenn wir uns selbst kennenlernen wollen, und vielleicht entdecken wir manches, von dem wir in uns noch nicht wußten. Mein ehrgeizigstes Ziel ist es, daß diese Frauen für Sie noch einmal wirklich lebendig werden können.

Die Unheiligen

Das Motiv für beide Frauen, sich der Armenpflege zu widmen und sich ehrenamtlich dem Friederikenstift zur Verfügung zu stellen, war, sich vom eigenen Unglück abzulenken. Louise bekam von Hermann keine Briefe mehr, Gretchen war gestorben, beide fühlten sich wie verloren in einer Wüste. Malchen war, wie sie sich ausdrückte, »darauf angewiesen, bei guten Freunden für kürzere oder längere Zeit wie eine Orchidee luftige Wurzeln zu schlagen«. Sie »kam sich vor wie eine Eule am Tage, nur geneigt, zurück zu flüchten in die Nacht alter Erinnerungen, und nicht erwartend, daß jemand sie lieben werde, als die alten Freunde«.

Louischen fühlte sich wie ein »Galeerensträfling an die Nähnadel gekettet«. Sie hatte gelernt, alles, was man den Armen Gutes tut, das tut man für Jesus. Wenn nun durch die Kirchen der »Pfiff zur Nächstenliebe« erklang, so rührte das bei ihr nicht an Hausmutterinstinkte, an mütterliches Erbarmen oder ein Pflichtgefühl zum Beschützen, sondern an erotische Gefühle, die dem geliebten Herrn etwas zuliebe tun und ihm gefallen wollen. Die Armen waren für sie dabei nur Mittel zum Zweck. Bei denen tat sie nur so, als ob sie sie liebte. Auch Malchen *tat* nur so, und ekelte sich im Grunde vor allem Kranken, Widrigen und Schwachen. Sie erkannte aber klarer und politisch denkender als die in diesen Dingen ignorante Louise, welche Gefahr davon ausging, daß ein Drittel bis die Hälfte der Menschen aus den unteren Schichten, die vorher in Haushalte eingebunden waren, wo man für sie sorgte, jetzt ungebunden herumliefen und zu »verwildern« drohten. Sie war sich mit Ida Arenhold darin einig, wichtiger noch als die Beschaffung von Nahrung sei die Erziehung dieser Armen zu sittlichen, gottesfürchtigen Menschen. Auch in ihr gab es keinen natürlichen Instinkt, der ein Pflichtgefühl für das einzelne schwache Geschöpf Gottes auf den Plan gerufen hätte. Malchen sah in Jesus einen obersten Herrn und Befehlshaber, Louise sah in ihm einen Geliebten. In einem verwahrlosten Kind in einer Krippe erkannten ihn beide nicht.

Als die beiden Frauen, Louise und Amalie, sich kennenlernten, war das für sie, wie sie bis zu ihrem Tod bekundeten, ein Ereignis von erschütternder Bedeutung. Der Anblick einer autonomen, selbständigen Persönlichkeit, wie ihn heutzutage die meisten intelligenten Frauen bieten, wirkte auf Louise, als habe ihr jemand heimlich einen Schlüssel zugesteckt, mit dem sie ihre Ketten aufschließen könnte. Amalie jedoch, die für uns Heutige auf ihren Bildern noch keineswegs so wirkt, als sei sie innerlich schon wirklich frei gewesen, muß beim Anblick dieses jungen Mädchens von heftigen erotischen Gefühlen überwältigt worden sein.

Bei allen Briefen jener Zeit, die Frauen in Massen produzierten, muß man sehr genau prüfen, welche der überschwenglichen Gefühlsäußerungen echt waren und welche nur einem in der Schule gelernten Schema folgten. Man fühlte sich damals dazu verpflichtet, hochtrabende und übertriebene Worte für seine »Verehrung« und »allergrößte Hochachtung« zu verwenden. Auch mit dem Wort »Liebe« ging man sehr verschwenderisch um und redete jeden mit »Geliebte« oder »Geliebter« an, sofern er einem auch nur halbwegs sympathisch war.

Wenn man deshalb von den Liebesbeteuerungen, die sich Amalie und Louise schrieben, einiges abziehen muß, bleibt doch immer noch sehr viel echtes, großes Gefühl übrig, und man lernt, zwischen den Zeilen zu lesen. Wie etwa in dem folgenden Brief, den Amalie einmal an Louise über ihre Gefühle beim Kennenlernen der beiden schrieb.

Du erinnerst mich in Deinem vorigen Brief an die Zeit, deren ich jetzt oft gedacht habe, an Deine erste Annäherung zu mir. Wenn jemand, so habe ich *Dich herbeigelockt. Schon lange wußte ich durch die Arnswaldt von Dir, und immer denk ich dran, wie sie mich beim Ausgang aus dem Concert anstieß und sagte: »Sieh, das ist Louischen Grisebach!« Ich sah Dich wohl an, wußt aber doch nachher nicht mehr, wie Du aussahst – ich mußte mit jemandem sprechen, um das zu wissen. Dann sah ich Dich bei Ida wie eine Ordonanz hereinkommen und gehn. Ich versuchte Dich etwas zum Sprechen, zum Reden zu bringen: alles vergebens, es war – so sah es aus – gegen die Subordination. Da fing ich denn mit Ida von Dir zu reden an, und der einge-streute Tadel reizte mich immer mehr, bis das Eis brach und ich Dich in der Versammlung ganz offen anfiel. Nein doch: Ida hatte mir eröffnet, Du warst eifersüchtig auf mich bei Ida! Das kam mir ganz toll vor; ich wollte Dich so gern sicher machen, daß ich Dir gar nicht ins Gehege ging. Aber ich sah bald, Du warst disponiert, entweder mich zu hassen oder zu lieben, denn in den Versammlungen entging mir's nicht, daß da Deine schwarzen Feuerräder einen Kanonendonner auf mich münzten. Ich lockte Dich herbei, wie ich konnte, aber es dauerte sehr lange, bis Du zu mir kamst: ich meine, in den Weihnachtstagen hätte ich Dich durch Sophie Meyer wieder treiben müßen. Und wunderlich: ich empfing Dich zwar nicht mit so zahnbrecheri-schen Gedanken, wie Du kamst, aber doch nicht ohne eine wah-re Herzensbewegung und Verlegenheit. Es trat mir auch vor die Seele, ob ich denn wohl tät und berechtigt wäre, dies junge Herz an mich zu ziehn, daß es keine müßige Bekanntschaft sei, die ich anknüpfte, daß die Jugend mit Recht etwas von dem Alter for-dert. Alles das bedrängte mich bei Deinem ersten Besuch auf meinem Zimmer, und doch war ein tiefes Gefühl daneben, daß es gut so sei, daß ich Dir etwas nützen könnte. – Vielleicht! Allein nun kommt die Reihe an mich: Du hast noch gar viel an mir zu thun, gutes Kind! Ich bin nun ganz alt geworden und grämlich, aber: so alt wie Methusalem und doch immer sehr liebebedürftig! Und da sollst Du mich lieb haben, wenn ich langweilig werde und radotire, und damit ich Dir doch immer noch von einigem Nutzen bleibe, den Verfall des Menschen an*

mir zu Herzen nehmen. Du schwarz-augigstes Ding, was war's
denn, was meine Sinne so auf Dich richtete? Eine Ahndung der
Zukunft oder das tiefe Gefühl einer versteckten Verwandschaft?
Ich will's Dir nur sagen: Du bist das erste *junge Mädchen, was*
ich mir gern herbeizog, was mich wahrhaft interessirte.

Auch in Louises Kalender, der nicht für andere gedacht war,
stehen kurze Eintragungen, die auf eine große Erschütterung der
Gefühle beim ersten Kennenlernen schließen lassen. Es war
sonst nicht Louises Art, sich schnell für irgendwelche Menschen
zu begeistern. Sie mußte im Gegenteil oft ihre scharfe Kritik
zurückhalten und verächtliche Bemerkungen, die ihr auf der
Zunge lagen, mühsam herunterschlucken. Sogar Hermann, zu
dem sie doch in heißer Liebe entbrannt war, wurde von ihr mit
prüfenden Augen betrachtet, und ihre Liebe war nicht imstande,
was schwarz war, in goldenes Licht zu tauchen. Es war also
schon etwas ganz Außergewöhnliches, daß sie am 3. Februar in
ihr Tagebuch eintrug:

3. Febr.:
Ich vergehe vor Malchen!
8. Febr.:
war ich bei Malchen, sie hat mich lieb – und ich sie!
14. März:
war ich dort, sie zeigte Bilder, erzählte von Gretchen und
Veronika.
22. März:
gingen wir spazieren, Malchen war köstlich und erzählte von
Berlin.
9. April:
nachmittags bei Malchen, die unaussprechlich köstlich war.

Amalie wohnte damals, wie schon erwähnt, mit einer verwitweten Pastorsfrau, Auguste Busch, in einem »Quartier«. Diese
wurde von der Kirche nicht versorgt, mußte ihr Kind bei den

Großeltern unterbringen und selbst ihr Brot verdienen. Vorher war sie bei Ida Arenhold Hausmutter gewesen, wegen zu schwacher Kräfte aber entlassen worden. Jetzt führte sie Malchen den Haushalt.

Louise erzählte später:

Als die Busch für Malchen den Haushalt besorgte, da wollte sie einstmals für Malchen Birnenkompott kochen, sie kochte so köstliches rohes Birnenkompott, was ich noch vor mir schweben sehe. Weil sie nun gerade ausgehen mußte, so sagte sie uns beiden, wir sollten doch darauf sehen. Um das nicht zu versäumen, gingen wir alsbald in die Küche, und weil wir's ganz in Ordnung fanden, legten wir gleich – auch für den Fall, daß wir es nachher vergäßen – eine Menge Kohle unter. Dennoch sahen wir noch mal nach, legten noch Kohle zu und vergaßen es dann wirklich. Plötzlich kam die Busch mit einem ganz bestürzten Gesicht und dem Birnentopf herein: da war von der unmäßigen Glut, die wir angestiftet, der innere Zinnbelag des Topfes geschmolzen und hatte sich um die Birnen »geschmiegt«, so daß nur noch ein Metallklumpen im Topfe lag, aus dem hie und da die Birnen »ihre rothen Beine herausstreckten«. Ich wollte, ihr hättet das sehen können, es sah zu lächerlich aus! Der Topf war hin, aber die Busch bewunderte alles, was Malchen that.

Was war es, das der dreiundzwanzigjährigen Louise an der sechsundvierzigjährigen Amalie so ungeheuer imponierte? Was unterschied die Bewunderte von anderen Frauen? Ihre Selbständigkeit? Auch Louises Mutter lebte als Witwe allein und mußte selbständig Entscheidungen treffen. Auch sie hatte theoretisch Befehlsgewalt über Töchter und Gesinde, die mit ihr in der gleichen Wohnung lebten, und man gehorchte ihr, weil Sitte und Brauch das so bestimmten. Eine Tochter, die sich den Wünschen ihrer Mutter widersetzte, wurde von der Gesellschaft verdammt, und die Gesellschaft war es, die von den Töchtern Unterordnung erzwang, nicht die Mutter. Malchen stand in den

Augen der Gesellschaft als alte Jungfer an *unterster* Stelle, es gab keine Tradition, keine Sitte oder Institution, die ihre Autorität verbürgt hätten. Dennoch verschaffte sie sich – ganz unbewußt – überall Respekt und Unterordnung.

Louise hatte sich vom Kindesalter an stets nach einer »göttlichen« Autorität gesehnt, dem immer abwesenden Vater. Gerade weil sie ein herrisches, überhebliches Wesen hatte, bereitete es ihr höchste Wonnen, jemanden zu finden, der stärker war als sie und dem sie Befehlsgewalt über sich einräumen konnte.

Kaum hatten Malchen und sie sich gegenseitig ihre Liebe erklärt, gab Louischen jeden Eigenwillen auf und unterwarf sich demütig und rückhaltlos dem Willen ihrer »Herrin«.

Malchen nahm diese Rolle nur unter Skrupeln und häufigem Widerspruch an. Niemals hätte sie Louise die wahre Natur ihrer Gefühle verraten.

Die erhaltene umfangreiche Korrespondenz beginnt im Mai 1846, als Amalie mit den Arnswaldts nach Berlin reiste und Louise bat, in den 14 Tagen doch zu Auguste in das »Quartier« zu ziehen, damit diese nicht so allein sei.

Amalie logierte in Berlin in dem gleichen Hause wie Bettina von Arnim, die sie, genau wie deren Bruder Clemens von Brentano, gut kannte, aber wegen ihrer Aktivitäten scharf verurteilte. Sie stimmte völlig mit Louises Vater darin überein, daß sich Bettina von Arnim schamlos aufführte, wenn sie Bücher schrieb und ihr soziales Gewissen öffentlich zur Schau trug, indem sie etwa den König von der Not der Armen unterrichtete und auch sonst überall hervortrat, wo Frauen zu schweigen hatten.

Uns kommt es heute normal und selbstverständlich vor, daß man Mißstände aufdeckt und den verantwortlichen Regierenden zur Kenntnis bringt. Erst die ungeheure Wut auf Bettina, die ich bei meinen Recherchen in Briefen und Tagebüchern fand, machten mir bewußt, *welche* Ausnahmeerscheinung diese Frau von Arnim in ihrer Gesellschaft gewesen sein muß und welch starke, in sich ruhende Persönlichkeit, daß sie so viele Anfeindungen ertragen konnte.

Amalie verkehrte in Berlin nicht mit Bettina, aber Louise hatte ihr wohl erzählt, wie sehr sie als Kind diese Berühmtheit verehrt hatte, denn sie schrieb aus Berlin an Louise:

Dich aber möcht ich an meine Stelle oft wünschen, Dein Herz würde schon ganz anders lachen, wenn Du wie ich hier an dieser Stelle säßest und Dir von den Tönen, die da von unten herauf-schallen, gesagt würde: »*Hör, das ist die Bettina, das hört man gleich, wenn die spielt.*«

Beide Kirchen, von denen sich Malchen beeinflussen ließ, verur-teilten die sozialen Aktivitäten der Bettina von Arnim als gott-los, weil sie das Verbot, Frauen hätten in der Öffentlichkeit nichts zu suchen, für christlicher hielten als das Gebot der Nächstenliebe. Und so schrieb Malchen Weihnachten 1846 in einem Brief, dem sie ein Bild der von Louise heimlich Verehrten beilegte:

Ich schick Dir hier ein seltsam Christkindchen, eine Verläugne-rin, der das Geräusch ihres eigenen Geistes mehr wie das der Welt die Ohren betäubt, daß sie nicht hört das Gloria in excel-sius, wie es der irdische Mund der Kirche ausspricht. Aber Gott, der einer armen Seele so viel Geist zu tragen auferlegt hat, wird sie nicht völlig verderben lassen, denn es ist ein Grund von Liebe in ihr, ein göttlicher Funke, den aller Rost und Unrath der Welt nicht hat verzehren können.

Es ist außerordentlich beruhigend, holde Amalie Hassenpflug, würde ich ihr heute gerne sagen, daß Sie sich wenigstens so viel eigenes Denken bewahrt haben, daß Sie unter vier Augen, ganz heimlich und nur der besten Freundin anvertrauen, der »göttli-che Funken« von Liebe in einem *Menschenherzen* habe mögli-cherweise doch mehr Wert und Bestand als das Gloria in excelsis in *Menschenhirnen*!

Diese innere Freiheit Amalies war es wohl, was Louise so an

ihr liebte. Es wird in dem Brief aber auch deutlich, wie sehr geistreiche Frauen darunter gelitten haben müssen, daß man ihnen einredete, ihr Geist sei eine große Sünde, die ihnen das Himmelreich verschließe. Hatte nicht die fünfjährige Louise schon geweint: »Was kann ich denn dafür, daß mich der liebe Gott so klug gemacht hat?«

In ihrem ersten Brief an Malchen nach Berlin schrieb Louise:

Ich möchte versteinern in Ihrem Anblick! ... Und so habe ich denn so recht auf's neue die Bestätigung der Freiheit empfangen, mit der ich so mit ganzer Seele an Ihnen hänge und hängen darf. Sie liebe, täglich auf's neue, täglich tiefer, voller, inniger, immer ungestörter durch andere Empfindungen.

Als Amalie aus Berlin zurückkehrte, sah sie Louischen nur kurz, denn diese mußte gleich in die Reisekalesche steigen und mit ihrer Mutter in Osnabrück einen Onkel besuchen. Von dort aus schrieb sie mehrere fünfzehn bis dreißig Seiten lange Briefe an Amalie, voller Liebes- und Seelenergüsse, die einerseits zeigen, wie sprachbegabt sie war, wie amüsant sie erzählen konnte, andererseits aber auch viel von ihrem damals noch sehr unreifen, überheblichen Charakter verraten.

Da bin ich denn im Reisewagen so selig glücklich über all diese Armen, die fest sitzen in der Kleinlichkeit irgend einer kleinen Stadt oder in dem langweiligen Schweißvergießen eines fleißigen Dorfes, und wenn sie mit ihren dummen Augen die fremden Leute mustern, die an ihnen her fahren, so komme ich mir von einer erhabenen Bevorzugung vor.

*

Ich habe gar nicht gedacht, daß ich hier doch gern sein möchte, meine gegenwärtige Empfindung ist wirklich große Behaglichkeit. Ich sitze in einem wunderschönen Lehnstuhl in meinem Kämmerlein (um allein zu sein) und schreibe mit solcher Lust, daß ich immer schreiben möchte. Ich schlafe in einem Bette, das ist so groß und breit, daß ich auch quer drinliegen könnte. Alles ist höchst elegant: wir bewohnen 4 Zimmer, der Onkel 7, daher Du leicht denken kannst, daß es mehr elegant als wohnlich ist, weil man in 7 Zimmern doch ein Nomadenleben führt. Die Einrichtung ist geschmackvoll, und alle Flügeltüren stehen immer offen, was Du und ich gerade nicht lieben, weil dadurch das Leben was officielles kriegt und das Heimliche, Vertraute verliert...

Die Fahrt gestern war heiß, weiter war sie fast nichts. Mit dem Conversationsstoff gingen wir mit philosophischer Sparsamkeit um und haben nur 100 bis 120 Worte verbraucht. Auguste fehlte uns recht, die hätte im Stillschweigen geholfen und uns am Ende noch einige neue Erfindungen in diesem Fache gezeigt.

*

Ich bin so wüthend, daß ich vor Dir sanft werden will, Herzensmale. Heut Nachmittag waren hier einige Leute, und ich werde nach einigen hannöverschen Menschen gefragt, z. B. nach der Tochter von der Generalin Baring, die eine ausgemachte Gans ist – was sollte ich anderes sagen als: sie ist höchst unbedeutend? Ich weiß es wirklich gewiß, und ein jeglicher kann's wissen, der sie ansieht. Auf dem Spaziergang nachher ermahnt mich mein guter Onkel auf's beste vor solchen Äußerungen, sagt unter anderem: diese Bemerkung klänge, als wenn ich mich selbst für bedeutend hielte. Ich brauste innerlich vor lauter Wuth: erstlich – bin ich nicht bedeutender als Gänse? Das will ich aller Welt erzählen! Zweitens – ist es nicht kleinlich, eine so elende, unbedeutende Bemerkung in Anschlag zu bringen? Drittens – wenn die Wahrheit ein Verbrechen ist, schweige ich still, lügen mag ich nicht. In diesem Sinne antwortete ich auch nur: »Ich will's mir merken«, was nicht andres heißen sollte als: ich spreche jetzt gar nicht mehr als nur, ob die Sonne scheint und der Wind weht. Ich kann und darf überall nicht eher milde in meinem Urtheil scheinen, als ich's bin, ich hasse die Lüge und Verstellung. O Malchen! ich bin unglücklich, nun wieder mitten in die Absichtlichkeit, in das Reflexionswesen hineingetrieben, immer zu be-

182

denken, ob, was ich sage, denn auch gehörig weichlich ist! Nein, lieber schweige ich still und lege ein Pflaster auf meinen Mund; das soll liegen, bis Du es abnimmst und dann der gefangengehaltene Mund von Honig und Galle überfließt. Ist es Dir denn nicht auch so gegangen? Du bist doch gewiß scharf, klar und zehntausend mal klüger als ich. Erquicke mich mit der Mitteilung Deiner Leiden in dieser Beziehung.

Dann schrieb sie über Hermann:

Ich erinnere mich schrecklicher Schmerzen hierdurch: als ich sehr wünschte, Hermann zu heirathen, konnte ich Gott nicht drum bitten, ohne daß der Geist dazwischen rief: Dein Wille geschehe! und da kamen Augenblicke in der letzten Zeit, wo ich Hermann gesehen habe, ich ihn wie unsinnig liebte, wo ich mitunter den Geist überschrie mit wahrem Schauder, mit der Seelenangst, jetzt was über mich herein zu ziehen, was nicht Gottes Wille sei. Und ich bin felsenfest überzeugt, wäre ich nicht immer wieder zur Besinnung gekommen und hätte mein Gebet widerrufen um Gottes Willen, so würde mir Gott nach der Thorheit meines Herzens gethan haben, denn er hat dem Glauben unerschütterliche Verheißung gegeben, und ich wäre jetzt Hermanns Frau – vielleicht von Gott verlassen. Ich habe viel, viel gelitten durch meine Sünde in diesem Schicksal.

Amalie, offensichtlich immer sehr verletzt, wenn Louise ihr von ihrer Liebe zu Hermann erzählte, ging darauf zunächst nicht ein, nahm aber auch ihren Befehl, Louise müsse sich von Hermann trennen, nicht zurück. Sonst aber stand sie ihr bei:

Die Auslegung, die Dein Onkel Deiner raschen Rede gegeben, zeugt nicht für seinen sonst so gerühmten Verstand. Du hast ganz recht, sie ist außerordentlich dumm. Eher hätte er einwenden können, daß Du mit diesem Wort einem Mädchen, was jetzt dort auf den Schauplatz tritt, von Anfang an den Markt verdor-

ben hast. *Alle Höflichkeit sollte nur Höflichkeit des Herzen, eigentlich Liebe, sein, und es wäre doch sehr, sehr unbequem zu leben, wollte man hier nicht den Schein festhalten, wenn der Kern fehlt.*

Nachdem Louise von der pietistischen, engherzigen Frömmigkeit des Onkels erzählt hat, berichtet sie der Freundin:

Heute aß hier ein Mann, Doktor Domann, der in evangelischen Angelegenheiten für Frankreich reist, schilderte die Not der Evangelischen in Frankreich furchtbar, glaubt, daß wohl 7 Millionen Protestanten drin stecken, und sind 38 Pastören in ganz Frankreich. Dann erzählte er mit leuchtendem Angesicht von einigen Katholiken, die infolge seiner Bemühungen schon übergetreten wären, schien sie vom ewigen Tod gerettet zu halten. Gott verzeih mir's, aber mir schien das alles wie eine große Verrücktheit. Da scheren sie sich an dem ganzen der Kirchen und ringen und arbeiten einander entgegen; die Katholiken gewinnen Seelen und danken Gott und sprechen: Sie sind gerettet! Die Protestanten nicht minder, bewegen einige zum Übertritt und danken Gott und sprechen: Sie sind gerettet! So bestehlen sie sich um ihr eigenes Gut hin und her, so zerfetzen sie die Wahrheit und in ihr Gott selber und vergessen ganz, daß er unendlich viel höher ist als Katholizismus und Protestantismus! Und da hatte ich das Gefühl: hinaus, hinaus aus allen Konfessionen!

Nach Hannover zurückgekehrt, schrieb sie an Malchen, die inzwischen wieder in Bökendorf war:

Von Osnabrück noch dies: mir ist nie so klar geworden wie dort, daß ich einen speciellen Gott für mich ganz allein habe, der sich mir ganz allein offenbart und der mit jedem, der ihn sucht, seine eigene Weise hat. Was mir das für eine köstliche Entdeckung war, beseligend bis ins tiefste Herz hinein! Wenn ich abends zu ihm redete, wußte ich bestimmt: so wie ich zu ihm rede, so wie er mir antwortet, verkehrt er eben auf der ganzen Welt nur mit mir; für jeden ist er ein anderer und paßt sich in jede Seele hinein und erkennt und versieht das tiefste Bedürfnis des Wesens. Ich wußte das längst, denn es ist eine Säule unseres Glaubens, der Glaube an einen persönlichen *Gott, aber nie habe ich's so wie dort erfahren. Er war der einzige in Osnabrück, der meine Ei-gentümlichkeit verstand und ertrug, er mag überall der einzige sein, aber sonst merke ich's nicht und halte mich auch von Men-schen verstanden, z. B. von Dir.*

Man sieht, daß Louischen seit Lippspringe doch schon einiges dazugelernt hatte, obwohl ich natürlich nicht ausschließen will, daß sie auch jetzt noch mit diesem persönlichen Gott lustvolle Hochzeitsnächte verbracht hat. Der Pfarrer, der sie konfirmiert hatte, ein gewisser Petri, war es, der sie in religiöser Hinsicht so stark beeinflußt und ihre Phantasie in Gottesvorstellungen so stark angeregt hat.

Immer wieder versuchte Louischen in aller Arglosigkeit, die strenge Freundin in bezug auf Hermann milder zu stimmen. Sie schrieb ihr nach Bökendorf, sie habe den geliebten Hermann in Osnabrück kurz wiedergesehen, und fleht sie an, ihm doch ein wenig mehr gewogen zu sein:

Denke Dich mal tief in ihn hinein, so wird er Dir wohlgefallen, so wirst Du ihn verstehen, bis an die großen Räthsel, die man im eigenen Herz auch unentdeckt dulden muß. Er ist eine poe-tische, reiche Natur, er ist liebenswürdig durch und durch, gera-de auch liebebedürftig in seinen Sünden. *Freilich glaube ich wohl, daß man ihn kennen, sehen, leben sehen muß, um sich in ihn zu finden. Dadurch bitte ich Dich, reise nach Obersaltz-brunn und besuche ihn, lege aber nicht den Maßstab Deiner außerordentlichen Bekanntschaften, Gebrüder Grimm, Stahl etc. an ihn, sondern betrachte ihn menschlich, und Du wirst finden, daß er mir gerade analog ist: ein herrlicher, großer, weit sich breitender Baum über mir, freilich kein Turm, der über alle Bäume ragt und bei dessen Dranhinaufsehen man in Gefahr ist, das Genick zu brechen oder mindestens stets Nackenschmerzen zu haben.*

Malchen mußte sich nun dazu äußern und antwortete sehr vorsichtig, sie habe bisher nicht nach Hermann gefragt, weil sie sich doch noch kein Urteil über ihn bilden könne, aber in wie falschem Licht ihr womöglich seine Persönlichkeit erscheinen möge, bliebe sie doch dabei, das Auflösen dieses verschrobenen, ungesunden Verhältnisses für ein Glück zu halten.

Gleichzeitig wollte sie aber doch wohl den Eindruck abschwächen, als sei dieser Wunsch egoisitischer Natur. Und sie warnte vor sich selbst:

Ich bitte Dich, liebes Kind, nimm nichts, was ich Dir sage, auf Treu und Glauben an ... Je theurer und werther Du mir bist, je mehr faßt mich auch hie und da die Sorge, daß ich Dir schaden könnte. Ach, sei doch recht wachsam und denke, daß der Wurm überall nagt! Laß mich noch mehr sagen: Ich habe eben noch niemandem Glück gebracht. Es führt mich weiter, als ich jetzt gehen mag, liebes Kind; es ist ja auch genug, um Dich zu warnen, Dich auch hier nicht dem Zug Deines Herzens ganz zu überlassen. Lieben sollst Du mich, das geb ich nicht so leicht wieder heraus, aber folgen sollst Du mir nicht, wenn nicht Deine unbefangene Seele mir ja sagt.

Kaum eines der von Amalie Hassenpflug niedergeschriebenen Worte hat mich mehr erschüttert als dies unausgesprochene Bekenntnis zu einer Veranlagung, die sie wie den Teufel selbst in sich gehaßt hat. Wie muß einem Menschen zumute sein, der leidenschaftlich lieben möchte und zur Liebe begabt ist wie kein anderer, der die Art dieser Liebe aber immer verstecken muß und auch dem geliebten Wesen niemals verraten darf! Nie ist mir die ignorante Grausamkeit der »öffentlichen Meinung«, Menschen wie Amalie könnten doch einfach diese »Sünde« lassen, bewußter geworden als beim Lesen von Amalies Briefen, die diese »Sünde« wirklich unterließ, weil sie das von sich selbst forderte, aber sich damit dann auch auf qualvolle Art langsam selbst zerstörte.

Die heterosexuelle Louise hat diese Qual natürlich nicht verstanden, aber aus Amalies Briefen doch die große Gegenliebe gespürt. Sie empfand Malchens Liebe als ein Geschenk Gottes. Sie klagte ihr ihr Leid:

O Malchen, es martert das Herz, stets um sich Wesen zu sehen, die den ganzen Tag nähen und das für den ganzen Lebensernst halten, wie die Meinigen es leider, leider thun. Es ist wohl eine kleine Sache an und für sich und würde ein erfahrenes Gemüth nicht ängstigen, wie es doch das meinige so unendlich vielmals thut. Ach und dann gebe ich mich gefangen und nähe auch und dabei habe ich ein Gefühl von fieberhafter Ungeduld, als wenn ich das Beste indessen versäumte, und fühle genau, daß wenn ich nähe, ich durchaus nicht beschäftigt bin. Was soll ich thun? Giebt es nichts für mich in der Welt? … Mama machte einmal ein mißfällig erstauntes Gesicht, als ich an einem Wochentage in die Kirche wollte, und da ich sie fragte, ob sie's für Zeitverschwendung hielte, sagte sie: »Für Dich nicht, die Du doch Deine Zeit verschwendest.« Es ist wahr, ich bin nicht nützlich und in der hier im Hause gefundenen Weise kann ich's nicht sein, denn hier gilt nur Nähen. Als ich zurückkam von Osnabrück, fragte ich Mariechen: »Hast Du Menschen gesehen?« – »Nein.« – »Ach dann hast Du wohl viel gelesen?« – »Nein, ich habe«, sagt sie mit dem vollen irdischen Glanze des Tugendstolzes im Gesichte, »ich habe genäht.« Spricht die Bibel vom Nähen? Seid niemand nichts schuldig, denn daß ihr euch untereinander liebet, und: die Liebe ist des Gesetzes Erfüllung. In dem Gebote ruht die Aufgabe des Lebens. Nun freilich kann auch Nähen Liebe werden, so gut wie Höflichkeit, das weiß ich und wünsche es zu erreichen. Sind sie [die Mutter und die Schwester] aber nur von der Seite zu überwinden, so muß es mir in Göttingen gelingen, wo ich mir Hemden nähen will. Und kaum mag ich's denken, daß es mir gelingt, weil es mir das Herz abdrückt, zu erfahren, daß für mich Weißnäherei der Weg zum Herzen und Wohlgefallen meiner Mutter sei. ... So wie ich mich ansehe, bin ich in einer gewissen Beziehung schon fertig – an was hänge ich? An Dir? Ich kann sehr gut leben ohne Dich. An Hermann? Ich habe ihn Gott hingeben können ohne Wanken, da er ihn forderte von mir. Oder hänge ich an mir selbst? Ach, mit Trauer und Qual, nicht mit Lust. Kurz: Malchen, schüttele mich mal um, da fällt kein Wunsch heraus, keiner, keiner. Einen habe ich, aber der ist, wie das Kind den Mond haben will: ich möchte heilig sein, so recht duftig von Heiligkeit, daß, wenn ich über die Straße ginge, man das Kleid anrührte, das ich trüge, und glaubte, gesund zu werden, daß den Leuten das Niederknien ankäme in meiner Nähe und daß ich triefte von Liebe und Andacht, daß Liebe mein Tagewerk und Arbeit meine Erholung wäre, daß alle meine Gedanken Gott und alle meine Kraft den Menschen gehörte, daß ich wie täglich vom Himmel gekommen täglich dahin zurückkehrte, mich gründlicher zu heiligen. Ach, wie schade! Ich möchte Dir noch viel erzählen von meiner Gottseligkeit, aber Mama will, daß ich zu Bette gehen soll.

(Oh, oh, oh, heilige Tante Louise, welch ein schlimmer Rückfall!) Zur gleichen Zeit, wo sie heilig werden wollte, verreiste sie zum Vergnügen, ließ Ida und die Armen rücksichtslos im Stich und ging dann ohne weitere Entschuldigung einfach wieder ins Stift, in der Erwartung, daß Aufträge für sie vorbereitet waren und bereit lagen.

Sie schildert sehr beleidigt und ohne jedes Einfühlungsvermögen in Idas Situation, sie sei hingegangen, Ida sei auswärts gewesen, und

nicht einmal eine Bestellung für mich ist dagewesen, wie es sonst doch war, wenn sie, wie so oft, ausgegangen war ... Ich ging

188

ganz ruhig nach Haus und merkte mir keine Empfindlichkeit an
– das ist wirklich gar nicht mein Genre ... aber denk Dir, ich
bin nicht wieder hingegangen zu meinem eigenen großen Er-
staunen. Ich blieb weg, ohne den Grund recht zu wissen, auch
ohne absagen zu lassen. Heute Abend will ich ihr ein Abschieds-
wort schreiben, weil ich nichts zu antworten weiß, wenn sie
fragen sollte. Nun weiß ich doch nicht, wie ichs bei der Heim-
kehr von Göttingen [wo sie nun schon wieder hinreisen will]
machen soll. Dies Scheinleben weiter zu führen ist mir odiös;
aber nichts zu thun zu haben mit den Armenangelegenheiten ist
es mir auch. Ich hab doch manchen Segen davon gehabt, dem
ich dankbar bin. Ich kann den Grund meines Herzens nicht
erkennen, ob die Bewegungen echter Art sind, die mich zur
Trennung von Ida treiben, ob's nicht Trägheit, verletzte Eitelkeit
oder irgend sonst unreine Gelichter sind. Zudem hat Mariechen,
die in einer Art Wut auf Ida ist, den Plan, ihre Demission bei
ihrer Rückkunft einzureichen. Gehen wir dann beide, sieht's
doch aus wie Empfindlichkeit. Ich hoffe, Du weißt das Rechte,
und sagst mir's zur Winterzeit.

Statt daß nun Amalie ihrer Freundin mit einem heiligen Donner-
wetter klargemacht hätte, welch egoistischer Art die »unreinen
Gelichter« waren, deren Gegenwart Louischen immerhin dunkel spürte, riet sie ihr, der sonst doch so guten Ida Arenhold zu
verzeihen. Mich hat diese Ignoranz und Verantwortungslosig-
keit der Freundinnen anfangs so empört, daß ich es nach dem
Lesen der Briefe aufgeben wollte, dieses Buch zu schreiben. Ich
war richtig böse auf beide, bis ich aufgrund weiterer Recherchen
auch in den Briefen anderer Frauen, die ebenso gefühllos klingen
und sich nur mit sich selbst beschäftigen, begriff, daß bei abge-
schnürter Libido und unterbundenem Verstand auch der Zug
des Herzens nicht wirksam werden kann, dem viele Frauen ihr
eigentlich angeborenes Pflichtgefühl zum Erbarmen mit allem,
was schwach und hilflos ist, verdanken.

Zu Louises Klagen über das ewige Nähen antwortete Amalie:

Ich würde [das Nähen] *nicht für Dich wählen, aber da es gebo-*
ten ist, füge Dich. Ich füge mich mit Dir – aber füge Dich nicht
mit Unwillen, nicht mit Kritik derer, die es Dir auferlegen, sonst
ists nur ein tödtendes gutes Werk. Sucht doch Louise Maas [eine
hochbegabte Bekannte von Amalie] als Nonne im sacre coeur
seit zwanzig Jahren schwarze Wäsche aus und preist Gott noch
dabei.

Und zu Louises Wunsch nach Heiligkeit schrieb sie:

Halt Deine Phantasie am Zügel: laß sie Dir nicht vormalen, wie
Du eine große Heilige sein möchtest: das ist nicht der Weg, auch
nur eine kleine zu werden. Was willst Du geehrt sein auf dieser
Erde, wo Dein Herr und Meister der allerverachtetste war, noch
ist? Auch die größten Heiligen sind in ihrer Heiligkeit nicht froh
geworden ... Du denkst Dir die großen Heiligen wie im Himmel
wohnend und nur auf der Erde zu Gast gehend, aber sie wohn-
ten in ihrem Leibe auf der Erde, und nur weil ihnen so nach der
himmlischen Speise hungerte, reichte sie ihnen Gott. Wäre es,
wie Du denkst, dann wäre kaum noch eine Seligkeit übrig.
Kampf, Qual, Geduld, Versuchung, Fallen und Aufstehen – das
ist einem jeden nach seinem Maßstab gegeben.

Natürlich hatte sie da recht, aber mir scheint, sie hätte über
diesen von Louischen ja eigentlich schon mit Selbstironie vorge-
tragenen Wunsch auch einmal von Herzen lachen können, wie
es Gretchen, mit ihrem Sinn für das Komische, wahrscheinlich
getan hätte. Aber Malchen war nicht nach Lachen zumute, sie
liebte und litt.

Hermann und Louise:
Verlangen und Entsagung

Im heutigen Düsseldorfer Stadtteil Kaiserswerth war 1836 von einem Pastor Fliedner die erste Deutsche Diakonissenanstalt (mit höherer Schule, Gärtnerinnenschule, Kranken- und Waisenhaus) gegründet worden, die für viele unausgefüllte, evangelische Mädchen, welche als Katholikinnen Nonnen geworden wären, zu einem Klosterersatz wurde. Immer wieder fragte Louise ihre Freundin Male, ob es für sie nicht das Richtigste wäre, in Kaiserswerth Diakonisse zu werden. Obwohl sie ja in Lippspringe gemerkt hatte, daß ihr jegliches Talent zur Krankenpflege fehlte, und sie die Beschäftigung mit praktischen Dingen als Qual empfand, war ihr das gegenwärtige Leben doch so unerträglich, daß Kaiserswerth in ihren Träumen immer wieder als rettendes Asyl erschien. Malchen schrieb ihr dazu:

Sieh, gutes Herz, wer, um sich aus einem unbehaglichen Zustand zu retten, heirathet, thut kein größeres Wagnis oder Thorheit, als der aus ähnlichem Grunde ins Kloster oder hier zu den Diaconissen geht. Zu beiden Dingen gehört ein von den Umständen unabhängiges Verlangen, Beruf, Liebe im eigentlichen Sinn, eh Du Dich in diesen Gedanken wiegest, überleg es, ob es gerad' Deine Eigenthümlichkeit sei, Dich unausgesetzt mit der Wartung ekelhafter, widriger Kranker (nicht Krankheiten, das ist ein abstracter Begriff) zu beschäftigen, ob Du vermagst, Dich Fliednern zu unterwerfen, und endlich das schwerste, ob Du all der Bildung, der Lebensluft, die Du einathmest ohne es zu wissen, entsagen kannst, um Dein Leben lang nur den einen Ton anzuschlagen. Ich zweifle, daß es Dein Beruf ist, denn nicht Deine natürliche Neigung zieht Dich dazu … Nur Geduld, Du feuriges Roß, knirsche auch manchmal in Dein Gebiß, es schadet nichts! Wenn Gott Dich zu etwas anderem haben will, wird er Dich schon rufen. Vom Zoll und vom Fischfang rief der Herr seine Jünger; er kann Dich auch von der Nähnadel zu was anderm berufen.

Kaum war Louise aus Osnabrück nach Hause gekommen, reiste die »fleißige Armenpflegerin« Malchen nach Bökendorf und Louischen, die sich der Armenpflege entledigt hatte, mit ihrer Mutter nach Göttingen zum Bruder August. Der war inzwischen Professor für Biologie, hatte geheiratet und einen zehn Monate alten Sohn Eduard*. Hin und wieder mußte Louise das Kind »warten«, was sie als lästig empfand. In einem Brief schildert sie das Leben dort:

Ich stehe früh auf in Göttingen und dann nähe ich Hemden, dazu ist's wirklich gekommen, das thue ich drei Stunden lang immer fort, zuweilen reißt mich der Eifer bis tief in die vierte Stunde. Dann ziehe ich mich an und treibe mich herum: entweder es kommt jemand, es muß ein Besuch gemacht werden, oder der Junge oder ein Buch; um 1 wird gegessen; gelesen, spazieren gegangen, zu Bette. Meine Geschwister sind sehr liebenswürdig. Eveline ist eine praktische, lebhafte, schlaue Frau, die immer lebt und sich nicht mit denken plagt, aber mitunter recht gute Einfälle hat. Sie hat rüstige weibliche Eigenschaften, aber sie ist nicht weiblich im sanften Sinn (im hingebenden Sinn ist sie's), sie ist nicht tief, aber sehr glücklich. Wir beide haben uns lieb, drum verstehen wir uns auch, doch geht dies Verständniß, was aus der Liebe herausblüht, immer nur auf einen gewissen Punct, drum lasse ich's nie über den Punct kommen. Aber ich stehe doch so mit ihr, daß ich schon mal von Dir erzählt habe. Da hat sie zugehört, als ob sie Mährchen hörte, alles von Dir schienen ihr Wunder. Sie kennt mich als sehr selbständig, deshalb erstaunte sie die Gewalt, die Du über mich hast, so sehr. Nun will ich frühstücken.

* Eduard Grisebach, der spätere Schopenhauer-Sammler und Dichter.

Die Schwägerin Eveline muß eine charmante Frau mit Sinn für Ironie gewesen sein. In einem Gedicht, das sie für ihren Mann schrieb, macht sie sich über die Ansprüche der Männer an die ideale Frau lustig:

> *Unterthan bin ich dir!*
> *Freudiger als die Erde dem Himmel,*
> *treuer als der Mutter die Tochter,*
> *tiefer als der Pantoffel dem Fuß!*
> *Unterthan bin ich dir!*
>
> *Treu bin ich dir!*
> *Wie die Rinde dem Stamm,*
> *wie die Sonne dem Mond,*
> *wie die Flamme dem Licht!*
> *Treu bin ich Dir!*
>
> *Stolz bin ich auf dich!*
> *Wie die Palme auf ihre Krone,*
> *wie die Laute auf ihren Ton,*
> *wie einst auf meinen gelben Hut!*
> *Stolz bin ich auf dich!*
>
> *Auf dich hoff' ich!*
> *wie die dunkle Nacht auf den leuchtenden Morgen,*
> *wie der verdorrte Boden auf den Tau der Nacht,*
> *wie einst auf Billetts zur Aufführung der Schöpfung!*
> *So hoff ich auf dich!*

Louise schreibt weiter:

Nächst meiner Schwägerin folgt in der Göttinger Beschreibung mein Bruder. Ich habe ihn sehr lieb; kein Mensch auf Erden hat mir so wehe gethan wie er, so sehr, daß ich's für eine Gnade Gottes halte, daß ich ihn lieb habe. Er konnte sich nicht in meine innere Selbständigkeit finden, und da er zu den Meinen gehört, die vom weiblichen Geschlechte Gehorsam und nichts weiter verlangen, so konnte er mir's nicht verzeihen, daß ich ihn nie fragte, nie von ihm Rath erbat und eben keinen großen Werth auf seine Urtheile legte, die damals nur immer die Ausflüsse seiner Vorurtheile waren. So war unser Verhältnis zu meinem tiefsten Schmerze durchaus nichts, und in ihm war eine Gereiztheit, die ihn eines Tages in Gegenwart seiner mir damals noch ganz unbekannten Braut zu einer Demonstration hinriß, wie meine Ohren sie nur das eine Mal in meinem ganzen Leben gehört haben: er beschuldigte mich, eine solche Greul zu sein, wie ich's vor Gottes Augen gewiß, vor Menschenaugen niemals gewesen bin. Mein Stolz war so wüthend gekränkt, daß ich laut weinte – meine ersten Wuththränen, bis jetzt meine letzten! Aber Gott stand mir bei, und ich habe es ihm gänzlich vergeben können. Aber unser Verhältniß ist, wenn auch nicht liebreich, doch ein sympathetisches geworden, und noch bis auf diesen Augenblick muß ich viele, viele Dinge in der Conversation mit ihm vermeiden, damit wir nicht Schiffbruch leiden ...

August hatte liebenswürdig für meine Lectüre gesorgt und allerlei schon zuvor von der Bibliothek geholt: ein guter, wenn auch sehr sentimentaler Dichter Shelley, der sehr jung als intimer Freund Byrons gestorben ist; manches was mich interessiert von de la Harpe; Merlin der Zauberer von Schlegel, was ich langweilig und gänzlich unansprechend finde; als dann habe ich mich an den Boccaccio machen wollen, bin aber bis jetzt an der Schwierigkeit abgeprallt. Faust lese ich mit erneutem Entzükken, mit tiefer Bewegung, mit vielen Gedanken an Dich.

Für diesen Brief bat sie Malchen um Entschuldigung und wünschte, bald einen besseren schreiben zu können.

Für mich als Frau aus dem zwanzigsten Jahrhundert sind Stellen ihrer Briefe, in denen sie Konkretes erzählt, eine wahre Oase in einer Wüste glühendheißen, aber trockenen Sandes. Daß

Frauen der Sand, Männern aber die wasserspendenden Oasen auf dieser Erde vorbehalten waren, zeigt folgende Briefstelle:

... bin ich hier so vergnügt wie in unsäglich langer Zeit nicht. Ich lebe zu allen Stunden und denke nicht an mich: wir sind lauter heitere, vergnügte Menschen! Eveline hat eine recht erfrischende Kraft auf ihre Umgebung, und wenn ich Studenten sehe, bin ich ganz selig. Gestern war in Weende ein Concert im Freien, wo eine ganze Masse waren, alle so jugendmuthig und frisch und froh, als gehörte ihnen Erde und Himmel. Die rothen Mützen schienen mir Freudenfeuer in der Abendsonne, die sich auf ihren Häuptern entzündet hatten – ich hätte einer von ihnen sein mögen, um unterzutauchen ohne alle Besinnung in jeden Genuß. Wer wollt' es leugnen, daß sie in einem gewissen Sinne es besser haben als die, denen der Star gestochen ist, daß sie vor jedem Paradiese den Engel mit dem Flammenschwert stehen sehen? Nimmt die Sache nun zuletzt den guten Ausgang, so hat es mir schon in manchen Stunden geschienen, als sei's beneidenswerth, erst die Jugend recht zu versaufen und zu verbrausen in ganzer Gewissensunbewußtheit, denn ist die Reue, die dann folgt, etwa stärker, als zu der wir Ursache haben?

In der Unmasse von Briefen, die Louise Grisebach hinterlassen hat, ist dies der einzige, der von Lebensfreude, von Lachen und davon spricht, daß auch sie jung war und so gerne auch einmal frei und lustig gewesen wäre wie die Männer ihrer Zeit. Der Gegensatz zwischen dem, was Frauen zu leben erlaubt war, und dem, wie zur gleichen Zeit die Männer lebten, kann wohl kaum deutlicher dokumentiert werden. Frauen war »der Star gestochen, daß sie vor jedem Paradies den Engel mit dem Flammenschwert stehen sahen«.

Männer machten sich frohgemut und optimistisch an die Arbeit, Gott zu beweisen, daß sie die Welt besser einrichten könnten als er, und eine Frau wie meine Tante Louischen, mit allen

Anlagen zu einem gleichberechtigten *Menschen* und voll ungeheurem Tatendrang, mußte schreiben:

Ich kann mich besinnen bis in den Grund des Herzens und Kopfes und weiß nichts zu entdecken, wozu ich zu gebrauchen wäre, und das macht mich betrübt, mehr als ich's sagen kann.

Auch in Göttingen ging der geliebte Hermann Louise nicht aus dem Kopf.

Möglichst wenig denke ich an ihn, aber er fällt mir desto öfter ein, drum schüttele ich mich, wie man die übermannende Müdigkeit abschüttelt, und nehme irgendwas störendes vor, doch nicht immer gelingt's mir ...

Zwischen diesem am 18. Juli 1846 geschriebenen Brief und dem folgenden vom 18. August lagen mehr als vier Wochen. Das war eine Zeit, die Louise sonst nie zwischen zwei Briefen verstreichen ließ. Es war nämlich etwas geschehen, was sie der Freundin nicht so schnell und nur dosiert mitteilen konnte und wollte.

Die Mutter Grisebach hatte beschlossen, auch noch nach Lüne zu ihrer Schwester zu reisen, die mit dem alten Jochmus, dem Vater Hermanns, verheiratet war. Natürlich wollte sie auch Theodore in Lüneburg besuchen. Damit Malchen nicht glauben sollte, man führe nach Lüne, um Hermann wiederzusehen, hatte Louise ihr geschrieben, Theodore sei erkrankt und bedürfe ihrer Hilfe.

So fuhren die Mutter, Louise und Mariechen durch Hannover durch, ohne längeren Halt zu machen. Louise und Malchen sahen und verabschiedeten sich nur flüchtig.

Malchen fragte: »Wirst du Hermann sehen?« Louise antwortete: »Ich weiß es nicht.« Und Malchen sagte darauf: »Dann geh hin wie ein Soldat in der Schlacht.«

Louischen hatte die ganze letzte Nacht in Göttingen vor Aufregung kein Auge zugetan. Immer wieder versuchte sie, sich die Worte einzuprägen, die sie würde sagen müssen, um Hermann für immer den Abschied zu geben. Das fiel ihr so schwer, als müsse sie sich darin üben, Hermann zu töten. Ihr Verstand sagte ja zu Malchens strenger Forderung, mit Hermann ein Ende zu machen, ihr Herz sagte nein, denn sie begehrte ihn mit ganzer Kraft. Niemals kam es ihr in den Sinn, Hermann selbst könne ein Ende machen wollen. Er hatte ihr zwar einen »Abschieds-brief« geschrieben, aber den, so glaubte sie, hatte er geschrieben, weil Schwager Hagemann so etwas von ihm verlangt hatte.

Die nächtliche Schlaflosigkeit hatte sie so erschöpft, daß sie während der langen Reise fast immer schlief und Kräfte sammelte für das, was ihr bei einem Wiedersehen mit Hermann bevorstehen würde.

Es war etwas so unerwartet Fürchterliches, daß sie es erst am 18. August fertigbrachte, Malchen davon zu berichten. So wort-gewaltig, ja fast übertrieben meine Tante Louischen sonst ihre Seelenbefindlichkeiten und Leiden beschreiben und schildern konnte, für die wahre Natur ihrer großen Liebe zu Hermann und für den verletzten weiblichen Stolz fand sie Malchen gegen-über keine Worte. Man muß also ihren folgenden Berichten über das, was geschehen war, diesmal aus der eigenen Phantasie noch etwas hinzufügen. Louischen war eine starke, harte Natur, die viel aushalten konnte und alle Sünden gerne eingestand, nur nicht Wehleidigkeit und Schwäche. Und sie hat Malchen nie bekannt, mit welcher Leidenschaft sie Hermann liebte und wie sie gerade auch seine angebliche »Sündhaftigkeit« liebte, die der ihren durchaus »analog« war, wenn sie als Frau die ihre jemals hätte ausleben dürfen und können. Die Werturteile der Welt, in der sie lebte, stimmten mit den Werturteilen ihres Herzens und Wesens nicht überein. Aber sie hatte man gelehrt, die Werturtei-le der Welt als Gottes Wille zu akzeptieren, und Hermann nicht.

Am 18. August brachte es Louise endlich fertig, Malchen Be-richt zu erstatten:

Ich fühlte, nachdem ich eine Zeit der Unruhe, der Angst, der Zuversicht und des Verzagens und ein Bewußtwerden unwan-

delbarster Liebe zu ihm durchlebt hatte, eine selige Ruhe in meiner Seele, in der die höchsten Kräfte des Lebens sich zu entwicklen begannen. So kam ich in Lüne an und finde Hermann unter den Verwandten, die den Wagen umstehen. Er war an dem Tage angekommen, ohne nur zu ahnen, daß ich dort wäre oder käme, denn sonst würde er ausgeblieben sein, wie er mir sagte, obgleich man ihn erwartet hatte. So geschah der Wille Gottes, der von meinem Herzen den Tod forderte. Ich war sehr unbefangen und ruhig, da von Hand zu Hand Willkommen gewünscht wurde. Ich will aber nicht weitläufig erzählen, denn dazu fehlt mir Wille und Muth, aber Hermann hat aufgehört, mich zu lieben, ist sich dessen vollkommen bewußt. Wir sind lange im Garten mit einander gegangen, in den selben Wegen, wo sonst die Liebe nicht Worte, kaum Blicke zu finden wußte, ganz die Allgewalt ihrer Empfindungen auszudrücken, und Hermann hat gesprochen mit solcher einfachen, zutrauensvollen, schmerzlosen und darum auch nicht schmerzahnenden Freundschaft, daß mein Herz tausendmal starb und zerrissen wurde. Ich hatte es oft gedacht, gesagt, ja sogar geglaubt, daß er mich nicht mehr liebte, hatte sogar eingesehen, daß ein Erkalten seines Herzens ihm allein die Befähigung gegeben haben konnte, seinen Abschiedsbrief zu schreiben, und doch: es nun klar zu sehen, laut zu hören, eine Welt untergehen zu sehen, ohne daß der andere auch nur mal seufzt – es war der tiefste, einzig vollkommene Schmerz meines irdischen, natürlichen Lebens. Mir starb jede Hoffnung, jeder Wunsch, jede Liebe, mir starb mein Herz. Ich war durch ihn völlig einsam und hatte an niemandem Theil ... O Gott, ja, ich habe Hermann furchtbar lieb und kann mich noch nicht in die Freundschaft finden und mitunter überfällt mich in all' dem jetzigen Sonnenschein ein Schauer von Kälte, daß die Nägel an meinen Fingern blau werden. ... Ich danke Dir, daß ich auf Dein Wort den ersten Schritt gegen mich selbst vorigen Winter gethan habe, wie hat er mich vorbereitet, daß ich nun den letzten Schritt thun konnte, den ich thun mußte. Ich schreibe vielleicht bald wieder.

Wenn ich diesen ganzen Brief in seiner vollen Länge zitieren würde, glaube ich kaum, daß ein moderner Leser imstande wäre, den Schmerz, der darin zum Ausdruck kommt, so lange Zeit mitzuempfinden. Aber es kommen Worte darin vor wie: »Was könnte noch schwer sein, nach diesem?« Oder: »Was hat mir mein Herr und Gott in diesen Tagen zu erleben gegeben!« Jeder, der schon einmal erlebt hat, wie es ist, wenn einer, den man liebt und von dem man sich geliebt glaubt, plötzlich sagt: »Ich liebe dich nicht mehr, aber bleiben wir doch Freunde«, wird nachempfinden können, daß diese Klagen Louises echte und nicht übertriebene Schmerzen zum Ausdruck brachten.

Hermann reiste nach seiner Eröffnung am nächsten Tag ab, und Louise ließ niemanden etwas davon merken, was in ihr vorging, zeigte nach außen keinerlei Tränen und keinerlei Kummer und berichtete erst längere Zeit danach Malchen von diesem Schicksalsschlag. Dann aber wartete sie verzweifelt und sehnsüchtig auf Trostworte der Freundin, die lange nicht eintrafen.

Der Gedanke an Dich, Herzensmalchen, ist mir jetzt immer mit Unruhe gemischt. Die reine Freude verscheucht die Angst, daß es einen Grund haben möchte, daß Du so lange gegen mich verstummt bist.

Vielleicht fürchtete sie, auch Malchen könnte ihr die Liebe aufkündigen, denn sie schreibt:

In keiner Stimmung eher als in der jetzigen könnte ich das Innewerden einer Erkaltung von Dir ertragen. Liebes Malchen, Gott sei's befohlen, thue mir nach der Wahrheit Deines Herzens.

Sie kämpfte dagegen an, sich zu bemitleiden.

Ich habe nicht Hermann vergessen oder verachte ihn, weil sein Herz auch tückisch und untreu ist wie alle anderen. Ich versuche nicht, mich in einen erhabenen Märtyrerstand zu schrauben, der mehr von Stoicismus als Christentum hat – alles, alles dies nicht, sondern ich lebe, was sich gerade leben läßt: Sonnenschein, frische Luft, Wald und Garten, heitere Gespräche und, was die Hauptsache ist: Frieden Gottes. Ich habe meine Sache auf nichts gestellt, ich hoffe nichts, ich erwarte nichts, ich fühle nach nichts eine Unruhe, sondern es genügt mir, was da ist ohne alle weiteren Gedanken ...

Und dann schreibt sie, was sie sich für die Rückkehr nach Hannover vorgenommen hat:

Ich will recht himmlisch mit Mama, Mariechen und Ella leben. Morgenspaziergänge mit Mariechen, Fleiß mit der Nähnadel für Mama und heitere Laune, Gesprächigkeit, wenn irgend möglich. Nachsicht und Vorlesen des Abends für Tante Marianne ... O Malchen, so fordr' ich mein Jahrhundert in die Schranken!!!

Malchen, die sich Zeit für ihre Antwort ließ, weil sie erst einmal so manches herunterschlucken mußte, was weh tat, beglückwünschte die Freundin:

Liebes Kind, was soll ich dies nicht sagen, was mein ganzes Herz als wahr empfindet, daß ich mich freue, Dich aus halben Zuständen (die lähmendsten von allen) befreit zu sehn? Sei wieder der freigeborene Vogel, wirf des Gefängnißes Schmach weit von Dir! Du bist keine von den weichgeschaffenen Seelen, die von einer Erfahrung ihr ganzes Leben datieren, Du bist ein gesunder Baum, der jährlich neue Ringe ansetzt. Sollte Hermann, wie ich ihn mir denke und er sich mir hier neu bestätigt, je auf immer Dein Gemüth ausfüllen können? Ich glaube es nicht, und so muß auch hier die kürzeste Täuschung die beste sein.

In diesem Brief schreibt Malchen viel über ein neu gegründetes Kloster, über eine Begegnung mit Luise Hensel (die Clemens von

Brentano einst vergeblich umworben hatte) und über ihr Haupt-
interesse:

*Ließest Du die Zeitungen und weißt den klatrigen Ausgang der
Generalsynode und den brillanten Aufgang des neuen Papstes?
Was knüpfen voreilige Seelen nicht an diese beiden Endpuncte
an! Ein gänzliches Sichauflösen der protestantischen Kirche und
Anschluß an Rom unter gewissen Bedingungen und Vorausset-
zungen, die Freiheit Italiens noch in den Kauf! Wenn dieser
Papst eine von den großen Persönlichkeiten wäre, auf die die
Zeit hofft? Jetzt muß sich zeigen, ob und wie morsch die katholische Kirche ist, denn dieser Pius fängt so gewaltig dran zu
rütteln an, daß die alten Fledermäuse und Eulen, die seit Jahr-
hunderten drin nisten, mit Geschrei davon fliegen.*

Malchen konnte mit dieser Ablenkung auf ein für Frauen ver-
botenes Thema Louischen nicht von ihrem Schmerz befreien.
Der wurde nämlich noch gesteigert. Am 8. September kam Hermann wieder für einige Tage ins Elternhaus, und da glaubte er
bereits, Louise sei von ihrem Schmerz geheilt – von dem sie ihm
ja auch gar nichts offenbart hatte –, und ging mit ihr um wie mit
einem guten Freund, dem er alles anvertrauen konnte. Wie alle
Männer, glaubte er ohnehin nicht daran, daß Frauen sexuelle
Bedürfnisse haben und lieben könnten wie die Männer. Freundlich und liebenswürdig, auf vollstes Verständnis vertrauend,
ging er mit ihr am 9. September im Garten spazieren und vertraute ihr an, er habe seit längerer Zeit eine Liaison mit einer
verheirateten Frau, die er sehr liebe. Lachend erzählte er ihr, er
habe für diese Frau ein Gedicht gemacht:

> *Hilf mir mit Deiner zarten Hand*
> *und schütz mich vor dem Sinken,*
> *und ist die Rechte festgebannt,*
> *so hilf mir mit der Linken.*

Louischen hatte dabei das Gefühl der Verwunderung darüber, »daß ihr Herz nicht in Stücken auf die Wege des Gartens sänke«, während sie so tat, als lache sie über den »Scherz«.

Im Tagebuch heißt es an diesem Abend:

Im Garten kam Hermann zu mir, es wurden fürchterliche Sachen gesprochen (nämlich über jene seelengefährliche Liaison!). *Ich glaubte, meine Seele hätte ich in Sicherheit gebracht, nun, welche Demüthigung, welcher Schmerz, doch hält ihn mein Glaube.*

Am 14. reiste Hermann wieder ab. Um den Geliebten bei Malchen nicht in schlechtes Licht zu bringen, erzählte Louise in ihren Briefen nichts von dem, was sie am schwersten traf. Sie war allen Ernstes davon überzeugt, daß Hermann durch diese Sünden seine Seligkeit verspiele, und glaubte, ihn retten zu können, wenn sie für ihn bete.

An Malchen schrieb sie:

Ja, Du hast recht: es wäre ein Schritt vorwärts, wenn dieses Schicksal vollständig überwunden würde. Aber wozu? Ich weiß es nicht. Wunderbar ist mir mein Leben: eine Vorbereitung folgt der anderen ..., aber wozu, wohin, weswegen? Ich glaube am Ende, diese Vorpostengefechte sind schon das Treffen selbst und alle Vorbereitungen richten sich bloß auf die Ewigkeit. Das ist nun gar nicht mein Geschmack. Ich möchte lieber, so unedel das Bild ist, wenn meine Gerichte, wohl zubereitet mit dem Salz der Thränen, mit dem Blute des Herzens, heiß gesiedet auf dem Feuer der Trübsal, nun fertig daständen, daß dann ein Hungriger sich an die volle Tafel setzte und Gesundheit und Kraft erlangte, und wenn der satt wäre, so wäre ich fertig.

Außerstande, sich ihre Liebe wirklich aus dem Herzen zu reißen, erfand sie allerlei Gründe und Vorwände, um nicht mit Mariechen und der Mutter nach Hannover zurückreisen zu müssen, sondern bei Hermanns Eltern bleiben zu können, bei denen sie sich wohl fühlte und auch immer hoffen konnte, den Geliebten zu sehen, zu sprechen und vielleicht seine Liebe zurückzugewinnen. So schrieb sie, Ida Arenhold sei ihr fürchterlich und sie müsse in Hannover doch so tun, als sei sie selbst schuld am Zerwürfnis, obwohl natürlich Ida die Alleinschuld habe. In Hannover sei ihr Herz ein Weinfaß, an dem so »manche aus Gewohnheit ihr Spundloch haben und daran zapfen, daß es oft bis zur Erschöpfung leer ist«, und »hier im Hause sind manche zerrissene Zustände, die ich vielleicht am Weiterreißen und Zerreißen hindern kann«. Sie habe hier einige nützliche Beschäftigungen gefunden, zum Beispiel früh aufzustehen und Brot zu backen.

Mit dem Brodbacken ist's mir wie Dir gegangen: während ich mit Qualen knetete, mußte ich die Bauerndirnen um mich beneiden, die von nichts in der Welt wissen, als von harter Arbeit und drum so einfältig, aus einem Gusse, so unzerspalten sein können, und ich dachte (verzeih mir's Gott), ich möchte viel lieber ein Viehmädchen sein als ich, die ich doch in tausend Stücken von Gott verzogen bin. *Kein Bewußtsein* zu haben, *das ist der Riesenvorzug dieser Arbeitsmenschen! Nun wollte ich auch so werden und den Backtrog meinen Lethe sein lassen, in dem ich verginge, doch fühle ich nun, daß das gerade am wenigsten nöthig ist, da ich hier doch durch andere Ableitungen so selten zu mir selbst komme.*

So ganz nebenbei folgt dann:

Hier sehe ich Hermann öfter und kann mich fallen lassen durch den Einblick in sein verwirrtes, verfehltes, gefährliches Treiben, von dem ich nur von Gott immer noch einst, aber wohl in ferner Zeit, ein gutes Ende hoffe. Malchen, Du würdest erschrecken, aber ich erschrecke nicht, weil die Liebe keinen Schrecken kennt.

Und weil sie unbewußt spürte, wie weh sie Malchen damit tat, in Lüne bleiben zu wollen, schob sie ihr die Schuld daran zu. Sie beide könnten in Hannover ja doch immer nur mit Auguste und nie allein sein, denn es würde ja doch nur eine Stube geheizt. Und mit Auguste würde sie sich so ungerne Malchen teilen.

Als die Familie abreiste und sie allein zurückblieb, schrieb sie, sie habe heiße Tränen um Malchen vergossen, weil es ja vielleicht ein Wahnsinn wäre und eine Verrücktheit, sich auf so viele unzählbare Tage von dem geliebtesten Menschen zu trennen, wenn nicht »Gottes heiliger Wille diesen Gehorsam, dazubleiben, von mir gefordert hätte.«

Ihre dem Unterbewußtsein entspringenden Wünsche, wenn sie denn mit dem kollidierten, was die Vernunft befohlen hätte, schrieb sie stets »Gottes Willen« zu und entschuldigte damit jede Unvernunft. Halbverrückt vor Verlangen nach Befriedigung ihrer aufgewühlten erotischen Gefühle schrieb sie etwa:

Ich will auf dem Morgenspaziergang zur Stadt gehen und mir Papier kaufen, Morgenspaziergänge mache ich hier nämlich immer zur Abtödtung *und zum Vergnügen ...*

Das Vergnügen sind die Erinnerungen an die Morgenspaziergänge, als sie hier immer Hermann getroffen und ihn geküßt hatte.

Offensichtlich merkte der weise, erfahrene Onkel, wie es in Wahrheit um seine Nichte stand und daß sie, die noch Unberührte und zu einer unnatürlichen Enthaltsamkeit Gezwungene, nach einem Mann hungerte, denn er redete einem jungen Mann aus seinem Bekanntenkreis, Ewald, zu, sich um Louises Hand zu bewerben.

Aber Louise war doch zu klug, um auf eine derartige Kuppelei hereinzufallen. Sie schrieb:

O ich war wüthend! Ich kam mir ganz entwürdigt vor, wie eine Ware, die am Markt steht, und diesem und jenem fällts ein, ein

Viel oder Wenig von Liebe oder angenehmen Lebensverhältnis-
sen zu bieten und sich dafür die Ware zu erhandeln. Dies öfter
noch zu bestehen könnte mir das Leben verleiden … Mir fiel in
den Tagen wieder recht ein, welch ein Geschrei von sich wider-
sprechenden Gebeten vor Gottes Ohren erklingen muß, daß er
sie gar nicht alle erhören kann. Da bittet Ewald: Schenk mir
Louischen, da bitte ich mit That und Wort: Verschone mich mit
Ewald! Gott Lob, daß seine Weisheit auf meiner Seite steht.

Bei Malchen setzten nach der Nachricht über Louises Ausblei-
ben heftige Nervenschmerzen im Arm ein, die sie lange Zeit am
Antworten hinderten. Erstmals fiel sie ein klein wenig aus der
Rolle der nur Mütterlichen und ließ die Bemerkung fallen:

Ich bin so reich nicht, daß ich nicht die Entbehrungen härter
fühlen sollte, als Du vielleicht denkst.

Aber sofort riß sie sich wieder zusammen: »Nun genug, es ist
ein fait accompli«, und dann wandte sie sich dem Guten zu, das
Louises Dortbleiben mit sich bringen könnte. Das Brotbacken
zum Beispiel, harte körperliche Arbeit als Gegengewicht gegen
sündige Gefühle.

Es ist recht der Satan im Menschen, er möcht' viel lieber oft
schlecht als dumm sein. Hätte ich nicht hinter all den Öfen geses-
sen, und Gott sei's geklagt, säß ich nicht noch tausendmal dahin-
ter, ich könnte und würde Dir das alles nicht schreiben können …
Und wenn Du Hermann öfter sehen solltest, so sei standhaft
gegen diese allerreizendste und gefährlichste fata morgana. Ein
egoistisches, müßiges Herz, wie ich mir das seinige denke,
nimmt alle Farben an, spielt mit allen Dingen, es könnte auch
neben Dir in Erinnerungen sich ergehen, die ihm selbst Wirk-
lichkeit zu sein schienen – nimm Dich dafür in Acht! Der Feind
ist vor Deinen Thoren, und du hast die Verräther in den eigenen
Mauern – das ist der einzige Punct, der mir Sorgen macht …

Hin und wieder kommen in diesem Brief, versteckt in vielen anderen Worten, auch kleine Stiche, daß sie Louischens angegebene Gründe für ihr Fortbleiben als Ausflüchte durchschaut hat, zum Beispiel: »Wir heizen zwei Stuben, liebes Kind.«

Am 16. Oktober 1846 schrieb Louischen schon wieder ganz fröhlich: Das »gestorbene Herz« freute sich wieder am Leben. Und ein Brief begann:

Es ist so sonnenscheinig und glänzend in der Welt wie im Herzen … Gottes Gnade erfahren ist eine strahlende Glückseligkeit …, meine Augen sind jetzt recht wundervoll blind, denn ich komme mir durch und durch vor wie eine Genesende …, ich glaube, daß ich frei bin, alle Symptome umgeben mich, Tage und Nächte gehen dahin, wo ich mir keiner Fessel bewußt werde, aber dann fürcht ich wieder, es sei ein Traum, sei eine Phantasie und komme wohl doch wieder die Schmach der Gefangenschaft.

Warum war sie so selig?

Gestern kam die Nachricht, er wird nun ganz hierherkommen als Hilfsarbeiter zur Landdrostei in Lüneburg, und ich war gleichgültig gegen diese Nachricht, vollkommen ohne eine Empfindung dabei. Ich hatte mich so weit wirklich nicht geglaubt und war ganz überrascht, aber wie froh!

Nun kann sie sich gar nicht genugtun vor Glück, sie liebt Malchen, sie liebt ihre Mutter, sie liebt Mariechen, sie liebt die ganze Welt und möchte alle umarmen vor Glück, daß sie Hermann nicht mehr liebt!

Malchen antwortete am 22. Oktober höchst besorgt und aufgeregt und natürlich keinesweges davon überzeugt, daß Louises plötzliche Seligkeit die Überwindung ihrer Liebe als Ursache hatte, sondern in Wahrheit Freude darüber war, daß der Geliebte nun wieder in ihre Nähe kam:

Es ist mir herzlich leid, daß Du dort geblieben bist, und hätte mir geahndet, daß Hermanns Anwesenheit nun eine ganz andre als die vorhergesagte sein würde, ich hätte allen meinen Einfluß auf Dich angewendet, Dich zurückzubringen. Auch Du magst es nicht gedacht haben, denn sonst kannst Du unmöglich haben bleiben wollen. Sieh zu, daß Du wieder los kommst, trau' nicht auf die wechselnden Regungen Deines Herzens, die Dir heute was gleichgültig erscheinen lassen, was Dich morgen von Kopf bis Fuß in Aufruhr bringt ... Spähe nicht immer, was Gottes Wille sein könne, thu nur einfach das Vernünftige ... Ich will mich nicht in Konjekturen über Hermann ergehen, denn ich habe zu wenig Boden dazu, allein nach allem dünkt es mir sehr unwahrscheinlich, daß Hermann solch einen kräftigen Entschluß, als eine Heirath immer ist, fassen könnte, auch wenn er sich einbildet, Dich wieder zu lieben wie vormals. Es wird immer eine egoistische Spielerei bleiben.

Viele, viele Seiten lang beschwor Amalie die Freundin, doch nach Hannover zurückzukommen, und um nicht als Egoistin dazustehen, die Louises Heimkehr für sich selbst wollte, schrieb sie:

Wüßt ich einen Ort, der nicht Lüne und nicht Hannover wäre, es wär mir jetzt am allerliebsten. Ich sage auch nicht unbedingt: geh fort! Nur bleibe, wenn Du bleibst, mit vollem Herzen und Willen des, was folgen kann ... Thu einfach das Rechte, Gott wird das seinige thun, spintisiere nicht, berechne nicht, wenn Du vor Giftpflanzen stehst, ob Du nicht vielleicht eine heilsame Arznei daraus destillieren kannst; um mit Giftpflanzen umzugehen, muß man sehr heile Hände haben, durch ein Ritzchen im Finger vergiftet sich der ganze Mensch ... Ziehe Deine Feinde ans Licht, wenn sie sich hinter Stimmungen verbergen, sie lauern nur, Dich neu zu überfallen. Laß Dich aber in keine Verhandlungen mit ihnen ein, thu wie der heilige Antonius gegen eine Legion Teufel, aber halt Dich für keine Heilige und glaube nie, daß es dem h. Antonius nicht blutsauer worden wär', nicht nach ihnen zu hören, und daß er über seine »stolze Freiheit« je gejubelt hätte. Liebes Kind, ist das eine stolze Freiheit, *die noch ganz kürzlich solche Niederlagen, solche todtkranken Rückfälle erlitten hat?*

Und dann schließt sie den Brief:

Es ist wohl unnöthig, Dich daran zu erinnern, daß es unserem ganzen Verhältnis schaden würde, wenn jemand ahndete, daß ich mich so in Deine Angelegenheiten mische, nicht gänzlich unwissend darüber wäre. Mit welch schwerem Herzen schließe ich den Brief, halt ihn als meinen *Brief für keinen Fingerzeig Gottes, das ist er so wenig, als ein Zusammentreffen der Umstände je dafür soll gehalten werden. Die* rechten Fingerzeige, *über die man nicht zu grübeln hat,* sind in Sitte und Recht und Herkommen gegeben, *und dazu gehört, daß Menschen, zwischen denen ein Liebesverhältnis waltet, was zu keinem gedeihlichen Ende kommen kann oder soll,* sich meiden.

Louischen antwortete umgehend schon am 25. Oktober, sie wolle wohl glauben, daß ihr die von Malchen angedeuteten Gefahren drohen, aber sie erschienen ihr doch als eine Unmöglichkeit, denn sie könne Hermann wirklich nicht mehr lieben. Und dann erzählte sie ihr, was sie ihr bisher verschwiegen hatte, daß Hermann eine Liaison mit einer verheirateten Frau hatte.

Die Sache liegt doch so, daß es eine Beleidigung der Liebe gibt, die in freiwilligen Verhältnissen nicht ausgetilgt werden darf, weil es heilige Gesetze verletzt, sie zu übersehen. Wäre es nicht niedrig und gemein, wenn ich, über ein eitles, sinnliches Verhältnis vergessen, mich die Alte finden ließe, wenn es seinem Herzen gefiele, sich abermals zu mir zu verirren?

In einem nie an Hermann abgeschickten, deshalb erhaltenen Brief kündigte sie ihm ihre Liebe mit den Worten auf:

Ja, Hermann, Deine Liebe, Deine Erscheinung in meinem Leben war heilig, darum hat sie die Stätte verlassen, die ihrer Heiligkeit weh that ... Auf die tausend, abertausend Warums meines Herzens um die Trennung von Dir giebt es nur eine Antwort: weil Du nicht heilig umzugehen weißt mit dem Heiligen. – So fahre denn die ganze Zukunft dahin, diesem fürchterlichen Gerichte entsprechend ...

Louischen legte nun der Freundin alle Gründe offen, die sie an einem Verlöbnis mit Hermann von Anfang an gehindert hätten: die Verwandtschaft, seine »lasterhafte« Jugend, seine schlechte Gesundheit, sein früheres »Verhältnis« zu Mariechen (das in ein, zwei Küssen bestanden hatte) – und jetzt natürlich als endgültige »Scheidewand« die Liaison. Abgesehen von der Verwandtschaft, sind das alles Gründe, die heute kein Mädchen mehr daran hindern würden, den Mann zu heiraten, den sie liebt. Da Malchen danach gefragt hatte, was denn die Mutter und die anderen Verwandten dazu meinten, beschrieb sie ihr gewissenhaft, was diejenigen sagten, die über Wohl und Wehe eines lebenslänglich unmündigen Mädchens zu befinden hatten: Der Mutter sei alles recht, wie sie's mache. Sagte sie, sie will ihn heiraten, ist's ihr recht, sagte sie, sie will ihn nicht heiraten, ist's ihr auch recht. Nur eins habe die Mutter immer gesagt: Hermann hat sich schlecht benommen.

Sie weiß nicht, was das Beste für mich ist, weil sie mich und Hermann nicht recht kennt.

Dann der Onkel in Osnabrück:

Der ist sehr kalt und ihm sind von Natur die Dinge alle gleichgültig, darum er auch leicht jede Ansicht hat, weil er im Grunde *keine hat. Er rieth mir, später Rumann* zu heiraten, was doch ein solides Glück sei.*

Aber wenn sie Hermann heiraten würde, wär's ihm auch recht. Hauptsache, sie käme unter die Haube.

Mein Bruder August hat auch nie recht gewußt, was er eigentlich wünschte. Mit dem Verhältnis, wie es war, war er natürlich recht unzufrieden und wünschte es beendigt, jeder Ausgang war ihm recht; er hat aber zu seiner Frau einmal gesagt, Hermann wäre ihm der willkommenste Schwager.

*

Nun endlich mein Schwager Hagemann, der sich unpassend benommen hat durch Dazwischenfahren und Mich-anbieten wie saures Bier. Er hat mich tief gekränkt damit, daher ich's für besser hielt, mit ihm die Sache nie wieder zu berühren, was er denkt, weiß ich also nicht ... Dies sind die Familienmitglieder von Bedeutung bei der Sache; die anderen haben nichts gewußt, und was sie vermuthen, ist gleichgültig für mich gewesen.

In ihr Tagebuch legte Louischen einen Brief an Jesus:

Du schönster unter den Menschenkindern, Du hättest allein Gewalt für mich, weil die Größe Deiner Macht in der Liebe und Seligkeit alle meine Ahnungen übersteigt. Denn nur, was ich mir gar nicht einmal vorstellen kann, könnte Kraft üben an dem zerstörten Herzen ..., fest glauben, wenn auch nicht wissen: der Herr ist mächtig in den Schwachen, lachen, wenn das Herz weint, triumphieren, wenn es blutet, jauchzen und seines Todes spotten – Herr, hilf, hilf, daß ich's kann!! ... Ja, Malchen hat recht, und ich werd ihr immer mehr Recht geben können ...

---

* Jenen Kammerrat Rumann, dem Louise in Lippspringe solche Szene gemacht hatte und den das offensichtlich so beeindruckt hat, daß er später um Louise anhielt.

Düstere Aussichten:
Das Schicksal der alten Jungfer

Nachdem Malchen den an sie gerichteten Brief gelesen hatte, entschuldigte sie sich bei Louischen wegen ihrer aufgeregten Er- mahnungen. Nun war sie fest davon überzeugt, die geliebte Louise sei gar nicht in der Lage, einen sittlich so tiefstehenden Mann wie Hermann weiter zu lieben. Sie bedauerte die Freun- din:

Es ist ein schwer Ding, jemanden, den man geliebt, nicht mehr achten zu können; der sittliche Ekel ist noch ungesunder als der physische.

Derartiges sagte Amalie öfter. Es muß wohl so gewesen sein, daß ihr Menschen, die ihren erotischen Trieben nachgaben, geradezu körperlich widerwärtig waren. Hätte sie in unserer Zeit aufer- stehen dürfen, sie hätte schleunigst in ihr Grab zurückverlangt und geglaubt, dies wäre nun die gefürchtete Hölle.

Nach der Beichte berichtete Louischen in ihren Briefen von anderen Dingen. Sie fand dabei die merkwürdigsten Gründe, warum sie nicht nach Hannover zurückkehrte und weiter in der gefährlichen Nähe Hermanns blieb: Gerade weil die dummen Menschen glaubten, sie bliebe, um Hermann zurückzugewin- nen, wolle sie ihre völlige Gleichgültigkeit gegen ihn demonstrie- ren. Auch die Eltern Hermanns möge sie nicht besonders, und sie müsse bleiben, um sich darin zu üben, Unangenehmes zu ertragen.

Die Tante läßt einen ihre Gegenwart fühlen, man geniert sich um sie, man muß Rücksichten nehmen, sie macht Ansprüche. Dies ist mir gerade gut, weil es mir oft heillos unbequem ist. Voran bemerkt, daß ich keine Sympathie für sie fühle, und dann laß Dir erzählen, wie viel ich mit ihr zusammen sein muß. Mir ist oft wie einem, der Leibweh hat: es thut schändlich weh, aber man weiß, daß es doch hilft, nimmt drum ja oft freiwillig Sachen ein, die Leibweh machen – so ich Tante. Erstlich eine Frühstücksszene von 8 bis 11. Ich wollte, Du kenntest Tante, dann könnte ich viele Worte sparen; ich kann sie Dir auch nicht so schnell beschreiben, nur einige Züge von ihr, die mich besonders üben. Du weißt, ich bin durch meine Phantasie überall schnell; rasch in einen Zustand hinein oder wieder heraus, kostet mich innerlich nicht lange Zeit, und ich finde darum auch nichts übermäßig fürchterlich. Tante dagegen stöhnt über alles, bringt schlaflose Nächte zu, wenn ihr Hund von Flöhen geplagt ist, macht um alle Dinge schrecklich viele Worte und seufzt viel hörbar, spricht aber andeutend noch von viel mehr Seufzern, die sie in der Stille thut; sie ist eine Märtyrerin par préférence, die von einem Opfer zum andern schreitet ihrer Meinung nach, aber doch im Grunde ziemlich guten Accord mit den natürlichen Neigungen ihres Herzens gemacht hat, die sie drum nicht verhungern läßt. Denk' Dir meine Ungeduld neben ihr! Ich finde oft Sachen, über die sie eine halbe Stunde spricht, nicht werth, den Mund drum aufzutun, suche aber ihre Eigenthümlichkeit zu ehren und schweige also, gehe auch möglichst auf ihre Weise, das Leben zu erfassen, mit hinein. Sie gehört zu denen (Du kennst gewißt diese Sorte), die ungeheuer gern und auch weitläufig sprechen und alle paar Tage versichern, sie möchten nur schweigen und jede Unterhaltung führten sie nur aus Pflichterfüllung, kurz, sie ist verblendet. Z. B. ist sie geizig und macht gern Capitalien, glaubt aber fest, ihr Mann sei geizig und verlange von ihr, daß sie Capitalien mache, drum müsse sie's thun, zittere dabei aber um seine Seele, die doch dem Mammon sehr ergeben sei. Daß aber ihr Mann geizig sei, habe ich noch nie entdecken können, sehe ihn immer nur verschwenderische Ausgaben machen. Neulich hatte er eine Fußdecke für seine Frau gekauft, die über 100 Thaler kostete. Sie

*jammerte darüber, da sagte ich: »Tante, freu' Dich doch, denn
wenn Onkel, wie Du sagst, so geldliebig ist, mußt Du Dich ja
freuen, zu bemerken, daß er hier eine große Ausgabe nicht ge-
scheut hat.« Da sagte sie: »Ja, das würde ich auch, wenn ich
nicht wüßte, daß er diese Ausgabe schnell vergäße und dann böse
werde, daß ich nicht schon wieder 1000 Thaler zum Belegen
zusammen haben kann.« Du siehst, da ist nicht beizukommen,
denn ob Onkel ihr wirklich so viel Capitalien-machen zusinnt,
kann ich nicht wissen. Du kannst sehen, daß mir Tantes Wesen
oft hart ankommt und ich zuweilen denke: müßte ich ihr nicht
sagen, was ich denke?*

Malchen litt an ihren Nervenschmerzen im Arm und beantwortete nur jeden dritten oder vierten Brief. Louise schrieb weiterhin unbekümmert vom alltäglichen Leben bei Hermanns Familie. Einmal fragte sie die Freundin:

*Was soll ich mit einer fleißigen, freundlichen, immer heiteren
Haushälterin machen, die ich morgens beim Backen dabei er-
wischt habe, wie sie Brot beiseite schafft? Wenn ich sie der Tante
melde, verliert sie ihre Arbeit.*

Daraufhin riet ihr Malchen nicht etwa: »Frage sie, ob jemand
in ihrer Familie Hunger leidet und ob Du mit Brot oder Geld
helfen kannst«, sondern mit der uns bekannten Ignoranz gegenüber der Not im Lande: »Sage ihr, daß Stehlen eine Sünde ist,
aber melde sie vorläufig noch nicht. Vielleicht bereut sie dann
und läßt das Stehlen.« Oder aber: Louise erzählte ihr, der Onkel
in Osnabrück benähme sich in einer Erbschaftsangelegenheit
geldgierig und rücksichtslos, ob sie, als Nichte, ihm ehrlich und
offen schreiben dürfe, daß sie ihn deshalb verachte. Amalie antwortete, als Nichte habe sie kein Recht zur Kritik an ihrem
Onkel als dem Älteren. Gott werde ihn schon richten. Aber es
war Amalie peinlich, daß Louise sie in allen Lebensfragen als
unfehlbare Richterin ansah.

G'rad Dein Glaube an mich macht mich schüchtern. Wie soll ich's tragen und verantworten, daß meine Aussprüche eine gewisse Unfehlbarkeit für Dich haben, wo ich in mir selbst nichts als Schwäche und Finsterniß wahrnehme? Wie sehr Du Dich im mir täuschest, geht mir immer wieder neu aus Deinen Briefen hervor – wie sehr wollt' ich mich selig preisen, wenn mein Leben so in Gott wäre, wie Du's voraussetzt!

Trotzdem redete sie ihr wieder auf vielen mühsam mit großen Schmerzen geschriebenen Briefseiten den Plan aus, Diakonisse in Kaiserswerth zu werden.

Arme, Kranke giebt's überall; es braucht's, um ihnen nahe zu stehen, nicht besondren Amtes und Genossenschaften. Bedenke, was Dich treibt. Ist es die Liebe zu diesen Elenden oder die Unlust an Deinen Verhältnissen? Liebes Kind, ich kann Dir nicht verhehlen ..., daß Dich nicht jene Liebe treibt, Du nicht jene Elenden, sondern Dich selbst suchst. Wer einen solchen Beruf ergreifen will, muß es mit ungetheiltem Herzen, nicht in Resignation und eigenwilligen Abkehren, sondern in der Fülle der Liebe tun, sonst ist es ein flaues und gewiß unerträgliches Leben.

Bei der Schwester ihrer Mutter, der Tante, mit der sie wohl so manche Charaktereigenschaft gemein hatte, sah Louise deutlich das groteske Mißverhältnis zwischen dem Wunsch und der Behauptung, ein entschiedener Christ zu sein, und dem angeborenen Egoismus.

Onkel und Tante leben in steten religiösen Kontroversen. Er ist ein Jüngling mit weißen Haaren, der sich gegen den Ernst des Christentums sträubt, weil sein kindliches Herz, das nur Zufriedenheit, Wohlbehagen und Genuß kennt, noch nie ein Bedürfnis, das nur Gott stillen kann, empfunden hat. Er ist die Rechtlichkeit, Redlichkeit, Theilnahme, ja, Hochherzigkeit selbst und

hat nach dem gewöhnlichen Sinne gewiß nie eine Sünde gethan.
Tante dagegen möchte eine entschiedene Christin sein, hat auch
gewiß eine Gemeinschaft mit ihrem Heiland, ist aber vielfach
verhindert durch die Richtungen ihres Herzens an den Puncten,
die gerade wesentlich sein würden … So hat sie in ihrem Chri-
stentum mehr Haß gegen den Unglauben, als Liebe zu den Un-
gläubigen zu Wege gebracht und wird mit der Bekehrung ihres
Mannes wohl auf diesem Wege nie zu Stande kommen.

Bei sich selber konnte Louise die Punkte ihres Herzens, die sie
an echter Gemeinschaft mit ihrem Heiland noch hinderten,
nicht erkennen. Malchen hat das deutlich gespürt, liebte aber
Louise zu sehr, um ihr den rechten Glauben abzusprechen, und
korrigierte nur sehr vorsichtig:

Hüte Dich aber, die Menschen, die Dir mit Recht viel Langewei-
le machen, deshalb für gar zu gewöhnlich oder unbedeutend zu
halten. Ein jeder trägt doch eine kleine Welt hinter seiner Stirn
… Hat doch jeder sein eigenes, gottgegebenes Leben, seine Ge-
schichte, die der Himmel regirt so gut wie Deine. Vergiß nicht,
daß aus der Vogelperspektive, die unser Hergott allein für sich
hat, sich vieles gar anders ausnehmen wird als in dem Gedränge,
wo wir ewig mit den Ellbogen um uns stoßen möchten, um Platz
zu machen. Wer weiß, welch' gutem Freund wir da manchmal
unerkannt in die Rippen rennen.

Um solcher wirklich weiser Aussprüche willen sind Malchens
Briefe immer wieder wert, gelesen zu werden. Stets war sie es,
die Ratschläge gab, dabei hätte sie oft selbst Hilfe gebraucht:

Ich bin lahm, ich bin matt an Leib und Seele. Ja, wenn Du hier
wärst, wär das was anderes, da würdest Du mich wieder erfri-
schen … Auguste geht bald weg zur Hochzeit ihrer Schwester,
unser Quartier hört dann auf, ich werde sehr bald dann auch
gehen und vor Michaeli werden wir wohl nicht wieder hier zu-

sammenkommen, den Sommer ganz ohne Quartier sein. Ich habe Dir's noch nicht gesagt, weil ich wußte, daß es Dir leid thut, aber ich bin heut selbst kutterig, da kannst Du's auch sein. Nun Adio, Auguste grüßt. Behalte mich lieb. Wärest Du nicht so eine ungeduldige Seele, so würdest Du bessere Briefe bekommen; so denk' ich doch, besser ein solcher als gar keiner. Gott segne Dich!

Während Malchen ihre Verzweiflung und Enttäuschung darüber, daß Louise nicht zurück nach Hannover wollte, mit äußerster Selbstbeherrschung unter mütterlichem Gehabe verbarg, explodierte Louise, und sie stellte es sofort so dar, als sei sie nur widerwillig und nur auf den strengen Befehl Gottes in Lüne geblieben.

Lüne, Sonnabend, den 7. November 46
Ach was kuttrig! Denkst Du, daß ich bloß mit kuttrig entkomme, wenn ich höre, daß ich Dich vielleicht in meinem Leben nicht wiedersehe? Ich bin bis jetzt nicht traurig, sondern wüthend grimmig und friere so, daß mir die Lungen und das Herz inwendig zittern und ich immer zusammenschauere, auch die Feder kaum halten kann. Also frieren, das wird mein einziges Geschäft sein, wenn ich Dich nicht mehr habe! Gottlob, daß Winter ist und es allenthalben Frost giebt, so habe ich das wenigstens zu thun in der Welt! Was könnt auch meinem Zustand entsprechender sein als frieren, von Kälte geschüttelt sein? Kaiserswerth bläsest Du mir weg, und ich muß Dir Recht geben, meine Liebe zu Dir soll sich ganz umthun, sich an Deine Kehrseite setzen und die fortan betrachten, Deine Gegenwart ist mir entzogen – ach! warum schreibst Du nicht: »komme wieder!« Mein ganzes Herz hat es gehofft und ich bin immer dem Postboten entgegen gelaufen, weil ich glaubte, Du würdest mich vom Hierbleiben dispensieren …
Aber, Malchen, was in aller Welt soll ich mit sechzig, siebenzig, achtzig Lebensjahren anfangen, die ich erst noch in rechter

Breite und Weite und Oede vor mir habe? Ich habe nichts, woran ich knüpfen soll, und habe auch nichts anzuknüpfen. Teig kneten thue ich nur, weil Du's willst, es ist mir aber gräßlich; zu erdenklicher Beschäftigung mit dem Geist kann ich hier nicht vor lauter Nichtsthuerei kommen und übrigens in der Welt nicht vor Faulheit. Ich bin so faul, daß ich um mein selbst willen keinen Finger rege. Ja, für wen anders, wem zu lieb! Hätte ich gewußt, daß ich die Catherine für Ludowine übersetzen soll, ich wäre gewiß wiedergekommen, wäre mir nicht eingefallen, hier zu bleiben. Ich suchte mir hier was zu thun und finde hier nur was zu leiden, nämlich Langeweile. Mit Deiner complicierten Arbeit, die Du mir vorschlägst, ist's auch gar nichts: es ist nur Dämmerschein in der Stube, die Tante hat kranke Augen, wie sie meint, und ist auch geizig, drum wird in einem großen Zimmer bei viel Menschen nur eine elende Lampe mit grün seidenem Deckel gebrannt: ich kann nur stricken, stricke tapfer Strümpfe für meine Nichte, aber das hilft nichts gegen die Phantasie. Ich bin jammervoller, als Du denkst. Wenn ich wirklich, was ich Dir glauben will, Anlagen in meinem Herzen habe, so sind die doch so schändlich uncultiviert, daß sie gar nichts nütze sind. Ich gebe es (erste Ursache ist natürlich meine hilflose Faulheit und Ungeduld) zunächst auf mein wildes Aufgewachsensein ohne eine männliche Leitung. Stets unter der Umgebung von Frauen, die alle besser als ich, aber nicht klüger waren, ist mir nie Veranlassung gegeben, mich mal anzustrengen, um geistig was zu erreichen. Was mir gerade einfiel, reichte für meinen Kreis völlig hin, ja, ich wurde sogar noch oft drum angestaunt. Ich bin nie geübt, nie ist was von mir gefordert. Ob ich was lernen wollte oder nicht, war ganz einerlei, denn auch meine Lehrer alle hatten mich wenig lieb genug, um mir zu verstatten, daß ich sie an der Nase herum führete, statt was zu lernen. Sieh', Malchen, ich bin zu allem verdorben; die Anlagen habe ich verwüstet, z. B. mein Gedächtnis, das ganz brillant war, ist vollkommen aufgebraucht, verschüttet und kann nicht wieder ausgegraben werden, weil ich weiß, daß es im tiefsten Grunde ganz einerlei ist,

217

ob ich was behalten kann oder nicht, zur Seligkeit hilft's mir nicht und meinen Nächsten nützt es nicht, und das sind doch die einzigen Fragen von Wichtigkeit in der Welt. Das fange ich an, aus Deinen Briefen einzusehn, daß ich ein recht elendes Leben leben werde, bis ich sterbe. Thue ich einen Blick in mein Herz und wie's drin liederlich steht, so muß jede Freude verblassen. Liederlich – das ist das wahre Wort für mich, zerlumpt, vagabundenhaft bin ich inwendig, und Du sagst, daß Du mir nicht helfen kannst, was ich auch glauben will, Du hättest es sonst auch gewiß längst schon gethan. Ach Malchen, ich hätte Lust, meinen kläglichen Zustand mal recht zu beweinen, aber es hilft auch nichts. Ich habe immer ungeheure Angst, daß ich doch noch mal versuchsweise, aus hellem, klaren Müssiggang, mich verheirathe: es giebt Momente, wo mir alles erträglicher scheint als dies innere und äußere gestaltlose Leben, wie ich's führe, daß ich jeden beliebigen heiraten könnte zur Abwechslung, zur Probe, ob's da besser ging. Aber die Ehe ist schauderhaft! Verheirathet sein ohne Ehe – wenn das möglich wäre, so würde ich's thun. Ja, Malchen, das ist recht meine Todeskrankheit, daß ich immer was thun möchte, und bin doch unbrauchbar, denn das, was ich thun kann, genügt mir nicht. Z. B. haben mich hier im Hause alle gern, ich bin ihnen durch Angewohnheit Bedürfniß, und das langweilt mich gerade tödtlich. Nur erobern mag ich, besitzen hat gar keinen Werth für mich. Wer mich nicht leiden mag, den mag ich umarbeiten, daß er mich liebt; wer mich gleich liebt, ist mir gräßlich gleichgültig. Ich bin mit allen Sachen gleich fertig und drüber weg, und so werde ich zu nichts kommen. Sieh, Malchen, wie ich anfing zu leben, da habe ich was von mir erwartet. Die Leute sagten, ich sei ein große Hoffnungen erregendes Kind – das habe ich mitgeglaubt und bin nun auf's tiefste krank von der Täuschung, nichts, nichts geworden zu sein. Ich weiß nun freilich sehr gut, daß hier gerade eine scharfe Lehre Gottes steckt: zu lernen, daß man nichts ist. Aber sollte dies wirklich die einzige Aufgabe des Lebens sein? Es ist doch unmöglich, denn das finde ich bereits: ja, ich bin nichts, nichts –

und bin doch noch durch und durch unfertig. Und weiß, daß ich nie fertiger werden kann, weil ich ein ewiger Sünder bin. Dann ist es ja überflüssig, noch zu leben, wenn man die Entdeckung seiner Nichtswürdigkeit gemacht hat. O Malchen, das ist Frevel und lauter wunderbare Widersprüche, aber doch sehr natürliche Bemerkungen. Aber Lust zum Leben habe ich nicht. Hast Du denn dies alles nicht auch mal gedacht, hat es Dich nicht auch, gekränkt, und was hast Du da gethan, wie bist Du losgekommen? Ich bitte Dich tausend, tausend Mal um Verzeihung, aber ist nicht das Christentum Egoismus? Es läuft alles vom Ich aus und zum Ich zurück; das wird auch in Ewigkeit so bleiben, denn leider, leider werden wir nie so in Gott aufgehen, daß wir unsere Persönlichkeit verlieren, hat Petri mal gesagt (der sagte aber nicht leider, sondern lobpries es). Und das wäre doch das einzige, meiner liebebedürftigen Seele gerechte: aufhören zu sein in Gott. Mein Ich ist mir gerade das Unausstehliche, drum mir auch die Unsterblichkeit keine Freude macht. Könnte ich mich loswerden durch Sterblichkeit, wie gern wollte ich sterben, vergehen, vernichtigt werden! – Ach, dies sind keine neuen Einfälle, sondern leider meine alten Plagen, die Dein Brief mal wieder wach gerufen hat. Was soll ich's Dir verhehlen? Daß mir mein Ich so centnerschwer ist, kommt, weil ich's gar nicht von der Sünde getrennt denken kann: wo ich hinfasse und -fühle – nichts als Sünde. Es ist was hoffnungsloses mit der lutherischen Sündhaftigkeitslehre, und ich möchte gern hinüber zur strebenden katholischen Werkesehnsucht, wenn mich die Erfahrung nicht immer an das Lutherische schmiedete, meine elende, entmuthigende Herzenserfahrung!

Ach Malchen, nur das dürre Wort: und ich gehe dann auch weg, und wir werden uns erst Michaelis wiedersehen! Wo gehst Du hin? Warum gehst Du? Was hast Du vor? Was treibt Dich? Mir ist zu Sinne heute, als sei mir durch den Tod eine ganze Zukunft genommen, seit Du mir wegreisest. Und doch muß ich mir zugeben, daß mein Platz nicht neben Dir ist, denn neben Dir ist lauter Genuß und keine Arbeit. Malchen, wenn ich kann, will *ich nicht mehr »übertrieben« von Dir denken, wenn, was ich denke, wirklich übertrieben ist. O wie hast Du's 46 Jahr ausgehalten? Das Leben ist mordsschwer! Hier sitze ich, ohne daß ich's nöthig habe, und verliere die schönste Zeit, und wenn ich endlich, endlich wiederkomme, reisest Du nach sieben Wochen weg. Aber gewiß komme ich Mitte Februar wieder und ich hoffe, dann fällt ein Schnee, der erst im Juni aufthaut, und im Schnee wirst Du nicht reisen. Aber ich will nichts mehr sagen in meiner Traurigkeit; Du kannst es denken, wie mir zu Sinne ist.*

*

Sonntag, 8. 11. 46

Dein Brief und seine Wahrheiten sind wie ein »Mord in meinen Beinen«. Ich liege in meiner Armseligkeit ganz regungslos zu den Füßen des gekreuzigten Herrn; ich weiß, daß er mir hilft, aber doch bin ich traurig, daß nichts erreicht, nichts erlangt, nie fortgeschritten wird, daß das ganze Leben ein ewiges ich möchte, ich sehne mich ist, daß wir uns nur immer tiefer einzuwählen haben in das Bekenntnis der äußersten Armuth, daß hiermit nicht der Anfang zu was besserem bei mir gemacht wird, sondern daß das ganze Leben eine ewige Wiederholung dieses Anfangs sein soll, daß ich untüchtig bin zu allem, außer zu dem Angstschrei: Gott sei mir Sünderin gnädig, ja daß dieser Ruf oft so matt und ungefühlt herauskommt und daß bei mir der große Unterschied herrscht, daß die anderen Christen so aus Demuth, die sich selbst nicht kennt, sprachen, ich aber aus der Wahrheit, die wirklich so ist. Wären die Nachfolger Gottes alle in meinem Falle, so würde mich das trösten, aber bei allen wahrhaften Jüngern Jesu folgt der Bekehrung die Besserung, die Heiligung – nur bei mir nicht. Ja, ich bin zu nichts zu gebrauchen! Ich könnte ein Buch voll schreiben von allen Sachen, die ich nicht kann, nicht vermag, zu denen ich nicht berufen bin, aber das andere Buch, in dem stehen sollte, wozu ich denn wohl zu gebrauchen wäre, müßte lauter weiße Blätter behalten. Und so soll's noch 20, 30 Jahre fortgehen!

Lebewohl, Malchen! Überlaß mich Gott; ich sehe es ein, daß

Du nichts für mich thun kannst und kein Mensch, weil nichts
an mir auszurichten ist, weil ich zu allem verdorben bin. Habe
mich lieb, wie Du's auch thust. Ich schreibe, glaube ich, lange
nicht wieder; ich bin verstummt und gelähmt – das ist auch aus
Gottes Willen!

Dein Louischen

Ich habe diesen Brief ausnahmsweise in seiner ganzen Jammer-
länge abgeschrieben, damit der Leser als Mensch unseres Jahrhunderts sich überlegen kann, was er an Malchens Stelle darauf
hätte antworten sollen. Ich hätte geantwortet:

»Louise, bleib auf dem Teppich. Du bist jetzt drei Monate in
Lüne, angeblich, weil Du Deiner kranken Schwester helfen
sollst, die fünf Kinder hat. Ich habe bisher noch in keinem Brief
etwas von dieser Schwester und diesen Kindern gehört. Und in
Lüneburg gibt es gewiß ebenso viele Menschen, die Hungers
sterben, ebenso viele mißhandelte und zur Fabrikarbeit gezwungene Kinder wie in Hannover. Warum kümmerst Du Dich nicht
um die? Warum suchst Du nicht die Angehörigen Eurer Haushälterin auf und siehst nach, warum sie Brot entwendet? Du
weißt nicht, was Du tun sollst? Geh doch nur vor die Haustür
und mache die Augen auf! Du kommst mir vor wie jemand, der
sich vor ein brennendes Haus auf ein Sofa legt und weint, mir
ist so langweilig! Was soll ich nur tun!!!«

Aber vielleicht hätte mir Louise vor einem brennenden Haus
auch zur Antwort gegeben: »Wie soll ich löschen, wenn ich ein
Korsett anhabe, wenn ich keinen Schlauch anfassen und kein
Wasser spritzen darf?«

Malchen jedenfalls gab zur Antwort:

Wie ich's so lang ertragen habe? Ja, ich habe viel geliebt, das hat
mich über Jahre wie über Tage hinausgebracht. Mit Veronika
war ich so innigst verbunden, und doch ließ die große Verschie-
denheit und Lebendigkeit unserer Naturen nie einen Stillstand
zwischen uns eintreten. Wir hatten fast jeden Tag auch unsere

Geschichte. Daneben liefen freilich auch immer Zustände wie die deinigen, und ich scheute Veronikas zarte Seele, sie so ganz sehen zu lassen, wie sie waren. Liebes Kind, Gott wird Dir helfen, und wenn ich nichts anderes weiß und sagen kann – das weiß ich und sagt Dir der Glaube aller Kirchen. Auch meine Erfahrung; ich bin wohl einen Schneckengang gegangen, aber am End' muß ich doch sehen, daß sich vieles gestillt hat. Es dauert aber sehr lang, bis man eben für die Welt sich völlig verloren giebt; darauf arbeiten unsere Zustände, gieb alles weg, und Du wirst alles haben.

Ein trauriger Trost.

Ich höre auf, liebes Kind. Wenn es Dir besser däucht, mir eine Zeit lang nicht zu schreiben, so versuch' es auch einmal damit. Da Du so schöne Zeit zu stricken hast, so strick' mir doch auch einmal ein paar wollene Strümpfe zum Andenken an Deine warme Liebe, die kämen mir höchst gelegen. Ich höre ja, [Du] sticktest einen wunderschönen Hundeteppich – das ist doch eine rechte Sünd und Schand, wo so viele arme Leute keine Decke haben! Nun, Du thust es freilich nur der Tante, nicht um des Hundes willen, und wenn Du's nicht thust, kriegt doch keiner eine Decke drum. O Welt und wunderliches Christentum! (denn das ist doch bei Deiner Tante sehr zu Haus).

Sie empfiehlt ihr in diesem Brief dann noch einige Bücher von französischen Theologen, über die sie sich lange ausläßt, und klagt über den lahmen Arm, der ihr beim Schreiben Schmerzen bereitet.

Louischen an Malchen:

Lüne, Freitag, den 13. November 46
Ich zitterte und bebte, als ich eben Deinen Brief uneröffnet in den Händen hielt, denn ich fürchtete mich vor Dir, liebstes Malchen! Da warf ich mich auf die Knie und bat Gott um Stärke,

ihn zu lesen, was er auch enthalte, und um Vergebung für die schwere Sünde, daß ich Dein Gericht mehr fürchtete als seins. Denn ein Gericht erwartete ich von Dir, da mein letzter Brief wahrhaft höllisch war, auch unter Höllenängsten erlebt und geschrieben, angeschrien gegen ein unerschütterliches Gewissen, das zu jedem Worte das Verdammungsurtheil sprach und doch keine Macht hatte über den Drang, der heiß und voll hinaufwallte aus der Finsterniß des Herzens. Als ich nun Gott gebeten hatte, wurde ich wirklich augenblicklich ruhiger und öffne Deinen Brief und finde statt des Gerichtes so köstlich wohlthuendes Verständniß, finde Mitleid mit meiner Noth, ja, finde, was mein armes Herz nur wünschen konnte, wenn es erst den Muth des Wünschens wieder hatte. Du siehst, den hatte es noch nicht, denn sonst hätte ich nicht so sehr gezittert. – Ich danke Dir! –

Ach, ich bin bitterlich traurig gewesen, nachdem die Verzweiflung gewichen, und bin es noch, wenn mir immer wieder in dem Bilde von Tante Marianne meine Zukunft klar wurde. Und ob ich noch so gelinge wie Tante Marianne, ist sogar die Frage, denn bei ihr werden keine Kräfte durch innere Kämpfe und Anfechtungen absorbirt, wie bei mir der Fall ist. Ja, Malchen, es ist wahr und es ist fürchterlich traurig: so wird es sein und bleibt es. In Zwangsverhältnissen soll ich meinen Gott loben und preisen, in der Gewöhnlichkeit, in einer grauen, elenden, gestalt- und wirkungslosen bürgerlichen Existenz, herumreisend, die Leute unterhaltend, strickend, nähend, wenn es ganz hoch kommt, mal in irgend einer Familienkrankheit in ein geschwisterliches Haus, was ich als eine außerordentliche Wohltat Gott zu danken haben werde. O Malchen, Du kennst mein Herz, denn diese Empfindungen wohnen auch in Deinem.

Ich glaube, es ist gut, daß ich hier aushalte, wenigstens scheint es Gottes Absicht, denn Hermann, der den einzigen Vorwand zu meiner Abreise abgeben könnte, kommt für's erste noch nicht. Er hat einen Entschuldigungsbrief an seine Eltern geschrieben voller Unwahrheiten, was ich leicht sehen konnte, aber doch *nicht die Wahrheit entdeckte, die in zwei Möglichkeiten liegen kann: entweder will seine dort geliebte Frau ihn nicht ziehen lassen, oder er fürchtet das Zusammenleben mit mir, weil er denkt, er könnte sich wieder verlieben. Nun, das ist einerlei, was er denkt, aber es ist wenigstens für mich entscheidend, daß er nicht kommt, weil mich das hier festhält bis zur bestimmten Zeit ...*

Du bist ein Schatz, daß ich Dir Strümpfe stricken soll, bitte aber ein Wort über die Farbe, ob weiß, ob schwarz. Das Facon nehme ich nach meinen, nicht wahr?

*

Lüne, 17. November 1846

Weißt Du noch, liebstes Malchen, daß Du mich in diesem Sommer mal an die Nähnadel verwiesen hast? Da habe ich denn geglaubt, sie auch in Deinem Dienste mal führen zu dürfen, um durch sie auch ein rechtes Glück kennen zu lernen, und daß sie tauglich ist, eins zu bereiten, habe ich bei jedem Stiche erkannt, den ich für Dich genäht habe. Liebste Seele, für Dich zu nähen ist so wirksam, daß die Arbeit oft böse Geister gebannt hat. Übrigens ist dies keine bloße Näherei, sondern alles sehr sinnreich. Es ist eine Erwärmung für die Füße – Du weißt, es ist ein niedriger Dienst, der Füßedienst, drum gerad passend für mich, und sind die Füße warm, wird's nach und nach der ganze Mensch: so möchte Dir meine Liebe sein! Er ist nicht himmelblau, sondern dunkelblau, weil hienieden auch die höchsten Genüsse, selbst die mir von Dir gewährten, gedämpft und gedunkelt sind von dem Ernst des Lebens. Auch bei den Farben habe ich mir allerlei gedacht: bald solltest Du die weiße Farbe sein, ich die graue, bald warst Du es wieder allein: grau. Dein irdisches Theil und lichtvoll und glänzend die innere Welt, drum das Weiß stets am inneren Rande genäht ist. Die unzähligen Stiche sagen Dir: so unzählige Mal habe ich Malchen lieb, und mit den Ketten, die sie bilden, will ich sie festhalten über alle Zeit hinaus. Kurz, ich bin recht froh gewesen bei dem Nähen, und Du sollst's sein, wenn Du Deine Füße wärmst in der Kirche, denn haupt-

sächlich sollst Du's in die Kirche mitnehmen, Auguste kann Dir's hintragen, wenn's Dir zu schwer, und fällt dann Dein Blick auf die Erde, erinnert Dich der Pelzrand an mein Haar, nach dessen Farbe er gewählt ist (ich hätte ihn gern mit meinem Haar selbst besetzen lassen, aber das wärmt nicht genug, ist schlecht zu verarbeiten, und die Welt hätte sich meines kahlen Kopfes geschämt), und regt Dich zu einer Fürbitte auch an heiliger Stätte für mich an, deren ich so sehr bedarf- – Schreib nur bald Näheres über die Strümpfe; ich bin ungeduldig, wieder für Dich zu arbeiten, und es wird mir eine rechte Lehre sein, wenn ich nun statt für Dich am Hundeteppich nähe, der noch dazu eine so große Arbeit macht, daß ich ihn zu Weihnachten nicht fertig kriege.

Ich habe nicht Lust, diesen Brief lang zu schreiben, da ich weiß, daß er erst in acht Tagen in Deine Hände kommt, doch ist die alte Geschichte von meiner Liebe zu Dir immer neu, darum ich Dir auch hier sagen darf, daß Du ein Licht in meiner Finsterniß und eine Belebung meiner Öde bist. Du entschädigst mich in meinen Gedanken für die inhaltlose Zukunft, die mir immer noch manchen Seufzer abringt, ich weise aber alle Phantasie hart ab und will nichts weiter sein, als ich sein soll, nämlich: nichts!

Malchen freute sich aufrichtig über den Fußsack und bedankte sich auf mehreren Briefseiten für all das, was sich Louise dabei gedacht hatte, und dann schrieb sie zu dem gefürchteten Schicksal der alten Jungfer:

Nun sieh aber auch, ob denn die Zukunft, die so schwarz, so erschreckend vor Dir steht, denn so schlimm ist. Ja, ich sage Dir freilich: wie ich so alt war wie Du und in meinen Zukunftsträumen der Tod nicht einmal so grimmig aufräumte, als er's nachher in Wirklichkeit gethan, da graute mir ebenso, und ich sagte oft mit Clärchens Worten: Laß die Zeit kommen, wie den Tod, daran vorzudenken ist schrecklich. – Ja, und nun sind alle Din-

ge, alle äußeren Umstände tausendmal schlimmer worden, als ich je geträumt, und ich bin doch nicht unglücklich, ja, ich bin's vielleicht viel weniger, als ich's damals war, als mir vor dem Heute graute, als das Labyrinth noch vor mir lag ...

Lieber Himmel! sind wir denn wie Rübezahls Menschen nach einer Reihe von Jahren alle vertrocknete Rüben, eine wie die andere? Tritt denn in das menschliche Leben ein Moment ein, wo dem göttlichen Funken bon gré mal gré der bon soir* übergestülpt wird. Denn das Verlöschen dieses ist das Einzige, was wir zu fürchten haben; solang' wir den nicht mit Gewalt in uns tödten – sag', vor was soll uns denn grauen? Ich traue Dir zu, daß Du Deinen göttlichen Adel nicht wirst von der Sclaverei des Lebens beugen lassen, aber so bist Du: was die Wirklichkeit nicht vermögen wird, das räumst Du der Phantasie ein, der Närrin des Hauses, die den ganzen Tag mit ihren Schellen drin auf- und abklingelt, wie die h. Therese so schön sagt. Da liegt und lauert Dein Feind; es ist dem Teufel einerlei, mit was er uns anficht, mit Wahrheit oder Lüge. Der Mensch soll nicht hochmüthig auf seine Person sein, aber auf seine göttliche Abstammung soll er's sein und ihr vertrauen, sie wird ihn durch alle Gemeinheiten des Lebens führen. Denke, Du seist die Königstochter und gingst auf weitem Umwege in Deines Vaters Reich zurück. Es geziemt so wandernden Königskindern, daß sie incognito bleiben und oft gemeine Dienste thun müßen und doch ihre Dienstzeit ehrlich aushalten.

Für uns Frauensleut' ist im Alter eine böse Klippe die Lust an Klatscherei. Wo Du mal in der Folge ein solches Hälmchen verspürst, da reiß es unbarmherzig aus; manch braves Gemüth hab' ich darin sich verstricken sehen. Kümmere Dich so wenig, als es geht, um anderer Thun und Treiben! Halte Dich reinlich in dieser schmutzigen Welt! Halte einen großen Gedanken fest, so wird das Gewirre um Dich immer mehr schweigen. Sag',

---

* So nannte man den kleinen Lichtauslöscher, den man über das Licht stülpte, damit es ohne schlechten Geruch ausging.

dummes Ding, was kann Dir denn die Tante Marianne anhaben? Willst Du mit Geistern gekämpft haben, um Dich nachts vor einem weißen Handtuch zu fürchten? So dünkt mir diese selbstgeschaffene Ähnlichkeit mit ihr. Macht denn das Geschick den Menschen? Nein, umgekehrt: der Mensch macht sein Geschick, es ist fast immer das Abbild seiner Seele. Die inhaltlose Zukunft! Wer sagt Dir, daß sie inhaltlos sein wird? Ist Dein vergangenes Leben inhaltlos? Es ist verworren, unklar, wie Du selbst warst und auch noch gerad' in und durch diese Furcht bist, aber hat es mit all seinen Täuschungen und Fehltritten Dich doch nicht innerlich ausgebildet? Wärest Du Deinem Herrn und Heiland nicht weit ferner geblieben ohne diese? ... In der Schule des Lebens giebt's gar viele Classen, jede hat ihren eigenen Cursus – das wirst Du auch erfahren –, und keine ist inhaltlos.

Das Gegenbild: Theodore

Während das unverheiratete Louischen bei Onkel und Tante Jochmus in Lüne mühsam lernte, nichts zu tun und nichts zu sein, brach 30 bis 40 Gehminuten von Lüne entfernt, in Lüneburg, ihre Stiefschwester Theodore Hagemann mit den Nerven zusammen vor Überarbeitung. Alle fünf Kinder hatten nämlich die Masern bekommen und Theodore am Ende auch. Es gab damals noch keine Fieberzäpfchen oder ähnliches, mit dem man Kinder ruhigstellen und ihnen die Krankheitssymptome erleichtern konnte. Bei jedem Kind mußte jemand nachts wachen und an seinem Bettchen sitzen, und was fünf gleichzeitig heulende und jammernde kleine Kinder für eine Mutter bedeuteten, kann sich heute kaum noch jemand so recht vorstellen. Masern waren damals eine schlimme Krankheit, an der Kinder sterben konnten. Als Louischen in Lüne von der ansteckenden Krankheit hörte, war sie überglücklich, nun davon dispensiert zu sein, Theodore helfen zu müssen. Selbstverständlich war ihre Mutter gleich bereit, ein entsprechendes Entschuldigungsschreiben an Hagemanns zu überweisen, sie wolle nicht, daß Louischen auch noch krank würde. Den Schwiegersohn Theodor Hagemann erzürnte das begreiflicherweise. Er lief nach Lüne, um Louischen trotzdem zu bewegen, seiner Frau Hilfe zu leisten, und darüber kam es zu einem sehr erregten Wortwechsel zwischen ihm und seiner »christlichen« Schwägerin. Diese sagte ihm nämlich knallhart:

Mir ist es völlig einerlei, ob Ihr die Pest oder die Cholera oder die Masern habt, ich fürchte mich vor keiner Krankheit, aber ich habe ja nicht allein zu bestimmen. Wenn Mama befiehlt, daß ich mich der Gefahr einer Ansteckung nicht aussetzen darf, dann muß ich gehorchen.

Natürlich wußte jeder, auch Hagemann, daß Mamas »Befehle« nur die Wünsche ihrer Töchter erfüllten und daß sie jederzeit erlaubt hätte, Louise nach Lüneburg zu schicken, um Theodore zu helfen. So zog denn Hagemann nach einigen sehr unliebenswürdigen Bemerkungen gegen Louise und ihre Mutter unverrichteter Dinge wieder ab in das häusliche Chaos mit brüllenden Kindern und schluchzender Frau, und Louise konnte länger als geplant in Lüne bleiben. Theodore war ohnehin eine zarte, nicht sehr belastbare Frau, die mit der Führung eines großen Haushaltes, den vielen Repräsentationspflichten und fünf schnell nacheinander gekommenen Kindern überfordert war. Sie war aber, im Gegensatz zu Louischen, eine sehr mütterliche Natur und hatte deshalb ihre zwölf Jahre jüngere Schwester schon von Kindheit an sehr liebgehabt. Es traf sie jedesmal schwer, wenn sie auf Louischens mitleidlose, lieblose Härte stieß, die nicht das geringste Verständnis für Theodores hausfrauliche Probleme aufbringen konnte. In all ihren Briefen machte sich meine Tante sehr arrogant darüber lustig, welche »lächerlichen« Sorgen ihre törichte Schwester bewegten, deren kleine Seele für »Höheres« keinerlei Sinn habe; und wenn sie beschrieb, aus welch banalen Gründen Theodore nun schon wieder weinte, kommen mir die Tränen aus Mitleid mit Theodore.

Der Grund, warum Louise nicht nach Lüneburg zur Schwester wollte, war der nicht verrauchte Zorn über Hagemanns Eingreifen in ihre Affäre mit Hermann. Insgeheim gab sie ihm die Schuld, daß sie sich nicht mit Hermann verlobt hatte und nun eine alte Jungfer werden sollte. Sie vergaß, daß sie selbst vielfach geäußert hatte, sie könne und wolle Hermann wegen seiner Sünden nicht heiraten, wolle aber einmal seine »Haushälterin« werden. Daß der Schwager daraufhin Hermann bat, diesem unerquicklichen Zustand ein Ende zu bereiten, so oder so, ist doch ganz verständlich. Alle bösen Bemerkungen über Hagemann, die sich in Louises Briefen finden, darf man bei näherer Betrachtung nicht ernst nehmen. Er muß als Salinendirektor ein tüchtiger Mann gewesen sein, nach dem in Lüneburg heute noch ein Hagemannweg benannt ist.

Als Theodore ihre Schwester wissen ließ, der Schwager sei verreist und die Kinder wieder auf den Beinen, entschloß sich Louise Ende November doch endlich, nach Lüneburg zu kommen, aber sie tat das höchst widerwillig.

Nun ich mich hier drei Tage`schweigend umgesehen habe, finde ich 1. daß Theodore gar nicht so krank ist, wie H. sie beschrieb, denn sie kann den Lärm von 5 Stück Kindern aushalten, wenn er mich schon halb umgebracht hat, 2. daß es darum gut sei, merken zu lassen, daß ich nicht von jetzt an bis Mitte Februar hierbleiben könne. Nun geschieht heute Abend dies Unglück, sehr natürlich im Gespräche herbeigeführt, und Theodore weint Zeter (weinen und kranke Nerven sind gewöhnlich ihr Hauptleid), sagt die schrecklichsten Dinge von nicht gehörig lieb haben, von lieber in Lüne sein mögen, rührt alte Familienbegebenheiten auf, die beweisen, daß Mama sie nur etwas, Mariechen sie gar nicht lieb habe, was leider alles wirklich wahr ist. O in welchem Kampf standen in meinem Herzen Wahrheit und Schonung!

Für meine Tante schienen alle Sorgen oder Schwierigkeiten Theodores reine Lappalien zu sein, gemessen an dem, was sie zu tragen hatte.

Ein Kameel kann so sündlich sein wie eine Ameise, aber jedes an seinem Flecke, und die Vergehen vom Kameel sind gewiß größer und bedenklicher, aber ganz anders. Nun, ich komme mir vor wie solch ein Kameel: kann es mit der Ameise sich verstehen über ein verlorenes Sandkörnchen, das fürs Kameel gar nicht existiert??

Alles, was Louise selbst betraf, war für sie riesengroß, alles was andere betraf, dagegen winzig klein, und diese subjektive Betrachtung aller Dinge hielt sie für objektiv richtig und wahr, genau wie die Kirchen es einmal für richtig und wahr hielten, daß die Erde Mittelpunkt der Welt sei und alles sich nur um sie drehe. Immer wieder beschrieb sie ihrer Freundin Situationen in Lüneburg, wo Theodore sie mit »lächerlichen« Bagatellen wie dem Sitz von Kinderkleidern oder der guten Verträglichkeit von bestimmten Gerichten unterhalten und sie dies oder das fragen wollte, und sie, Louise, es sich angewöhnt habe, immer nur abwechselnd ja oder nein zu sagen, weil alle diese Hausfraueninteressen es doch nicht wert seien, auch nur eine Minute darüber nachzudenken.

Daß für verheiratete Frauen mit vielen Kindern und viel Gesinde die hausfraulichen Pflichten und Tätigkeiten den ganzen Menschen mit all seinem Verstand ausfüllen mußten, weil Wohl und Wehe so vieler Leute davon abhing, ob man seine Arbeit gut machte oder nicht, konnte Louise nicht begreifen. Ihr mutete niemand die Verantwortung für andere Menschen zu.

Wie schrecklich war für damalige Hausfrauen doch die monatliche Waschwoche! Die Leib- und Hauswäsche von etwa 15 bis 20 Menschen mußte gewaschen, gestärkt, gebleicht und gebügelt werden, ohne alle die Maschinen, die Seifen, Spül- und anderen Hilfsmittel, die wir heute haben. Es verlangte ein großes Talent zur Organisation und innere Kraft, solche Tage ohne diese oder jene kleine Katastrophe durchzustehen, denn für alle Dienstboten mußten in dieser Zeit andere als die gewöhnlichen Tätigkeiten angeordnet und überwacht werden, und die Hausfrau selbst mußte Arbeiten übernehmen, für die sonst Angestellte da waren. Tagelang durchzog der Dampf der riesigen Kochkessel das Haus, kein Dienstbote war an dem Platz, wo man ihn zu finden gewohnt war, immerfort kam jemand zur Hausfrau und meldete diese oder jene Störung beim Ablauf der Arbeiten, und erst wenn nach einer Woche jedes Wäschestück, auf Stoß gelegt, in den Schränken verstaut war, kehrten wieder Ruhe und Ordnung ein.

Einer nervösen, kränklichen Frau wie Theodore brach schon tagelang vorher des Nachts der Angstschweiß aus, wenn sie nur an die große Wäsche dachte, und Louischen sollte diesmal –

wenn sie schon nicht körperlich mithalf – so doch dazu da sein, der Kranken seelischen Beistand zu leisten und ihr die Aufregung abzunehmen. Wie gut hätte es der eben erst von den Masern aufgestandenen Schwachen, der die Knie noch zitterten, getan, wenn ihre Schwester gesagt hätte, bleib liegen, kümmere dich um nichts, ich mach das schon, und sie dann – wie das damals ihre Tante Doris im väterlichen Haushalt getan hatte – die Zügel in ihre kräftigen Hände genommen und alle Hilfskräfte verantwortlich durch diese gefährlichen Tage gelenkt hätte. Theodore vertraute auch darauf, daß Louischen das tun würde, und verließ sich auf sie.

Aber Louise war am Abend vor den Waschtagen zu Besuch bei Bekannten gewesen, die auch Onkel und Tante Jochmus eingeladen hatten. Noch keine acht Tage vom Onkel getrennt, übermannte sie die Liebe zu diesem alten Mann und die Sehnsucht, wieder in Lüne zu sein. Als der Onkel seine Trauer darüber ausdrückte, daß sie ihm morgens den Kaffee nicht mehr einschenkte, versprach sie der Tante, morgen früh würde sie schnell nach Lüne rennen, den Onkel überraschen und mit ihm frühstücken, dann müsse sie leider wieder zurück. Sie vergaß dabei völlig, daß morgen früh die Waschwoche begann, für die Theodore mit ihrer Hilfe rechnete.

Als ihr dieser lächerliche Umstand am nächsten Morgen einfiel, war sie fest davon überzeugt, der Anspruch des alten Mannes, ihm den Kaffee in die Tasse zu gießen, sei ganz erheblich wichtiger als Theodores Anspruch auf ihre Hilfe in den Sturmtagen. So sagte sie schnell einem der Kinder Bescheid, sie ginge nach Lüne, käme aber wieder zurück, und verließ das Haus, ohne Theodore vorher zu sprechen, weil sie sie angeblich nicht wecken wollte.

Wie gut kann ich mir das Entsetzen und den Schrecken Theodores vorstellen, als sie wach wurde, merkte, daß Louise nicht da war und plötzlich alle Last dieser Tage allein auf ihren Schultern lag, die dem nicht gewachsen waren. Sie konnte in der Aufregung gar nicht mehr beurteilen, welche Arbeit jetzt als erstes und welche erst später getan werden mußte, rannte im Morgenrock hierhin und dorthin, ordnete dies und jenes an, widerrief es gleich wieder, weinte, steckte die Kinder mit ihrer Hektik an und versetzte das ganze Personal in einen Zustand von aggressiver Erregung. Es ist verständlich, daß Theodore zitterte und weinte und ganz außer sich war, als Louise um zehn Uhr gnädig zurückkehrte. Die konnte überhaupt nicht begreifen, worüber »die Ameise« sich aufregte.

Finde meine Schwester (der ich vor einigen Tagen erzählt, ich würde nächstens mal ganz früh zu Onkel gehen) zitternd vor Ärger über mein Weggehen, scheltend, kurz, außer sich. Nach Art kleiner Seelen nannte sie mir eine Menge Dinge, die sie nun statt meiner gethan, die sie im Ärger alle zu früh gethan hatte, denn es war nun vollkommen Zeit genug dazu nach meiner Rückkehr. Ich behielt aber ein stocksteifes Gewissen, das sich nicht ein bißchen rührte, denn mein einziges Verbrechen schien mir, daß ich ein Versprechen an Tante gegeben, ohne an die Wäsche zu denken, was wirklich ungeheuer natürlich war.

So schrieb sie an Malchen, der sie den ganzen Vorgang ausführlichst schilderte.

Daß Theodore damals nur weinte, aber Louischen ihre Liebe niemals entzog und ihr an diesem Tage keine Ohrfeige gab (was damals noch erlaubt, üblich und keine Sünde war), rechne ich ihr hoch an. Lange zweifelte ich daran, daß Louise und Malchen es mit ihrer Christlichkeit jemals ehrlich meinten, wenn sie ihre Nächsten so wenig lieben konnten, bis ich dann begriff, daß sie aus ihrer Perspektive die Nöte anderer gar nicht bemerkten. Es war wirklich so, wie Louise beschrieb, als großes »Kamel« war sie außerstande, zu sehen, was einer »Ameise« etwa fehlte. Und daß vor Gott eine »Ameise« das gleiche Gewicht hat wie ein »Kamel«, war noch nicht in ihr Bewußtsein gedrungen.

Malchen hatte aus längerer Erfahrung ein ganz klein wenig mehr Verständnis für Theodore, aber auch nicht viel. Sie schrieb:

Viele gute Hausfrauen würden Dich kaum besser empfangen haben als Deine Schwester, große Waschtage sind ihnen wie ein Reichstag und Synode. Überhaupt wirst Du immer bemerken, daß mit sehr wenigen Ausnahmen die Menschen in den Zeiten, wo sie solcher Art Geschäften mit besonderem Fleiß obliegen, ihre unliebenswürdigsten Stunden haben. Man hat dann Gelegenheit, Betrachtungen über die Schädlichkeit guter Werke anzustellen. Armes Ding, habe Geduld, dann ist Dir auch dieser Aufenthalt zum Segen. Kannst Du denn mit den Kindern gar nichts anfangen?

Nein, Louischen konnte mit Kindern gar nichts anfangen. Mit Staunen und einiger Verachtung bemerkte sie, daß Theodore ihre gräßlich gewöhnlichen, ewig lärmenden Bälger liebte, und schrieb ihr eigenes Unvermögen, die Nichten und Neffen in ihr Herz zu schließen, ihrer verunglückten Erziehung zu. Sie sei selbst nie richtig Kind gewesen und immer verzogen worden, so habe sie Angst, andere Kinder zu »verderben«. Offensichtlich glaubte auch sie an die Regeln der schwarzen Pädagogik und meinte, man müsse als Erwachsener im Umgang mit Kindern ständig deren »Erziehung« zu utopisch tugendhaften Charakteren im Auge haben und ihnen jedwede Ursprünglichkeit abdressieren. Mit Säuglingen, schrieb sie, könne sie noch unbefangen, liebevoll und herzlich umgehen, sobald sie aber »erzogen werden« müßten, würden ihr Kinder unbehaglich.

Sie traue sich die Kunst der Erziehung nicht zu, jedes schlechte Betragen der Gören sei ihr wie ein Vorwurf und deshalb so ungeheuer lästig.

Gleich nach den Wäschetagen, schon am 11. Dezember, begann Theodore zu husten, und Louise schrieb an Malchen:

*Theodores Husten erinnert mich an Nanny Volger.**

---

* Eine Verwandte, die als junges Mädchen an der Schwindsucht starb.

Sofort war ihre Phantasie fertig mit der Vorstellung, Theodore würde in den nächsten Tagen sterben und sie müsse nun wohl doch noch eine Weile in Lüneburg ausharren. Als es aber der Schwester am nächsten Tag etwas besser zu gehen schien, waren alle guten Vorsätze gleich wieder verflogen. Sie fragte Malchen nach möglichen Ausflüchten, um so schnell wie möglich, und ohne bei Theodore das größte Gezeter auszulösen, wieder zurück nach Lüne gelangen zu können.

Tuberkulose war damals so unheilbar wie heute Aids. Es gab eine Variante der Krankheit, an der starb man schnell, und eine andere, an der starb man langsam nach sehr vielen qualvollen Jahren, aber man starb unfehlbar daran. Ich muß annehmen, daß viele Ärzte damals Bronchialkatarrhe nicht von Tuberkulose unterscheiden konnten – oder den Betroffenen Hoffnung auf Heilung machten und erst ganz am Ende den Namen der Krankheit aussprachen.

Aber Louise wartete nicht, bis ihr oder Malchen Ausflüchte einfielen oder Theodore geheilt war. Sie wollte weg aus diesem Haus.

Mißverstanden, übel gedeutet zu werden, ist mir sehr schwer, aber manchmal muß ich in einem falschen Schein ruhig ausharren, den ich mit einem Wort zerstören könnte. Endlich hatte ich denn, Gott sei Dank, von Gott die Erkenntnis, einen peinlichen Zustand, dem ich nur im Äußern genügt hatte, zu verlassen.

Gott war ihr also in dieser Sache ein Komplize. Theodore hatte einen Tag nicht gehustet, da marschierte unser Louischen bereits am 17. Dezember frühmorgens durch tiefen Schnee frohgemut wieder nach Lüne, denn Gott befahl ihr immer gerade das, was sie gern wollte:

Allein auf das Verhältnis zu Gott kommt's an im Leben: ist das gestärkt und unverbrüchlich, wird das andere von selbst kommen. Aber erst mit Menschen anfangen und dann zu Gott über-

gehen heißt ein Haus bauen von oben nach unten, aber wer mit dem Dach anfängt, kriegt nie ein Haus zustande. Du siehst, daß ich hauptsächlich um meiner Seele willen von Hagemanns weg-ging ... Ich ging fort, und es that mir einen Augenblick leid, daß mein Schwager und Schwester früher sehr viel von mir hielten und jetzt nicht mehr. Aber grad, weils meinem Dünkel schwer ist, muß ich's ruhig hinnehmen.

Es ist kaum zu fassen, mit welcher Unverfrorenheit Louises Ego-ismus alles in sein Gegenteil verkehrte, was ihm widerstrebte. Sich gleich zur Märtyrerin umzufunktionieren, weil ihr Dünkel es aushielt, einen berechtigten Tadel einzustecken, ist wirklich der Gipfel. Gott habe sie zu ihrer lieblosen Tat berufen, glaubte Louise im vollen Ernst und fühlte sich sehr erhaben, daß sie der kleinen Seele, der Ameise Theodore, großmütig *verzieh*, ihr ei-nen Vorwurf daraus gemacht zu haben. Man müsse schließlich Gott mehr gehorchen als den Menschen. Sie hatte damals wohl noch nicht ganz begriffen, warum Jesus als »kleine Ameise« auf die Welt gekommen war.

Sie war in ihrem Charakter wirklich genau das Gegenteil von Margarethe Verflassen, und Amalie Hassenpflug liebte *beide* (und ich auch).

Es war natürlich nicht Gott, der Louise so heftig nach Lüne zog, daß sie darüber alle Liebespflichten vergaß, sondern die Nachricht, Hermann würde zum Weihnachtsfest wieder dort auftauchen und dann auch bleiben.

Am 23. Dezember schilderte sie ihrer Freundin in einem viele, viele Seiten langen Brief ausführlich Hermanns ganze Sündhaftigkeit und Untugend und wie sie ihm darüber auch »schlicht und ehrlich ihre Meinung gesagt« und wie er geantwortet habe, »das dürfe ihm kein, kein Mensch auf der Welt sagen, aber von ihr ertrage er alles.« Sie beteuerte, sich völlig von ihm losgesagt zu haben, nur noch Malchen abgöttisch zu lieben und nichts zu wünschen, als mit der Freundin zusammenzuleben. Und dennoch spürt man deutlich beim Lesen dieses gar nicht enden wollenden Herzensergusses, daß Louise diesen »furchtbaren Sünder«, der die verheiratete Frau immer noch »rasend begehrte« und dies seiner Base offen eingestand, keineswegs aus ihrem Herzen reißen konnte. In jedes ihrer Herzenskämmerchen hatte er sich fest eingenistet: Was sie auch sah und erlebte, was sie auch dachte, welches Thema sie auch aufgriff, immer war Hermann der Mittelpunkt dessen, was sie sah und von was sie sprach und schrieb.

Sie schloß den langen Brief um halb ein Uhr früh des 24. Dezember, legte sich kurz nieder, stand aber um zwei Uhr schon wieder auf »zum Brod- und Kuchenbacken«. Das dauerte bis zum frühen Nachmittag. Louischen wird sich vor dem Heiligen Abend noch etwas hingelegt haben, aber die Dienstboten sind mit Sicherheit erst in den Morgenstunden des 25. zum Schlafen gekommen.

Malchen hatte überhaupt nichts dagegen einzuwenden, daß

Louise aus Lüneburg fortgelaufen war. Sie meinte gleichgültig, Theodore solle sich endlich eine Angestellte ins Haus holen, an die sie ihre Pflichten delegieren könne, und redete der Freundin dringend zu, so bald wie möglich auch Lüne zu verlassen und nach Hannover zurückzukehren. Sie war nur daran interessiert, daß Louise ihre Liebe zu dem Rivalen Hermann aufgab.

Es findet sich aus jener Zeit noch ein Gedicht, das Malchen verfaßte, um sich über Louises Art, ihren Hermann zu idealisieren, ein wenig lustig zu machen.

> *Zu beleben seine stummen Klötze*
> *Stahl Prometheus vom Olymp die Flamme*
> *Und es brauste auf der todte Götze*
> *und das Feuer ward des Menschen Amme*
>
> *Deine todten Götzen zu beseelen*
> *war der Alten Beispiel unvergessen,*
> *und das Feuer brauchst Du nicht zu stehlen,*
> *trugst Du's doch in Deiner Augen Essen.*
>
> *Selig jauchzest Du: »Er scheint zu fühlen,*
> *Welt! Schon nahet Dir Dein erster Mann.«*
> *Aber nur der Flamme rastlos Spielen*
> *log dem dummen Klotz ein Leben an.*

Wir werden heute nicht mehr beurteilen können, ob Hermann wirklich der »dumme Klotz« war, dem nur der Blick aus Louischens »Feuerrädern«, mit denen sie ihn anstrahlte, Leben verlieh, oder ob er vielleicht ein Mensch war, der nicht in seine Zeit paßte und besser in unserem Jahrhundert gelebt hätte, wie Louischen ja auch.

Mir scheint sehr modern zu sein, wie er mit ihr umging, nachdem sich die erotische Variante seiner Beziehung zu ihr wegen ihres Widerwillens erledigt hatte, wie er glaubte. Er nahm die Dinge ganz gelassen und pragmatisch, war ohne jeden Glauben, staunte über die fürchterlichen Steine, die Louises Religion zwischen ihrer beider Liebe aufrichtete, resignierte schließlich und wandte dann seine Gefühle einer anderen Frau zu, die weniger kompliziert war. Er bewahrte aber dieser ihm im Wesen so ähnlichen Base die wärmste Zuneigung und wird nur immer den Kopf geschüttelt haben über das, was in ihr vorging. Das Wort »Sünde« muß für ihn, wie für die meisten Männer auch unserer Zeit, ein Begriff gewesen sein, der etwas rein Theoretisches bezeichnete, von dem er nichts wußte.

Louischen dagegen erzählte vom Verlauf des Heiligen Abends:

Es war eine heilige Bewegung in meiner Seele, als ich heute Abend mitten in dem auf's Äußere gerichteten Treiben Hermann die Hand reichte und herzlich drückte und dabei fühlte oder ahnte, wie es dem Kindlein Jesu gewesen sein mag im Hinblick auf die sündenvolle Welt. O Malchen, es ist doch namenlos traurig, eine begabte, edle, an sich reiche Natur so versunken, zerflossen und erschlafft zu sehen, wie ich Hermann vor mir sehe, denn helfen zu wollen und zu können, könnte nur die Verrücktheit sich vermessen – allein die Gnade Gottes kann ihn heimholen, und heute Abend war ich dieser Gnade für ihn gewiß. Es war nur ein Augenblick, von dem ich jetzt freilich erzähle, den ich aber nicht mal in der Erinnerung mehr empfinden kann, denn bald darauf kehrte ich zu dem Ärger zurück, daß er mir was geschenkt hatte: Geschenke ohne Bedürfniß gegeben und ohne Sinn gewählt sind mir unüberwindlich, und ich habe mich gar nicht bei ihm bedankt.

Nun begann für meine Tante eine Zeit, von der ihre Briefe an Malchen sicherlich einiges verschweigen. Immer drängender wurden deren Befehle, nach Hannover zurückzukehren, und immer wortreicher und unglaubwürdiger die Gründe, mit denen Louise vorgab, nicht fortzukönnen oder fortzudürfen. Malchen schrieb, die Freundin ruiniere sich den Ruf, wenn sie dort bliebe. Die Leute in Hannover klatschten schon, sie bliebe nur dort, um

Hermann doch noch zur Heirat zu bewegen. Darüber regte sich dann Louischen auf, wollte wissen, wer so eine Lüge verbreitet hätte. Aber ich kann die Briefe so oft lesen, wie ich will, der Eindruck verhärtet sich mehr und mehr:

Nicht nur die Liebe, auch ihre Todesangst, alte Jungfer und wie Tante Marianne werden zu müssen, hinderten Louise in Wahrheit an der Abreise und trieben sie, Hermann gegenüber so zu tun, als könne sie sich über sein Verhältnis mit der verheirateten Frau hinwegsetzen. Sie versuchte, trotz äußerster Skrupel, sich seiner leichten Lebensweise anzupassen und ihn glauben zu machen, auch sie sei mit allen Wassern gewaschen und wisse über alles Bescheid.

Ich lache über Unanständigkeiten, ich verstehe Zweideutigkeiten, ja, ich spreche selbst oft über die unpassendsten Dinge!! ... Onkel ist ein alter Mann, der seine Worte nicht ganz genau nimmt; die Hausgesellschaft hat meistens größtentheils aus Herren bestanden, denen diese Freiheit willkommen ist, Tante hat niemals jemanden zu imponieren verstanden und läßt alles um sich geschehen. So ist es denn, um nicht prüde erscheinen zu wollen, rathsam, bonne mine à mauvais jeu zu machen ... Unpassende Sachen sind mir so geläufig zu sagen, zu hören und zu thun, wie anderen Leuten die passenden ... ohne des Herren leitende Gnade wäre ich eins der verworfensten, gemeinsten, intrigantesten, frivolsten Geschöpfe, die die Erde trüge.

So klagte sie sich der Freundin gegenüber an, und ich sehe sie in Gedanken vor mir, wie sie vor Lachen über Hermanns oder des Onkels Witze schier zerplatzt, wie sie die beiden glühend darum beneidet, ganz frei zu sein von dem Korsett der Konventionen und Vorschriften, welche den Frauen verbieten, sich natürlich zu geben. Hier in Lüne war keine verklemmte Tante Marianne, keine Tugend fordernde Mutter oder eifersüchtige Schwester Marie, keine Weißnäherei, niemand, der das Korsett fester schnürte, als sie ertragen konnte, niemand, der von »Gott« und

240

seiner grausamen Forderung sprach, sich völlig aufzugeben und zu verleugnen. Hier war der Mann, den sie liebte und nach dem ihr ganzer Körper glühend verlangte, und in Hannover wartete Amalie Hassenpflug, die von ihr ernannte Göttin und Herrin über ihr weiteres Geschick, die befahl: Gib alles auf, was dir lieb ist, gib dich selbst und jede Zukunft auf, widme dich nur noch deiner Liebe zu Gott, dann schenkt dir Gott die Kräfte, die dir an mir so imponieren, dann rettest du fürs ewige Leben deine Seele, die du ohne dieses Opfer verlieren wirst. Und so entschloß sich denn die tapfere Louise, so lange an sich zu arbeiten, bis sie sich selbst niedergeknüppelt hatte.

Am schwersten wurde ihr dabei, ihr angeborenes Geltungsbedürfnis zu überwinden.

Immer will die Rose Trauben tragen in der Welt und der Weinstock Rosen, und dies veranlaßt so viel Verkrüppelung in der geistigen Welt, so viel Mißwachs. Gott will auch geringe Pflanzen – so schäme ich mich nicht, eine zu sein.

> *Hab all mein Tag nichts Guts getan*
> *habs auch noch nicht im Sinn,*
> *die ganze Freundschaft weiß es ja,*
> *daß ich ein Unkraut bin.*

So zitierte sie einen damals gängigen Vers und bekannte sich damit zu Hermann, in welchem sie mit ihren anerzogenen Wertmaßstäben auch nur Unkraut entdecken konnte.

Louise hätte ihren Hermann in jenen Tagen zurückgewinnen können, wenn Malchen sie nicht so unnachsichtig zur Ordnung gerufen hätte. Das Verhältnis nahm nun, wo beide im gleichen Haus wohnten, einen ruhigen, freundschaftlichen Verlauf. Louischen und Hermann führten ein gemeinschaftliches Tagebuch, welches sie täglich abwechselnd schrieben, voll munterer Späße und Neckereien, die allerdings heute oft nicht mehr verständlich sind, und sie versuchten sich gemeinsam an einer Dante- und Metastasio-Übersetzung.

Ein Vers von Pietro Metastasio ist davon erhalten:

L'onde; dal mar divise,
Va prigionera in fonte,
va passegiera in fiume,
Momora sempre e gene,
Fin che nun torn'al nar.
Al nar, dov'ella nacque,
dove da lunghi errori
Spera di riposar.

Die Woge fern vom Meer
Muß weilen in enger Quelle,
Muß eilen in Stromesschnelle,
drum seufzt sie schwer
nach Wiederkehr
zum Meer, dem sie verdankt das Leben,
das ihr die feuchte Seele gegeben,
wo sie, verirrt so lang und oft,
endlich zu ruhen hofft.

»Die feuchte Seele ist von mir«, sagte Tante Louise oft mit Behagen.

In den Aufzeichnungen von Louises Sohn August, dem ich so manche Information über seine Mutter verdanke, fand ich folgende Notiz:

Anmerkung zum Verhältnis von Louischen und Hermann. In den 50er Jahren war Hermann einst zum Besuch bei Louise Meyer, seiner Schwester, in Hannover. Da saß er einmal mit Louischen in deren Stube, brachte das Gespräch auf ihr früheres Verhältniß und wie es so ohne Heirath geendet und sagte, er tröste sich darüber durch den Gedanken, daß sie doch nicht glücklich zusammen geworden sein würden. »Nicht glücklich! Welch' ein Irrtum!« erwiderte Louischen und schildert ihm nun mit ihrer ganzen Dialektik die Hingebung ihrer Liebe und die

Seligkeit, die ihm daraus erwachsen sein würde. Überwältigt
sagt Hermann, sie seien beide doch noch jung, noch heiraths-
fähig, jetzt, in dieser Stunde, könne ja dies Glück beginnen!
»Jetzt? O nein!« sagte Louischen. »Ich sprach von Zeiten, die
vergangen sind, die unwiederbringlich vorüber sind.« Und ohne
ein Wort zu sagen, stürzt Hermann aus dem Zimmer.

Andern Tages erzählt Louise Meyer, Hermann sei doch ein
sonderbarer Mensch: er habe noch einen Tag Urlaub gehabt,
aber am Morgen habe er gesagt, daß er die ganze Nacht nicht
geschlafen, und sei Knall und Fall abgereist. – Früher hatte er
mal zu Louischen gesagt, wenn er einmal einen Korb kriege,
würde er sich eine Kugel in den Kopf jagen. –

»Das war die poetische Gerechtigkeit«, sagte Mama, als sie
mir dies erzählte zu Hildesheim am 9. Juli 1885.

Am 21. Januar 1847 endete die friedvolle Zeit in Lüne durch
den plötzlichen Tod des alten Onkel Jochmus, dessen letzte Lebensfreude Louischen gewesen war, weil sie ihn und er sie so gut
verstand.

Um halb sechs Uhr morgens war er gestorben, eine Viertel-
stunde nur krank, auch das nicht mal, sondern nur schwer at-
mend und nach dem Doktor verlangend, und als der kam, war
er schon tot. Ein beneidenswerter Tod für einen liebenswürdigen
Menschen. Am Tag zuvor war sie noch mit dem Onkel in eine
»chemische Vorlesung« gegangen, hatte sich noch so gut mit
ihm unterhalten und war so stolz auf ihn gewesen. Sie hatte ihm
auch noch für alles gedankt und ihm gesagt, wie lieb sie ihn
hatte, und dann war er plötzlich tot.

Sein Anblick ist keine Bußpredigt, wie mir sonst Todte zu sein
pflegen, sondern süße, selige, Gottgewisse Empfindungen erfül-
len mein Herz. Aber ich habe Dir längst nicht alles gesagt, was
meine Seele erfüllt, denn ich habe eine Sehnsucht zu Dir, daß
ich's nicht sagen kann, nur Gottes Wille legt dem unbändigen
Verlangen Zügel an. Besonders gestern, da Dein lieber, goldener

243

Brief kam, Dein Brief voll Reichtum und Offenbarung. Es war einer, um gleich sich in den ersten Wagen zu setzen und hinzufahren, wo Du bist, und nun gerade ist es ungewisser als je, wann ich Dich wiedersehe. Denn wie lange ich hier bleibe, weiß ich nicht und darnach bin ich meiner Schwester Hagemann mehr als je schuldig, zu ihr zu gehen.

Plötzlich scheint mit dem Tod des alten Mannes, der Hermann so ähnlich gewesen sein muß, Louises Liebe wirklich erloschen zu sein, denn es klingt sehr aufrichtig, wie sie schreibt:

Ich muß ihn immer betrachten mit dem staunenden Gedanken: den hast Du geliebt? Ach, was mir sonst das größte Glück gewesen wäre, würde mir jetzt eine dunkle Unbegreiflichkeit Gottes sein.

Hermann hatte nichts getan, um dieses Erlöschen herbeizuführen, denn wie Louischen ihn schilderte, benahm er sich während dieser Trauerzeit einwandfrei korrekt. In ihren Augen, mit denen sie ihn sonst anstrahlte, hatten die Tränen vermutlich das Feuer vorübergehend gelöscht, dessen lodernde Flammen sonst »dem dummen Klotz ein Leben anlogen«.

Die täglich an Malchen geschickten Briefseiten der nächsten Wochen zeugen davon, daß Louischen nun wirklich einmal gebraucht und gefordert wurde, die Beerdigung mußte organisiert, Leute mußten eingeladen und bewirtet, Briefe geschrieben und die Tante getröstet werden. Theodore ging es außerdem wieder sehr schlecht, und Louise wanderte, anstatt nach Lüneburg zu ziehen, jetzt täglich für einige Stunden zu ihrer Schwester und nahm ihr Hausarbeit ab. Sie versöhnte sich wieder mit ihr, und Theodore war darüber glücklich. Louischen traf auf diese Weise nicht mit ihrem Schwager zusammen. Es machte sie froh, daß sich Theodore jedesmal so herzlich freute, wenn sie morgens bei ihr eintraf.

Malchen – immer in größter Sorge, Louischen könnte der Tod des alten Onkels letztendlich doch noch zu einer Verlobung mit

Hermann treiben – litt unter großen Nervenschmerzen, schrieb nur selten, und wenn, drängte sie mit allen Mitteln, die ihr zu Gebote standen, zur Abreise:

Willst Du Wirtschaftsangelegenheiten pp möglicher Weise Deine Ruhe aufopfern? Du wirst sagen, ich hätte ja selbst noch eben davon gesprochen, daß Dein Dortleben durch die Umstände geboten sei – ja, liebes Kind, aber jede Nachricht, jeder Deiner Briefe machen den Wunsch in mir reger, daß Du aus einer immer gefährlicheren Lage befreit werden mögest, und geben mir die Überzeugung, daß Du mehr um supponirter als wahrhafter Nothwendigkeit darin verharrst. Liebes Kind, was der Wille Gottes in dem Zusammentreffen verschiedener Umstände sei, ist schwer zu erkennen.

Immer wieder warnte sie die Freundin vor dem Gerede, das durch ihr längeres Dortbleiben entstünde.

Louise war über diese Einwände zornig.

Ich wolle zurückkommen wegen des Geredes? Da sie wissen, alle, daß es nicht meine Art ist, mich um Gerede zu kümmern. Und ein böser Schein ist solches Gerede nicht, sie müßten's, sie würden's für einen Vorwand halten, und denke selbst, wie kränkend es mir wäre, wenn jemand glaubte, ich ging hier des gefährdeten Herzens wegen weg. Mein Stolz, meine Ehre, ja, selbst mein Christentum leidet den falschen Schein nicht, daß ich ging aus Angst vor der Liebe zu Hermann. Nein, die Wahrheit ist, daß ich käme aus Sehnsucht zu Dir, und das möchte ich auch der Welt sagen können, weil es der edelste Grund ist, der sein kann. Von den Besorgnissen wirklicher Gefahr im Zusammenleben mit Hermann habe ich mich schon wieder ganz frei geschrieben.

Amalie ließ nicht locker. Sie setzte Himmel und Hölle in Bewegung, die Freundin aus dem Sündenpfuhl zu reißen und in ihre heiligen Arme zurückzubringen. Sie versuchte, Louises Mutter zu bewegen, die Heimkehr der Tochter zu befehlen. Und schließlich war es denn soweit. Ein Eilwagen erschien, um das gefährdete Kind nach Hannover zurückzuholen, und am 11. März 1847 trug die Mutter Grisebach in ihr Tagebuch ein:

Alles wurde zu Louischens Empfang vorbereitet, ich ging auch nicht zum Verein (es war gerade Donnerstag), um 10 Uhr kam sie an, sehr gesund und froh, wieder da zu sein. Sophiechen Oldekop kam mit herauf, sie tranken Chocolade und Kuchen, ich nicht mit, ich hatte mich in der Nacht gar nicht gut befunden, ich wollte nun durch Hunger es zwingen. Louischen erzählte viel; um 1 ging sie nach Malchen und versäumte denn auch glücklich gleich das erste Mittagsmahl, kam erst, wie wir schon fertig waren.

Das Schicksal der weißnähenden, trostlosen alten Jungfer schien besiegelt, es gab keinen Ausweg mehr.

VIERTER TEIL

Die letzte »Abtötung«

Die Hassenpflugs in unruhigen Zeiten
(1846 bis 1849)

Louise mußte nun wieder mit der Mama, Mariechen und Tante Marianne zusammenleben.

Die »Rosensteiner« waren, in Leder gebunden, abgeschlossen.

Lange Zeit müssen Malchen und Louischen, von Reisen unterbrochen, in Hannover gewohnt und sich täglich gesehen haben. Über das, was sich dort zwischen ihnen abspielte, gibt es keine schriftlichen Aufzeichnungen. Immer, wenn beide sich trennten, schrieben sie sich Briefe, und jede hob die der anderen auf. Nach Malchens Tod im Jahre 1871 bekam Louise ihre Briefe zurück und begann damit, das meiste zu verbrennen, weil interne Angelegenheiten der Familie Arnswaldt darin stünden, die unbedingt mit ins Grab müßten. Ihr Sohn rettete den Rest, übertrug aber nur noch diejenigen Briefstellen in seine leserliche Schrift, die ihm besonders gut gefielen, und das waren vorwiegend religiöse Betrachtungen, die wenig über das Erleben der beiden Frauen aussagten und vor allem alles Politische wegließen. Viele Jahrgänge, auch die von 1847 bis 1850 sind verbrannt, die für uns Heutige wegen der Revolution von 1848 interessant gewesen wären. Viele Briefe und Zettel sind in der Abschrift des Sohnes ohne Datum.

Da bekannt ist, daß Malchen immer den lebhaftesten Anteil am Leben ihres Bruders nahm, ja sein Leben oft lange Zeit teilte, muß ich erzählen, was ich vom Bruder weiß, wenn ich erzählen will, was ich von Amalies Leben bis 1849 weiß.

Ludwig Hassenpflug wurde 1846, nach einer längeren Tätigkeit in Berlin, zum Präsidenten des Ober-Appellationsgerichtes für Neuvorpommern in Greifswald ernannt, wo ihn Malchen gelegentlich besuchte. Er schrieb über die bescheidene Unterbringung seiner damals neunköpfigen Familie (1848 kam noch ein Sohn hinzu):

Unsere Wohnung, die fünf Zimmer, einschließlich einem Saal in der Mitte hat, bildet eine Länge von 100 Fuß ... Wir erleben eine sehr fatale Zeit, weil überall Handwerksleute, mit Zimmermalen und dergleichen beschäftigt, um einen herumgehen und wir noch nicht zu Ende sind. Doch ist wohl die Hauptsache geschehen ...

Hassenpflug war eine Feldherrnnatur. Er konnte niemanden über sich haben, deshalb gefiel es ihm in Greifswald besser als in Berlin; aber seine herrschsüchtige Eigenmächtigkeit stieß die anderen ab. Bei seinen Untergebenen war er unbeliebt, und er erwiderte oft ihre Gefühle, zumal diese Leute meist einer anderen politischen Richtung angehörten.

Die Handwerker in der neuen Wohnung störten ihn beim Arbeiten und machten ihn nervös. So verabredete er mit dem Zimmermaler, daß einige der Arbeiten, die ihn besonders belästigten, später ausgeführt werden sollten, wenn es besser passe. Das Geld für diese zum Teil noch nicht ausgeführten Reparaturarbeiten ließ er sich aber von der Regierungs-Hauptkasse schon anweisen und die Handwerker darüber quittieren. Es handelte sich um 11 bis 17 Taler, und es entsprach seinem Charakter, sich sowenig wie möglich mit »Kleinkram« abzugeben. Er hatte oft, vor allem in Kassel, große Schulden auf sich geladen, weil ihm der umständliche Schreibkram zur Rückerstattung seiner Spesen zuwider war. Jedes Mehr zahlte er anstandslos aus eigener Kasse und verzichtete oft auf Ersatz.

Es war aber immerhin eine Unkorrektheit, und ein Angestellter, den er 1847 wegen Unredlichkeit entlassen hatte, rächte sich an dem verhaßten Präsidenten durch die Denunziation, er habe gefälscht. Obwohl der Oberstaatsanwalt die Sache als eine »frivole« Anzeige betrachtete und fallenlassen wollte, verlangte

Ludwig selbst eine »rigoroseste« Untersuchung, da er nicht die Absicht habe, eine solche Beschuldigung auf sich sitzenzulassen. Den naheliegenden Gedanken, die unterlassenen Reparaturen jetzt ausführen zu lassen, lehnte er ab, damit es nicht so aussehe, als ob der Präsident des Ober-Appellationsgerichtes sich vor seinem entlassenen Pedell fürchte. Die Untersuchung wurde also veranlaßt und im September 1849 vom Staatsanwalt wegen Nichtigkeit eingestellt. Inzwischen war aber die Geschichte in die liberale Presse gekommen, für die es ein gefundenes Fressen war, daß der »Frömmler« Hassenpflug als Fälscher entlarvt worden sei, und das Kreisgericht verlangte, trotz abermaligen Antrages der Staatsanwaltschaft auf Niederschlagung, eine erneute Untersuchung und lud den Ober-Appellations-Präsidenten vor. Da Hassenpflug inzwischen Greifswald verlassen hatte – sein Kurfürst in Kassel hatte den Verstoßenen nach der Revolution und dem Versagen der »Märzregierung« wieder zu Hilfe gerufen –, folgte seine Familie der Vorladung nicht. Die Ladung wurde im Februar 1850 von dem Gerichtsdiener an seine Wohnung genagelt, zum besonderen Gaudium der Greifswalder.

In Greifswald war im Gegensatz zu Berlin die Revolution sehr viel ruhiger verlaufen. Dort gab es nur einmal, in der Nacht vom 15. auf den 16. März einen Aufstand, dann aber hatte man auf die Kunde von den Berliner Märztagen beschlossen, den Berliner Kämpfern zu Hilfe zu eilen. Aber die Kampfeslust verrauchte auf dem Wege, die Revolutionäre kehrten wieder um. Ludwig und Male sahen in ihnen nur ungezogene Kinder und erkannten zeitlebens nicht die Vorboten einer neuen Zeit. Obwohl seit vielen Jahren von der alten Heimat getrennt, erfuhr Hassenpflug doch durch Malchen, wie die Revolution den hessischen Kurfürsten zu allen möglichen Konzessionen gezwungen hatte. Alles war eingetreten, was er dem Kurfürsten prophezeit, vor dem er gewarnt hatte (und weswegen er entlassen worden war). Der Kurfürst spürte Reue, rief den dem monarchischen Gedanken immer noch treu Ergebenen 1849 zurück, und Malchens Bruder war am 21. Februar 1849 wieder Minister in Kassel. Malchen zog zu ihm. Das März-Ministerium war gestürzt, aber der Kampf gegen die Konservativen gärte weiter. Malchen schrieb an Ludwigs Sohn:

Nach den Zeitungen ist ein gräßliches Geschrei und dünkt mich schlimmer, als mans erwarten konnte. Besteht der Vater diesen Sturm, so kann er was. Auch für seine Schultern dünkt michs zu viel.

Die »Onkel Grimm«, die sich schon vorher angeblich »nicht zu charakterfest gezeigt« hätten, seien mit Hassenpflugs Auftreten wenig zufrieden, aber »wenns der Vater ihnen recht machen wollte«, meinte sie, »so müßte er aufhören, er selbst zu sein.«

Hassenpflugs energisches, mutiges Auftreten imponierte selbst den Demokraten, wie sie halb widerwillig eingestanden. Er sei doch »ein ganzer Mann von Geist und Eleganz«, und mit ihm sei ein »warmer, wirklicher und lebendiger Kampf« möglich. Sie warfen seinen Gegnern direkt vor, daß sie Hassenpflugs Leben beschnüffelten und den unseligen Greifswalder Prozeß breitträten.

Nur blinde parteiische Voreingenommenheit konnte nicht sehen, daß es sich hier nur um einen politischen, nicht um einen kriminellen Prozeß handelte.

Hassenpflugs politische Gegner wußten ganz genau, welche Waffe sie mit der Fälschungsklage gegen ihn in der Hand hatten, und sorgten dafür, daß diese Waffe sich überall erhob. Hassenpflug und Malchen konnten in Kassel nicht über die Straße gehen, ohne daß ihnen »Fälscher« nachgerufen wurde.

Er verfolgte politisch die gleichen Ziele wie Bismarck. Daß Deutschlands Gesamtverfassung neu geregelt werden mußte, stand für ihn fest und erschien ihm damals wichtiger als die besonderen hessischen Zustände. Eine »deutsche Grundidee« schwebte ihm vor, als er im Mai in Begleitung des Kurfürsten zum Fürstentag nach Berlin fuhr. Er wurde dort, trotz der über ihm schwebenden Klage, sehr geehrt, aber als er nach Kassel zurückkam, war er einer unglaublichen Hetzjagd ausgesetzt. Nach drei gewonnenen Instanzen geschah das für Malchen Unglaubliche: Das Greifswalder Kreisgericht gab dem politischen Druck des »Kladderadatsch« und anderer Medien nach und verurteilte den Minister wegen Unterschlagung von 17 Talern zu 14 Tagen Gefängnis. Der Kurfürst, dem Hassenpflug sofort das Urteil mitteilte, nahm die Sache leicht und verhinderte, daß Ludwig diese Strafe antreten mußte, aber in Kassel war der Teufel los, und diese Aufregung ging natürlich auch auf Ludwigs Freunde und seine Schwester über. Ich fand in einer Broschüre die Mitteilung, eine gewisse Louise Grisebach, die vertrauteste Freundin der Male Hassenpflug, habe die (denkwürdigen) Verse gedichtet:

Ihr allerinfamsten Greifswalder Schurkengelichter,
glaubt Ihr etwa, Ihr wäret Richter?

Nun, eine satirische Glanzleistung war das wohl nicht. Es zeigt aber immerhin, daß Louischen zu den seltenen Freunden gehörte, die sich durch einen Rufmord nicht beeindrucken und irremachen ließen. Auch Malchen wurde nun von vielen Menschen geschnitten, wie schon einmal, als Ludwig beim Kurfürsten in Ungnade gefallen war. Mitreden durften Frauen nicht, aber sie hatten immer unter den Fehlern der Männer zu leiden.

Die liebende Amalie und die fromme Louise:
Ihre Freundschaft zwischen 1846 und 1853

Ein tragisches Erlebnis hatte Malchen im Sommer 1847. Lange
war eine Reise nach Graz vorbereitet worden, auch in den »Ro-
sensteinern« war schon verschiedentlich davon die Rede gewesen: Malchen hatte vor, mit Frau Anna von Arnswaldt und deren
Schwester Ludowine von Haxthausen ihre einstmals so geliebte
»Veronika« (Amalie Zuydtwick) im Kloster zu besuchen. Weder
Malchen noch Gretchen waren je darüber hinweggekommen,
daß »Veronika« sie verlassen hatte, denn der Schritt, ins Kloster
zu gehen, war für Angehörige so traurig wie der Tod. Jede
menschliche Beziehung war für immer abgebrochen, man sah
sich nicht mehr; Besuche, wie Male und die Haxthausenschwe-
stern sie planten, mußten lange vorher mit der Klosterleitung
vereinbart und von ihr genehmigt werden. Abgehende Briefe
wurden geprüft und waren wie »mit dem Lineal abgezirkelt«
nach einem vorgeschriebenen Schema verfaßt, eingehende Briefe
wurden gelesen und zensiert, Unerwünschtes wurde geschwärzt.
   Malchen hatte seit dem Klostereintritt täglich für »Veronika«
gebetet. Sie hoffte, daß Gott diesen Schritt gesegnet habe, »Veronika« nun ein erfülltes, gottseliges Leben führe und in ihrem
erwählten Amt glücklich sei. Als sie dann mit den beiden Freundinnen das Kloster betrat und in den Besuchsraum geführt wurde, klopfte ihr das Herz bis zum Hals. »Veronika« war eine
hinreißend schöne junge Frau gewesen, groß, schlank und an-
mutig in ihren Bewegungen. Jede schlanke Nonne, die Malchen
aus der Ferne erblicken konnte, prüfte sie, ob das wohl die Geliebte sei, und sah zunächst gar nicht hin, als eine sehr dicke,
plumpe Frau, die ein häßliches, aufgeschwemmtes Gesicht hatte, mit einer anderen den Raum betrat. Es war »Veronika«. Sie

zuckte vor jeder körperlichen Berührung zurück, ließ sich nicht einmal zur Begrüßung umarmen und führte das Gespräch dann nur mit ganz leiser, scheuer Stimme, immer beobachtet von einer Aufsichtsnonne, die zur Kontrolle mitgekommen war. Die drei Frauen konnten dieses Wiedersehen kaum ertragen. Sie brachen alle drei in Tränen aus, als sie das Kloster wieder verließen. »Veronika« hatte zwar auf alle Fragen, wie es ihr gehe und wie sie sich fühle, geantwortet, es gehe ihr gut, aber ein Blinder hätte gemerkt, daß er einen an Leib und Seele gebrochenen Menschen vor sich hatte.

Amalie Zuydtwick starb 1854, und ihr Nachlaß wurde nach Bökendorf geschickt. Malchen schrieb dazu an Louischen:

Unter den Sachen, die aus »Veronikas« Nachlaß hierher geschickt [wurden], ist ein kleines Christusbild auf Holz in Oel gemalt. Mehr wie alles ist es ein Zeugniß, wie »Veronikas« Sinn und Geist dort ist Gewalt gethan worden: ein so fatales, süßes Ladendienergesicht, wie man's nur auf den elendsten Bilderbogen finden kann! Sie haben sie in den neufranzösischen katholischen Geschmack genöthigt, sie, der nichts kräftig, nichts gewaltig genug war! Die Composition von Christus am Kreuz mit den zwei Propheten, die ich habe, und diese Fratze!

Malchens Illusionen vom Klosterleben waren zerstört, und sie litt lange unter diesem Erlebnis.

Um so leidenschaftlicher muß sie nun ihr Herz an Louischen gehängt haben, aber es fällt auf, daß die erhaltenen Briefe, Briefteile und losen Zettel ohne Datum ab 1850 einen anderen Ton haben als die »Rosensteiner« von 1846/47. Das hatte wohl folgenden Grund: Louises Schwester Mariechen, die von Kindheit an im Schatten ihrer Schwester gestanden und niemals ein gesundes Selbstbewußtsein entwickelt hatte, war nicht nur wegen Hermann ungeheuer eifersüchtig auf Louise. Auch jede Freundin, die Mariechen hätte haben können, wurde ihr immer gleich untreu, sobald sie Louise kennenlernte und von ihr bezaubert wurde. Mariechen wäre gar zu gerne selbst eine Freundin ihrer Schwester Louise geworden, wenn beide nun schon einmal dazu verurteilt waren, ihr Leben gemeinsam in einer Wohnung zu verbringen. Aber Louise empfand diese ewig im Haushalt herumpusselnde und eifrig nähende, geistig überhaupt nicht interessierte Schwester als Zumutung. Schon für Theodore hatte sie nichts übrig, aber die war so warmherzig, daß sie deren Liebe dann doch hin und wieder erwiderte. Mariechen dagegen war durch ihr freudloses, unerfülltes Leben ein wenig böse und intrigant geworden. Es ärgerte sie maßlos, daß Louise im Haushalt keinen Finger rührte und ihr alles überließ. Deshalb weigerte sie sich auch, in Louises Zimmer Staub zu wischen. Das sollte die Faule gefälligst selbst tun. Louise tat das natürlich nie, und so sammelte sich auf ihrer Kommode der Staub, bis sie die Schicht dazu benutzen konnte, mit dem Finger Notizen hinein zu schreiben. Auch wenn Louise regelmäßig zu spät zum Essen kam, weil sie mit Malchen so angeregte Gespräche führte, daß sie darüber die Zeit vergaß, wurde Mariechen wütend. Auf Befehl der Mutter mußte sie ihren Groll hinunterschlucken, durfte nicht toben und schreien, wonach ihr oft zumute gewesen wäre. Und so kam es eines Tages bei Mariechen zu einem Ausbruch von Bosheit, der das glückliche Verhältnis von Malchen und Louise vergiftete.

Louise war wieder einmal nicht zum Essen nach Hause gekommen, Mariechen mußte ein mit Mühe zubereitetes Gericht in die Mülltonne werfen, da platzte ihr beim Anblick einer heiter eintretenden Louise, die sich nicht einmal entschuldigte, der Kragen. »Früher hätte man dich und Malchen hingerichtet!«

»Was soll das heißen?« fragte Louise erstaunt.

»Weißt du nicht, warum Katte hingerichtet wurde?«

»Wer ist Katte?« fragte Louise.

»Na, doch der Freund von Friedrich dem Großen.«

»Und warum wurde der hingerichtet?«

»Weil er genauso ein Freund von Friedrich dem Großen war, wie du eine Freundin von Malchen bist, und Friedrichs Vater hätte den eigenen Sohn auch beinahe hinrichten lassen. Du hättest das auch verdient.«

»Warum denn um Gottes willen?«

»Weißt du nicht, daß diese Art von Liebe eine Todsünde ist?«

Louischen hatte davon noch nie etwas gehört, und Mariechen wußte davon auch nur, weil Hermann ihr das eines Tages erzählt hatte.

Von da ab fing Louise an, die Freundin, sich selbst und ihre Gefühle für Amalie zu beobachten, und sie mußte feststellen, daß Malchen tatsächlich manchmal innere Regungen und äußere Reaktionen darauf mit Gewalt zu unterdrücken schien, die sie, Louise, in dieser Art nicht hatte. Wenn Louise sie arglos küßte, wie man eine Freundin küßt, wurde Malchen oft blutrot und entzog sich, sie vermied körperliche Berührungen.

Louise besorgte sich Literatur über Friedrich den Großen, denn es gab niemanden, den sie hätte um Rat fragen können, auch ihren Pfarrer Petri nicht, aber nun begriff sie, warum Petri ihr die »Rosensteiner« kommentarlos zurückgegeben und kein Wort darüber verloren hatte.

Da sie spürte, daß ihre eigenen sexuellen Gefühle ausschließlich Hermann galten, und Amalie niemals versuchte, diese auf sich zu lenken, sprach sie die Freundin von jeder Sünde frei, vermied aber auch, sie in Versuchung zu führen. Diejenige, die sich der anderen überlegen fühlte, war jetzt Louise, und sie war es auch nun, die die andere belehrte und zu erziehen suchte. Wahrscheinlich zog Malchen auch deshalb immer häufiger zu ihrem Bruder, weil Louise eine Trennung verlangte. Die Korrespondenz zwischen den Freundinnen bekam einen ähnlichen Unterton wie einstmals die Korrespondenz zwischen Louise und Hermann: Louise versuchte dem Briefpartner klarzumachen, daß dessen Liebe zu ihr eigentlich eine große Sünde sei.

Malchen muß in dieser Zeit sehr gelitten haben. Sie schrieb:

Das bloße Wissen einer starken Liebe thut es nicht; das Leben verlangt Leben, sagst du hier auf diesem Blatt vor mir. Ach, ich verhehle Dir's nicht, daß mein ganzes Herz blutet, wenn ich dran denke, es von der süßen Gegenwart losreißen zu müssen! ... Mein liebstes Herz, ich habe Dich so lieb, daß mir das Herz in Wahrheit weh davon thut, und kann noch gar keine Ergebung in unsere Trennung finden ...

Louischen antwortete:

Ja, wen Gott für sich haben will, dem zerschlägt er, fast wie im Übermuth eines Jupiter, alle seine Götzen, daß auch kein Splitterchen von dem, was man menschliches Glück zu nennen pflegt, übrig bleibt. – Gott sei gelobt!

Von da an versuchten beide Freundinnen, in ihren Briefen von anderen Dingen zu erzählen als von ihrem Innenleben, ihrer Liebe zueinander und ihren Leiden. Um beispielsweise Malchen zu versichern, sie teile deren vom Bruder Ludwig beeinflußte Leidenschaft für das monarchische Prinzip (obwohl man spürt, daß Louise sich auch ein wenig darüber lustig macht), schickte sie ihr den folgenden Brief ins Ministerium nach Kassel:

> *Hannover, am 18. November 1851*
> *Katz' Hedwig, was machst Du?*
> *Weinst Du oder lachst Du?*
> *Ich trinke Bier und esse Wein!*
> *Aber was macht denn die Frau von Arnswaldt?*
> *Die sitzt in der Kammer*
> *und beweint ihren Jammer,*
> *denn der alte Herr König ist todt!**

Ja, liebstes Herz, ich bin heiter und vergnügt geblieben, wie schon mein voriger Brief Dir verkündet hat, und ich weiß, Du wirst darüber sehr froh sein. So hatte ich auch all mein Gut für

---

* Die erste Seite des Briefes ist mit einem dicken Tintenstrich als Trauerrand umzogen. Das Gedicht parodiert Verse aus einem Kindermärchen.

den König längst verpraßt, und da nun der gefürchtete Moment eintrat, daß er wirklich heute morgen gestorben ist, so war ich nur momentan erschüttert, und als ich nachher mein Trauerkleid anzog, geschah es unter Lachen meinerseits und viel Hohn und Abscheu vor Mariechen Lichtenberg, die mich eine kalte Aristokratin nannte, die nur das monarchische Prinzip in ihm geliebt habe. Und empörend fand sie's, daß ich Trauerpapier und Trauercouverte haben wollte und mit schwarzem Crepp ging, da ich doch nicht betrübt sei, und fand mich noch einen Jesuiten dazu, als ich sagte, ich thäte, was in meiner Macht sei, aber Betrübtsein könne ich nicht anschaffen.

Abends: Seit ich ihn gesehen, bin ich doch in anderer Stimmung; nicht weniger freudig, ja sogar selig, denn wie er da lag, so königlich friedlich und still, hatte ich das lebhafteste Gefühl: »unser in Gott ruhender König.« Du kannst Dir gar nicht vorstellen, wie schön er war, prächtig und stille, recht wie ein königlicher Herr auf Erden, aber ein demütiger Knecht Gottes im Himmel. Da lag er auf seinem Bette, die hagere, unendlich abgezehrte Gestalt in der höchsten Galauniform der hannoverschen Husaren mit Stiefeln und Handschuhen, zugedeckt, daß man ihn von Kopf zu Füßen sehen konnte. Um ihn her noch die Wonne des königlichen Lebens, wundervolle Wärme, helle brennende Wachskerzen, Wogen von Eau de Cologne-Duft, nie habe ich solche starke Wonnegerüche so consequent gerochen …

*

26. November 1851
Übrigens bin ich von diesem nun volle acht Tage dauernden Königsspectakel so abgespannt, daß ich am liebsten nichts thäte wie lesen … Gestern Abend oder vielmehr Nacht thaten wir unserem königlichen Alten die letzte Ehre an, indem wir von 10 Uhr bis nachs 1 Uhr in der Garde-du-Corps-Caserne saßen, um seine Leiche auf dem letzten Wege zu sehen. Es war übrigens wahrhaft schön und ein recht fürstlicher Anblick und Eindruck: in dunkler Nacht, etwas Schnee lag umher, Fackeln brachten

eine geisterhafte, stille Helle (es waren Wachsfackeln, ungefähr sechshundert, die Spalier bildeten und den Zug hindurch lie-ßen), so fuhren die königlichen Leichen, die Königin voran*, er hinterher, acht königliche Wagen davor und dahinter, Garde du Corps zur Bedeckung des Zuges am Anfang und Schluß, in die Herrenhäuser Allee hinein, dem Schlosse und Mausoleum zu, was unser einziger historischer Boden hier ist. Es war wirklich prachtvoll und unvergleichlich! Ich hatte nie was ähnliches er-lebt, und immer seh' ich das Bild vor mir, wie der Zug, in der Verkürzung nun besser zusammen sich schiebend, in der Dun-kelheit der Nacht verschwand und die Krone auf des Königs Sarge noch am längsten nachschimmerte. Gott sei Lob und Dank, daß ich in einer Monarchie geboren bin!

Auch Malchen berichtete 1853, lenkte von sich selbst ab und erzählte, was sie beeindruckte und was sie am Hofe in Kassel erlebte:

Was mich dies Mal bewegt, erräthst Du nicht: eine Hinrichtung! Ein Bauer, ein ganz wüster, verkommener Mensch, hat seine Frau erschlagen; die Geschworenen hatten ihn zwar zum Tode verur-theilt, er aber läugnete fortwährend die Absicht des Mordes, wen-dete auch Trunkenheit vor, kurz, im Publicum war man so sehr der Ansicht, es geschähe ihm zu viel, daß der Kurfürst noch am Tage vorher einen anonymen Brief mit einer langen Deduction von des Mannes geringer Straffälligkeit und Bitte um Begnadi-gung bekommen. Ich selbst war auch zweifelhaft gemacht und sprach mit Ludwig darüber, der aber gänzlich unbewegt blieb und, wie ich mit einem flüchtigen Blicke sah, am Tisch den Befehl zur Vollstreckung des Urtheils unterschrieb. Mich überfiel ein Schauder über diese eiserne Sicherheit; den ganzen Tag konnte ich die Geschichte nicht aus dem Sinn kriegen, und als die andern

---

* Die Königin Friederike war bis zum Tode des Königs provisorisch unter der Schloßkirche beigesetzt und wurde nun in das Mausoleum überführt.

abends auf den Hofball gingen, konnte ich in meiner einsamen
Stube [an] nichts anderes als den Unseligen und den anderen
Morgen denken. Erst spät wurde mir leicht, und ich konnte auch
für ihn beten. Sein Urtheil war ihm schon am Montag, glaub' ich,
verkündigt, er hatte aber ein Gnadengesuch eingereicht und
mochte wohl noch hoffen; das mochte ihn vielleicht so verstok-
ken, daß er ganz stumpfsinnig und todt erschien. Vilmar*, der ihn
am Dienstag besuchte, sagte, seine Augen hätten so todt und starr
ausgesehen wie zwei in die Wand geschlagene Nägel. – Nun
denk', wie ich heut Morgen herunter komme, treffe ich Ludwig
sehr bewegt im Saal an, der mir erzählt, daß am Abend voraus
der Mann alles so, wie es in der Anklageschrift steht, eingestan-
den und mit großer Reue und Andacht das heilige Abendmahl
empfangen, habe auch gar vom Leben nichts mehr wissen wollen,
sondern nur immer gesagt, er wolle bei Gott sein. In Gegenwart
des Geistlichen und des Richters hat er ein laut Gebet gethan, wo
die sich nicht genug darüber haben verwundern können, wo die-
ser rohe verkommene Mensch, dieser wüste Heide, der vom Chri-
stentum nichts, außer der Taufe, erfahren, solche Worte hernäh-
me. Selbst im Gefangenenhaus sei eine feierliche Aufregung über
diese große That Gottes zu spüren gewesen, und man kann wohl
hoffen, daß der Eindruck davon nicht spurlos vorüber gehen wer-
de. In derselben ruhigen und freudigen Stimmung ist er dann
auch vom Göttinger Scharfrichter, der besonders geschickt ist,
ganz schnell abgethan worden. Nun muß ich immer denken an
die Freude im Himmel über diesen Sünder, der Buße gethan, an
diesen seligen Schächer. Aber man kann auch sehen, daß die To-
desstrafe die wahre Barmherzigkeit ist, denn erst als jede Hoff-
nung verschwunden, ist sein Sinn gebrochen worden. Im Ange-
sicht des Schaffotts hat der Geistliche ihn noch gefragt: wenn nun
noch Gnade käme? aber er hat geantwortet: Ich möchte sie nicht,
ich will nur zu Gott. Seine letzten Worte waren keine andern, als
die eines jeden Christen sein müssen: Gott sei mir armen Sünder

---

* Der Theologe war damals im Hassenpflugschen Ministerium tätig.

gnädig! Selbst der Scharfrichter ist über sein Wesen erstaunt ge-
wesen: ja, der wäre doch ein wahrhaft bekehrter Mensch gewe-
sen. Aber damit man sich dieser göttlichen Gnade nicht überhe-
be, ist einem gleich daneben der Pfahl in's Fleisch geschlagen, daß
das Ärgerniß geschehen, am Vorabend einer so kleinen Stadt all-
gemein beweglichen Sache einen Hofball zu geben.

1853 wurde Theodore wieder so schwer krank, daß Louischen
sie pflegen mußte. Jetzt war sie inzwischen fast dreißig Jahre alt,
es zog sie nichts mehr nach Lüne, und sie konnte sich auch mit
dem Herzen der Schwester widmen.

Da mich kein Mensch hier interessiert, ist es auch keine Entbeh-
rung für mich, immer bei Theodore zu bleiben. Es hat eine Sü-
ßigkeit, jemandem, der vielleicht bald in die Ewigkeit geht, noch
zu Gefallen zu leben. Ich weiß nichts von Ungeduld mit Theo-
dore, die ich sonst immer hatte. Sie grüßt Dich.

Ganz ohne neue Versuchungen ging die Zeit in Lüneburg aber
nicht vorüber, denn Hermann besuchte sie einmal. Wieder spürt
man die große Unruhe, die durch diesen kurzen Besuch in Louise
ausgelöst wurde. Ihre Geduld mit Theodore ließ nach, vor allem, als sie hörte, diese würde nun doch nicht so schnell sterben.

Am Abend trieb's mich um 9 in's Bett und es hat auch etwas
angeschlagen, ich bin heute wieder gelassener. Wie hat sich alles
darin für mich geändert, daß ich finde, Theodore wird nicht
sterben! Es ist wahr, ich habe nun selbst erfahren, daß viel lieb-
reicher in der Welt miteinander umgegangen werden würde,
wenn man den Gedanken festhalten könnte: die sind vielleicht
alle bald dem Tode in die Arme gefallen. Das Leben, das ist das
Feindliche, auch für die Liebe. Ich schrieb Dir noch, wie ich so
gar keine Ungeduld empfände und alles hier so prächtig im
Schlußaccord schiene: nun höre ich lauter Dissonanzen, und der
Auflösungsaccord liegt in weiter Zukunft. Da ist gleich der Teu-

fel los und auch namentlich in mir. Ich hoffe aber, daß alles am Sonntag wieder anders wird, wo ich zur heiligen Communion zu gehen gedenke, was mir höchst nöthig ist.

Ohne dies, wer weiß, ob ich mich nicht aus heller, klarer Langeweile in Hermann verliebte, der vorgestern Abend wie ein Trunk Wasser in der Wüste von mir begrüßt wurde. Hätte ich ihn nicht vor Mißverständnissen bewahren wollen, so würde ich ihn geküßt haben, wie er mir dazu so bequem neben mir auf dem Sopha räkelte. Er war auch recht angenehm an sich und war mit seiner geliebten, jetzt freilich mehr nur gewohnten Frau soeben in Hamburg gewesen.

Um sich vor einem Neuaufflammen ihrer Liebe in Sicherheit zu bringen, rettete Louischen ihre Seele wieder in das ungeliebte Hannover.

Hannover 1853
Die ungeheure Geschäftigkeit von Mama und Mariechen in häuslichen Dingen dauert fort, es ist überhaupt alles ganz unverändert, aber ich kann nicht klagen und fühle keine Klagen, weil ich ja jede Minute erkennen kann, wie mich Gott führt, daß Er beständig meine Natur zu Boden schlägt, demüthigt und tödtet. Ich bin sehr fröhlich, weil ich in Wahrheit von mir sagen darf: »Die nichts inne haben und doch alles haben.« Meine Lebensführung ist für meine Natur gerade so schwierig, wie es überhaupt möglich ist, und deshalb kann es keine bessere für mich geben. Gelobt sei Er! …

Wie ich in die Stunde ging*, war Mariechen beim Abwischen – wie ich eben wiederkomme, wischt sie noch! – Ella sagte heute Morgen: »Ikchen** hat so viel zu thun und Du eigentlich gar nichts.«

---

* Louischen begleitete Ella, die Tochter Emilies, in ihre Schulstunden bei Privatlehrern.
** So wurde Mariechen von Ella genannt.

Das hat Louise wohl geärgert, denn sie wurde gleich aggressiv auch gegen die Freundin und griff sie wegen ihrer »sündigen Liebe« an, die die Freundin offensichtlich gebeichtet hatte.

Gott behüte Dich! Laß nicht ab, Ihm nachzuschreien! Rom ward nicht in einem Tage gebaut und Du nicht durch eine Communion und Beichte geheilt. – Aber einmal gewiß! Wir Alle! – O möchte dieses bald geschehen! Amen. –

Dein Louischen.

Der Bruder: Malchens Schicksal

Der Minister Hassenpflug versuchte indessen mit moralischer Unterstützung seiner Schwester, seine politischen Ziele durchzusetzen und ging dabei mit oft unnötiger Härte vor. Die Art und Weise, mit der er alle behandelte, die eine selbständige Meinung zeigten, machte ihm viele Feinde, nicht nur bei politischen Opponenten. Seinem alten Freund und Gesinnungsgenossen Vilmar warf er beispielsweise vor, die Begutachtung seines Verfassungsentwurfes wie eine »Schulmeisterarbeit« behandelt zu haben.

Seine festesten Anhänger hatte er nach dem preußischen Muster in einem »Treubund«, der hauptsächlich Geistliche und Landbewohner als Mitglieder hatte, zusammengeschlossen, aber daß eine ganze Reihe dieser prominenten Mitglieder Schmach und Schande über ihn bringen sollten, hatte er nicht erwartet. Der eine stahl und unterschlug wertvolle Münzen und Gemmen aus einem Museum, ein anderer bereicherte sich an der zur Bekleidung von Waisenkindern bestimmten Leinwand, ein Justizbeamter ließ sich grobe unsittliche Exzesse zu Schulden kommen, und was das schlimmste war, der Bundesvorsitzende wurde wegen Unterschlagung zur Amtsentsetzung und einer Zuchthausstrafe verurteilt.

So fehlte es nicht an Spott und Hohn über alle »Vilmarianer«, diese scheinheiligen »Frömmler«. Auch der Kurfürst wurde wegen seiner Liebesgeschichten und unstandesgemäßen Heirat angefeindet; Hassenpflugs Drängen, sich scheiden zu lassen, nahm er nicht ernst.

Eines Abends, als Ludwig aus dem Theater kam, wurde er von einem Grafen Ferdinand Max zu Ysenburg, der 1849 die Tochter des Kurfürsten geheiratet hatte, auf offener Straße angefallen und mit einem Spazierstock verprügelt.

Der Vorfall erregte ungeheures Aufsehen. Die Ehre erforderte, daß er den Grafen auf Pistolen forderte, aber der Kurfürst nahm Partei für seinen Minister, nicht für den Schwiegersohn, und verhinderte ein Duell. Obwohl Ludwig den Attentäter für geistesgestört hielt, war er doch entsetzt über die Wirkung des Hasses, der sich gegen ihn richtete. Das schlimmste waren die vielen boshaften Zeitungsartikel in den auswärtigen Blättern mit phantasievollen Angaben über den Hergang des Attentates.

Wirklich sicher konnte sich Ludwig auch seines Kurfürsten nie sein. Dem gingen Vilmars und Hassenpflugs theologische Forderungen zu weit, auch war Vilmar nur mit halbem Herzen Politiker und nicht ohne Bedenken dem Rufe Hassenpflugs ins Ministerium gefolgt. In der Frage von Vilmars Bestätigung standen der Kurfürst und sein Minister sich schroff gegenüber. Bis 1855 waren die Auseinandersetzungen schließlich so beleidigend geworden, daß Hassenpflug, ohne die ihm so wichtige Verfassungsfrage gelöst zu haben, mehrmals Entlassungsgesuche einreichte, bis der Kurfürst nicht anders konnte und ihn am 15. Oktober 1855 entließ. Hassenpflug suchte in Kassel nach einer neuen Arbeit, aber es war kein angenehmes Warten, weil er nun als gestürzte Größe betrachtet wurde. Man wußte zwar die Gründe, die zu seiner Entlassung geführt hatten, doch es war einfacher zu sagen, der »Fälscher und Verfassungsbrecher« sei mit Schimpf und Schande davongejagt worden.

Alte Schulden drückten ihn. Von seinen 11 Kindern (drei waren früh gestorben) waren die aus der ersten Ehe wohl erwachsen, kosteten aber noch Geld, und die aus der zweiten Ehe waren zum größten Teil noch so klein, daß sie einen Hauslehrer brauchten. Sein Freund Vilmar, der jetzt in Marburg eine Professur hatte, überzeugte ihn, daß er in Marburg billiger leben könne, und so zog er 1856 dorthin. Malchen begleitete ihn und schrieb begeisterte Briefe von der Schönheit Marburgs. Aber auch hier ging Ludwig sein schlechter Ruf voraus, er bekam Drohbriefe, wurde gesellschaftlich geschnitten, und Malchen fand ihn sehr gealtert und krank.

Von der Parteien Gunst und Haß verwirrt,
schwankt sein Charakterbild in der Geschichte.

Mit diesen Worten aus Schillers »Wallenstein« schmückte der Verteidiger Hassenpflugs seine Rede in dem großen Prozeß, der schließlich zur völligen Freisprechung Hassenpflugs führte. Das nützte aber nichts mehr. Man braucht nur irgendein Geschichtsbuch aufzuschlagen, und man wird finden, daß sein Charakterbild immer grau in grau gemalt wird. »Das Volk, welches ihn Hessenfluch nannte«, liest man da, »hatte eben damit das kürzeste Urteil über ihn gefällt.«

Daß Hassenpflug nur ein Frömmler war, glaube ich nach Malchens Briefen nicht mehr. Sie blieb bis zu seinem Tode mit ihm ein Herz und eine Seele. Wie sie die Strenge beurteilte, mit der er Todesurteile fällen konnte, zeigt ihr Brief von der Hinrichtung des Bauern. Es ist ja immer so, daß in Revolutionszeiten gegnerische Politiker verteufelt werden. Viele Leute verglichen Hassenpflug mit Bismarck, auch auf den Karikaturen im »Kladderadatsch« von 1862 sieht man Bismarck umschwebt vom Geiste Hassenpflugs. Der Unterschied ist der: Bismarck hatte später Erfolg, und Hassenpflug hatte zu Lebzeiten keinen Erfolg. Die großdeutsche Idee unterlag in Hessen. Heute ist Hassenpflug vergessen, und die Geschichte ist über ihn hinweggegangen. Aber man sollte bedenken, daß auch Bismarck schrieb, die alten Weiber hätten ihn mit dem Besenstiel totgeschlagen, wenn er 1866 als Besiegter heimgekehrt wäre. Doch er kam als Sieger, und aus dem Cruzifice wurde ein Hosianna. Vielem Bösen, das man Ludwig in der gegnerischen Presse nachsagte, werden so viele Tatsachen zugrunde gelegen haben wie bei der »Unterschlagung« von einigen Talern für die im voraus bezahlte Malerrechnung. Wie wenig Ludwig es verstanden hatte, sich in den hohen Ämtern, die er bekleidete, »zu bereichern«, wird daran deutlich, daß seine Witwe Agnes von Münchhausen, die ihn dreißig Jahre überlebte, ihren Unterhalt in Marburg durch einen Mittagstisch für Studenten verdienen mußte.

Hätte Malchen eine politische Karriere machen dürfen wie ihr Bruder, wäre sie vielleicht eine »eiserne Lady« geworden und hätte sich, wie alle Politiker, Feinde machen müssen. Aber sie hätte eine Aufgabe für sich gefunden.

Da ihr dies verwehrt war, blieb sie eine, die ihre ungeheuren Energien qualvoll gegen sich selbst richten und ihr Feuer austreten mußte, um ihr Heil nur noch in der Religion zu suchen.

> »Dein Brief ist wie das Posthorn eines
> abziehenden Freundes«:
> Das Ende einer leidenschaftlichen Freundschaft

Irgendwann in den fünfziger Jahren muß sich Louise wie »Veronika« endgültig von Malchen zurückgezogen haben. Sie hatte damit begonnen, Ella, das verwaiste Kind Emilies, regelmäßig zu unterrichten, damit sie wenigstens irgendeine Aufgabe erfüllte. Malchen empfand die Hinwendung zu dem Kind, als wende sich Louischen von ihr ab. Sie beschwerte sich gelegentlich über das Ausbleiben von Briefen. Ich kann nachfühlen, wie der folgende Brief Louischens sie getroffen und geschmerzt haben muß. Louischen, nur mit der Rettung ihrer eigenen Seele beschäftigt, hätte für mein Gefühl der Freundin etwas mehr Beistand leisten können in der immer qualvoller werdenden Vereinsamung und offensichtlichen Verfemung. Auch vor Malchen spuckten die Leute ja aus, und alle Feindschaft, die der Bruder auf sich zog, mußte auch sie ertragen.

Louise schrieb aus dem Gefühl sittlicher Überlegenheit heraus:

Es ist im Gehorsam gegen Gottes Führung ja auf allen Seiten unvermeidlich, die leiden zu machen, die man liebt, und sich nur darüber zu trösten, daß man weiß, Gott *thut es durch einen, aber nicht man selbst. Ich habe geglaubt, nicht anders zu dürfen, als zu* schweigen, *und glaube es heute noch ebenso. Du siehst es ja auch [so] an, daß es Dir aus Gottes Hand kommt. Aber von einer Veränderung dieserhalb zwischen Dir und mir habe ich keinerlei Bewußtsein. Jeder Brief von Dir hat mir die alte unveränderte Freude gemacht. Daß ich auf Einzelheiten nicht geantwortet, ist nur aus dem allgemeinen Grund geschehen, daß ich in Sachen des innwendigen Lebens immer glaube, es ist an sich und anderen die Hauptsache, Gott wirken zu lassen und ganz still zu halten. Theilnahmlosigkeit ist's gewißt nicht gewesen. Ich habe mich ganz Gott überlassen in jeder Stunde des Tages und der Nacht, nehme alles von Ihm, lege alles vor Ihm nieder, was Du aber nicht als eine Stufe der Heiligkeit von mir mißverstehen mußt. Nein, es ist seine Führung mit mir und ich [bin] dennoch die ärmste Sünderin unter Seinen Sünderinnen. Aber freilich, das weiß ich fest, daß ich Seine Sünderin bin und ihm angehöre in Zeit und Ewigkeit und niemand mich aus seiner Hand reißen wird. – Ich glaube, daß Du diesen Ruck überstehen wirst wie so viele frühere, ja, vielleicht schon überstanden hast, denn ich habe keinerlei Vorgefühl davon, daß Gott Dich und mich trennen wollte. Ich hoffe, Du schreibst bald wieder.*

Ich weiß nicht, ob es dieser kalte Brief Louises ist, auf den Malchen aus Berlin antwortete:

Tausend und abertausend Dank für Deinen Brief, geliebtes Herz, der mich beides: gefreut und betrübt. Gönne mir nur, etwas mit Dir zu leben, und wenn ich das Tiefste, Vertrauteste, was Du mir giebst, schweigend hinnehme, so ist es eben darum, weil es Schickungen Gottes sind, daß Du so stehst, wie Du stehst, denen man sich beugen muß. Daß es Dir so ist, glaub' ich, nicht, daß es überhaupt so ist, und noch weniger, daß Du bleibst, wie Du sagst: ein Haus, was auf den Abbruch zu verkaufen ist. Es ist ein dunkler Weg, eine enge Pforte, in der Du das Alte abgestreift, aber wenn Dich Gott leben läßt, so liegt auch jenseits Leben, warmes Leben. Aber über jenes kommt mir die Angst tausendmal, und so sehr ich geprahlt hatte, Deiner Briefe nicht zu bedürfen, so konnt' ich doch den Gedanken nicht los werden, als dieser gestern nicht kam: Du könntest wohl gestorben sein. Aber ein Esel bist Du doch, so groß, wie Du lang bist, zu sagen, man wäre am Ende niemand wichtig als Gott im Himmel, und in jedem vorigen Brief wirfst Du mir laut und leise vor, Du seiest mir zu viel, und jagst mich, wo ich mich sehen laße. Ich mache mir keine Gedanken drum.

Hatte sich früher Malchen dagegen gewehrt, von Louise überschätzt und direkt vergöttert zu werden, wehrte sich jetzt Louise gegen die gleiche Haltung. Man hört direkt Malchen in der ersten Zeit ihrer Liebe, wenn Louise ihr schreibt:

Ach, überhaupt beklemmt es mich, daß Du so heilige und ekstatische Begriffe und Vorstellungen von mir hast, daß Du sagst, meine Stellung sei eine über andere Christenseelen erhöhte. So viel ich mich besinne, weiß ich nicht, womit ich Dir zu solchem Irrthum Veranlassung gegeben habe. Statt mich erhöht oder heilig zu fühlen, kann ich meine Grundstimmung nicht deutlicher aussprechen als mit diesen Worten:

> *Es ekelt mir, mich selbst zu sehn,*
> *Mein Wirken ist befleckt;*
> *Mein Denken, Wollen und Verstehn*
> *Voll Eigenheiten steckt.*

Das ist doch wahrhaftig keine Heiligkeit! Nur die Sünde ist gewisse und wahrhafte Wahrheit in mir, alle Besserung nur Sehnsucht und Verlangen. Wenn Du Dich nur entschließest, diese Schilderung wirklich zu glauben, so werde ich doch auch aufhören müssen, Dir so dunkel und unverständlich zu sein, wie Du jetzt immer wiederholst und was mir so leid ist. Ich bemerke überhaupt zu meiner Betrübniß, daß, welchen Ton ich auch vor Dir anschlage, er in Dein Ohr wie ein Mißton fällt. [...] So findest Du es z. B. scheußlich, daß ich mich auf den jüngsten Tag freue, während ich nicht weiß, wie ich es anfangen sollte, diese Freude zu unterlassen. Es ist der Tag der höchsten Vollendung unserer Seligkeit, es ist der Tag, wo Er als König im Glanze Seiner Herrlichkeit zum vollen Siege kommen wird, es ist der Tag, wo endlich Seine Feinde gelegt werden zum Schemel Seiner Füße, wo Sein göttlicher Zorn sich verherrlichen wird an denen, die ihn verachtet haben, und ich sollte nicht jubiliren auf diesen herrlichen Tag? Ich finde meine Freude im dies irae nicht getrübt oder beschränkt und habe mich oft innerlich für glücklich gehalten, im 19ten Jahrhundert erst entstanden zu sein, das um so viel näher am jüngsten Tag ist. – Wir suchen ja die Zuversicht, daß wir zu seiner Rechten stehen werden, nicht in uns selbst, sondern in seiner Gnade, Treue und Verheißung – so ist kein Grund für uns, uns zu fürchten.

Mir scheint, daß Louischen zu dieser Zeit bereits dicht an der Grenze zum Wahnsinn war. Die Sicherung, die sie vor einem Kurzschluß bewahrte, war wohl ihr eiserner Wille und ihre ungewöhnliche Selbstdisziplin. In der heutigen Zeit hätte Louise einen Beruf ergreifen können, und sie wäre zweifellos erfolgreich gewesen, denn sie vermochte es, sich ganz auf eine Sache zu konzentrieren, alle Kräfte zur Erlangung *eines* hochgesteckten Zieles zusammenzuraffen und Nebensächliches fernzuhalten. Für alle Berufe, die empfindliche Sensoren für die Mitmenschen erfordern, wäre sie allerdings ungeeignet gewesen. Auch als Schriftstellerin hätte ihr das wahre Interesse am Mitmenschen gefehlt, Gott hatte sie als Egoistin, nicht als Altruistin geschaffen. Ich könnte mir denken, daß sie eine wirklich große Schauspielerin hätte werden können. Ihre Fähigkeit, sich in Szenen und Rollen hineinzusteigern, war schon phantastisch: Louise Grisebach als der von Gott ganz allein angestrahlte und umschlossene Mittelpunkt des Universums, der sein eigenes Feuer nur ganz austreten und löschen muß, um aufzugehen in Gott und selbst zur Sonne zu werden, und deshalb in masochistischem Eifer jedesmal jubiliert, wenn wieder ein kleines Mißgeschick sie trifft, sie wieder eine Sünde an sich entdeckt, ihr wieder ein Stückchen Lebensglück geraubt wird, das ist schon krank! Wenn es nicht so traurig gewesen wäre – ebenso traurig wie jede andere Krankheit –, könnte mich die Vorstellung einer heiligen Louise, die, eins mit Gott im Glanze ihrer Herrlichkeit, ihren göttlichen Zorn an allen ihren Feinden unter dem Schemel ihrer Füße auslassen darf, zum Lachen bringen.

Die arme kleine Ella, mit Louischen als einziger Lehrerin und Erzieherin! Meine Tante muß unerträglich »altjüngferlich« gewesen sein in jener Zeit, immer mit erhobenem Zeigefinger und unnachsichtig in dem Bemühen, auch der Schülerin die »Sündhaftigkeit« und »Niedrigkeit« als Vorboten der höchsten Vollendung nahezubringen. Sie muß grandios unerträglich gewesen sein. Denn alles, was Louise tat, tat sie groß und ganz!

Wie feinfühlig war Malchen auf alles eingegangen, was Louise erlebte und litt! Mit keinem Wort ging Louise jemals auf das ein, was die arme Amalie in dieser Zeit quälte, worüber zu klagen ihr aber der Stolz verbot. Bei ihr wurde durch die Knebelung aller Lebensenergien nicht der Geist, sondern der Körper krank. Ihr Leben lang litt sie unter entsetzlichen Nervenschmerzen im Arm, die Louise als Anstellerei bagatellisierte.

Malchen begann nun damit, Louischen in ihren Briefen alle möglichen Geschichten zu erzählen, die sie erlebt hatte oder erlebt zu haben glaubte. Es war damals Mode, Tote spuken zu sehen, und man erzählte sich auch in den aufgeklärtesten Kreisen in Berlin die tollsten Gespenstergeschichten.

Es freut mich wieder an meiner Urgroßtante, daß sie sich von derartigen Geschichten in keiner Weise beeindrucken ließ. Malchen hatte sich vergeblich bemüht, Louischen für Geister zu interessieren, da antwortete diese:

Geistergeschichten berühren mich nie sehr im einzelnen. Daß sie möglich sind, fällt mir im allgemeinen nicht ein zu bezweifeln und ich denke nie bei einer: es kann nicht wahr sein. Jedoch habe ich lieber, wenn alles in der Ordnung zugeht, und danke es Gott, daß er mich mit dergleichen Erfahrungen verschont hat. Da aber mein Vertrauen in Ihn befestigt ist, also viel tiefer, so kann mich nichts der Art alteriren, und wenn auch eine fromme Wirtschafterin spuken geht, so denke ich nicht: »wer kann denn selig werden?«, sondern ich denke: »der Herr ist mein Hirt, mir wird nichts mangeln.« Was bedeuten einzelne Erscheinungen, so wunderlich sie sein mögen, wenn man den Urheber alles Lebens und den Beherrscher aller Erscheinungen zum Haupt und Freunde hat?

Und dann ging sie wieder zum Alltäglichen über:

Der Hausfriede ist jetzt wahrhaft von Gott gesegnet, besonders mit Marie eine Harmonie. – Ich habe Weihnachten Ella einen Dompfaffen geschenkt: der ist jetzt Mamas größtes Interesse, es wird fast immer von ihm gesprochen – heißt es nur »er«, so ist es der Vogel. Heute ist er etwas krank, da wird er behandelt wie ein kleines Kind. Es ist doch närrisch, daß mich Gott unter so unschuldvolle Umgebung gepflanzt hat, aber es ist gerade das rechte für mich: geht's der Natur entgegen, so geht's gerad' und fein.

1854 wurde Louischen wieder in Lüneburg gebraucht, denn nun lag Theodore, die sie in Gedanken schon so oft im voraus tot gesehen hatte, wirklich im Sterben. Ihr Mann Theodor Hagemann war ihr im Jahr 1849 schon vorausgegangen. Fünf Jahre hatte die Lungenkranke mit ihren fünf Kindern noch als Witwe alle Lasten allein getragen, nur selten unterstützt von der Stiefmutter, von Louise oder Marie. Es heißt, längere Zeit vor ihrem Tode sei sie auch noch geisteskrank geworden. Louises erhaltene Briefstellen erzählen nichts davon. Statt dessen berichten sie davon, daß sie in diesen Wochen Hermann öfter sah, nun aber über diese Liebe hinweg sei. Es geht jedoch aus anderen Zeugnissen hervor, daß Louise ihre Schwester aufopferungsvoll pflegte und sich auch der Kinder liebreich annahm. Offensichtlich starb Theodore nicht zu Hause, sondern in einem Kranken- oder Irrenhaus, denn Louise reiste aus Lüneburg am 23. Mai 1854 ab, und Theodores Todestag war erst der 17. Juni 1854. Für ganz ausgeschlossen halte ich es aber nicht, daß Theodore genau wie Frau Rumann Louises Art nicht mehr ertragen konnte und in Ruhe zu ihrem eigenen Gott kommen wollte. Ich würde auch »wahnsinnig« werden, wenn jemand mir an meinem Totenbett solche Ideen beibringen wollte, wie sie Louise hatte.

Louise teilte Malchen den Tod der Schwester mit, und Malchen antwortete:

Gott sei tausendmal gedankt, daß hiermit dies Lüneburger Schicksal zu Ende ist! Du hast da manchen guten Kampf gekämpft. Ich habe gar keine Zeit zum Schreiben, denn ich bin mitten im Packen, um morgen früh sechs Uhr nach Bökendorf abzusegeln.

Da Louischen ihr niemals ein gutes Wort über Theodore geschrieben, sich immer nur bitter über die »kleine Seele« beklagt hatte und Malchen Theodore auch gar nicht kannte, kann ich verstehen, daß sie deren Tod nur noch als Erleichterung empfand. Aber ihre Zeilen waren natürlich nicht sehr liebevoll, wenig Anteil nehmend und nur erklärlich durch die Hetze der Abreise.

Jetzt aber war es Louise, die den »Egoismus« der Freundin aufs heftigste anklagte und sich darüber beschwerte, daß Malchen nur noch die eigenen Angelegenheiten wichtig nähme.

Ehe ich auf andere Dinge komme, laß mich über Deinen letzten Brief noch ein Wort der Wahrheit sagen, das mir schwer zu sagen, Dir vielleicht noch schwerer zu vernehmen wird. Aus Deinem ganzen Briefe drang mir leider ein Mißton des Egoismus, dem nach und nach nur seine eigenen Angelegenheiten noch Bedeutung haben. Nicht um meinetwillen vermißte ich irgendein Wort des Interesses an Theodores hinterlassenen Kindern und allen dortigen Zuständen: Du weißt, daß es meinem Hochmuth und meiner innerlichen Einsamkeit nicht darauf ankommt, nach irgend was gefragt zu werden, aber um Deinetwillen war es mir doch schmerzlich, nichts zu hören, als daß es meinetwegen (also der Egoismus für mich) gut sei, daß das Lüneburger Schicksal ein Ende habe. Ach, welche Kälte liegt in diesen Worten!! – Das ist wirklich das Wenigste, denn wenn Gott wollte, daß ich all' mein Leben in Lüneburg zubringen

sollte und immer in so geistig dürftigen Verhältnissen wie bisher,
so dürfte Ihm niemand deswegen dareinreden, und deshalb ist
es also nicht gut, daß das Lüneburger Schicksal ein Ende hat. –
Es thut mir weh, daß Du vielleicht findest, ich moralisiere, aber
die Wahrheit läßt mir keine Ruhe, bis ich sie gesagt habe.

Malchen entschuldigte sich vielmals, sie habe so viele Einzelheiten über Theodores Tod nicht gewußt, vor allem nicht, daß sie
wahnsinnig geworden sei, und sie sei wirklich mit anderen Dingen beschäftigt gewesen. Louischen schrieb versöhnlich, aber es
war etwas zerstört zwischen den Freundinnen, was kaum mehr
zu kitten war.

Malchen schrieb später:

Ich las ihr [Ludowine], weil sie's sehr verlangte, aus Deinem
Briefe vor; sie sagte: Ja, Louischen ist wie ein einsamer Sperling
auf dem Dache.

*

Abends
Dein Brief ist wie das Posthorn eines abziehenden Freundes vor
dem Gitter eines Gefangenen. Ich kann den Klang nicht wieder
los werden in meinen Ohren, in der Grundstimmung meiner
Seele. Was ist's denn? Wir sind ganz aus einander geführt, auf
einen immer doch dürftigen Briefwechsel beschränkt, aus unse-
rem Verhältnis ist Fleisch und Blut fort bis auf die Knochen.
Ich hab' mich auch längst hinein gefunden und meine, es müßt'
eben so sein, und doch: ich brauche nur zu denken, Du stürbest,
so fühl' ich, daß es mit der Abstraction nichts ist, und den
ganzen Strom des Lebens in seinen bittern Wellen über mich
kommen.

*

Am 20. Juli 1854
Der Wahnsinn ist doch das Furchtbarste von der Welt, die Ver-
knöcherung der Sünde … Man kann es sich nicht abläug-
nen, daß man, wenn auch nicht auf so officieller Landstraße,

doch auf manchen Nebenwegen zu diesem Tode gewandelt ist. Der Wahnsinn zeigt einem wie in einem Hohlspiegel nur sein eigenes Angesicht, nur zum Medusenhaupt verzerrt und vergrößert.

Louischen antwortete:

Die Liebe ist sehr fein, die uns in manchen Situationen vom Wahnsinn trennt ... Ach, wenn man sich einmal ganz besinnungslos dem Heidentum überlassen wollte, wie viel gäb's zu stöhnen und zu klagen! Aber nein, ich bin wieder ganz zurechtgerückt in meiner lutherischen Kirche und fühle mich in ihr zu Haus, wie vor Prag und den Elisabethianerinnen, bin ich doch selbst auch so eine in das gewöhnliche Leben verzauberte Klosterfrau, nur mit dem Unterschiede, daß ich die ewigen Gelübde nicht freiwillig geleistet habe, sondern daß sie mir abgefordert sind, worin es denn auch liegt, daß ich zu meiner Züchtigung des Segens der Gemeinschaft entbehren muß und mein Orden, in dem ich lebe, der Orden von der ewigen Einsamkeit ist. Du hast ganz Recht, daß Du sagst, die Gegend sei mit dicken Nebeln bedeckt – komme ich mir doch selbst oft vor wie ein Fluß, dem unter dem Sande sein Bette angewiesen ist, so tief und verborgen, daß niemand sein Rauschen mehr hört. Aber dafür wird er auch in der Ewigkeit crystallhell fließen. Im Lichte der Ewigkeit ist meine Lebensführung wundervoll, ein lauteres Strahlen der Gnade Gottes. Sieht man nur bis an's Grab, so habe ich auf der Welt nie von was Traurigerem gehört als meinen Anlagen für's Leben, meinen Talenten zum Genuß für mich und andere, und – die Realität, wie nun alles geworden und sich gegeben hat. Aber welch' ein Vorzug ist das! Während alle kämpfen und ringen um's Leben oder um Güter und Genuß des Lebens, kämpfe und ringe ich um nichts mehr als meine Sünde und kann das Verslein getrost sagen:

> *Wem Leid ist wie Freud und Freud wie Leid,*
> *Der danke Gott für solche Gleichheit.*

Malchen schrieb darauf in einem unendlich traurigen Brief, der die Spitze des Eisberges ihrer eigenen inneren Einsamkeit ist und den man wirklich langsam und aufmerksam lesen sollte, um auch *ihrem* inneren Leben zu begegnen:

Das dreißigste Jahr ist für Dich und »Veronika« ein entscheidendes: so alt war »Veronika«, als sie ins Kloster ging, und dreißig Jahr warst Du alt, als mit der Übernahme von Ellas Aufsicht und Erziehung sich um Dich die Mauer baute.« »Veronika« ging in ihr neues Leben, der strahlenden Sichtbarkeit ihrer Kirche gemäß, mit all' ihrem Pomp und ihrer Feier, beweint, bewundert von einer Menge der verschiedensten Menschen; Du im Verborgenen, Unscheinbarsten, von keinem geahnet, was diese Übernahme bedeute, als etwa von mir Unseligen, die mit dem Instinct selbstsüchtigen Schmerzes es wußte und sagte: »Das trennt uns!« Veronika bekam eine Heerde im sichern, wohlverschlossenen Pferch zu weiden; Du mußt ein armes Schaf über Stock und Stein und Distel und Dorn schleppen, und wenn jener die Umgebung in die Hände arbeitete, so passirt Dir das Gegentheil. Ich habe an solche Gegensätze anknüpfend oft weiter symbolisieren und Dich und »Veronika« als Repraesentanten der beiden Kirchen denken wollen. Denn es ist wahr, und Du hast Recht, daß Du eine in's gewöhnliche Leben verzauberte Klosterfrau, eine verflogene Schwalbe aus der katholischen Kirche bist, eine der Schwalben aus der alten Kirche, eh' das hölzerne Sparrwerk des Tridentinums sie absperrte, wie sie im 14. Jahrhundert flogen, wo der Frühling ein schöneres Jahr versprach, als der Sommer des 16. halten konnte. Damals war der Protestantismus kein rebellirender, die Ordnung der Mutter zerbrechender Sohn, es war die im Mutterhause nach dem Bräutigame sehnsüchtige, aber gehorsame Tochter, die alle Pracht, allen Reichtum ihres Hauses nur um Ihn versammeln oder alles dahingeben will um einen Kuß seines Mundes.

Auch Louise scheint mir, wie »Veronika« in ihrem Kloster, beim Unterrichten der kleinen Ella ein ihr eigentlich fremdes Wesen angenommen und »häßlich« geworden zu sein. Die Briefe, die ihr Sohn noch abgeschrieben hat, zeigen nicht mehr die ursprüngliche Lebendigkeit, welche die »Rosensteiner« auszeichnete. Immer wieder fahre ich ordentlich zusammen bei Aussprüchen, mit denen sie die Freundin, ohne es zu ahnen oder zu spüren, verletzt haben muß. Die »Heiligkeit« scheint ihr ziemlich in den Kopf gestiegen zu sein, und Amalie, verstrickt in die irdischen Kämpfe ihres Bruders, angefeindet und geschnitten von vielen alten Freunden, auch den liebsten, den Grimms, wurde krank und kränker, zog sich in sich selbst zurück, sah Gespenster, flüchtete immer häufiger nach Bökendorf oder auf die Meersburg, wo Jennys Zwillinge, Hildel und Gundel von Laßberg, lebten, die ihre letzten Freundinnen wurden. Sie sah Louise kaum noch.

Daß sie Louises Entfernung von ihr trotz ihres heftigen Schmerzes darüber mit innerer Größe und Stolz trug, zeigt die Briefstelle, die ich nun als letzte zitieren will. Mit dem »großen Pan« meinte sie wohl ihren Bruder, für dessen Verhalten die Welt sie leiden ließ; dennoch fand ich in keinem einzigen ihrer vielen Briefe jemals ein Wort des Hasses, der Feindschaft oder des Rachebedürfnisses – ganz anders als bei ihrem Bruder, dessen Religiosität alttestamentarische Züge hatte.

Malchen schrieb in diesem Brief:

Man muß es eben nehmen, wie es kömmt, liebstes Herz! In Westphalen fragen sie nicht: »Giebt's wohl gutes Wetter?«, sondern: »Soll's wohl Wetter geben?«, wobei ich immer denken mußte, wie's denn sein würde, wenn das Wetter mal ausbliebe. So heute, wenn dies Wetter Deiner Briefe mal ausbliebe? Wenn's auch nicht immer eins im westphälischen Sinne ist; so dank' ich Dir doch für Deinen Brief, in dem Du neue Riegel vorschiebst, die alten festigst und das parloir nach La Trappe verlegst. Dieser Brief ist ein ganzes Kloster, und ich könnte ihn wohl auf der Hand tragen, denn ich habe einige Blutstropfen zur Gründung dieses morto del cuore's *mit hergeben müßen, aber ich steckte*

ihn ganz bescheiden in die Tasche und zog zufrieden in die Aue,
gerad' um die Mittagszeit, wenn der große Pan schläft und die
Leute essen. Da ist's so einsam darin wie im tiefsten Wald, daß
man das Laub fallen hört.

Mit dem »morto del cuore« spielte Malchen auf den mittelalter-
lichen Brauch an, Kinderleichen in die Fundamente kirchlicher
Gebäude einzumauern oder den Mörtel mit ihrem Blut zu mi-
schen. – Morto del cuore ist die Leiche des Herzens.

Nachtrag

Die große Liebe zwischen Louise und Amalie wurde »Gott« zum Opfer gebracht, wie die sinnliche Liebe zu Hermann.

Im Jahr 1860 veränderte sich die ohnehin schon gestörte Beziehung zwischen den beiden Frauen noch einmal ganz entscheidend: Im Alter von 37 Jahren verheiratete sich Louise Grisebach mit einem Theologen. Ich fand für dieses damals doch außerordentlich seltene Ereignis, daß eine »alte Jungfer« in diesem Alter noch heiratete, keine Zeugnisse von Zeitgenossen. Sie lernte ihren späteren Mann, Carl Leverkühn, in Hameln kennen, als sie einen ihrer Brüder besuchte. Der Theologe muß lange um sie geworben haben, bis er sie vom Podest der endlich errungenen Gottseligkeit und geschlechtslosen Heiligkeit wieder herunterholte in die Gefilde ihrer eigentlichen, sinnlichen und lebensfrohen Natur. Vielleicht ist ihm das mit seinem Humor geglückt, denn für Witz und Humor hatte Louise stets eine Antenne. In einem 1855 geschriebenen Brief erwähnt sie kurz Gründe, warum es ihr widerstrebe, einen Geistlichen zu heiraten. Diese Bemerkung ist aber so allgemein gehalten, daß auch ein anderer Bewerber damit gemeint sein kann. Es gab viele Männer, die sich in sie verliebten und um sie warben.

So schwierig im Umgang sie mit Mutter, Schwester Marie und Tante Marianne gewesen war, so widerwillig sie sich mit Hausarbeiten beschäftigt hatte, die ihr als »fürchterliche Zeitverschwendung« vorkamen, so unangenehm ihr brüllende Kinder gewesen waren, so eine friedliche, glückliche Ehe führte sie nun mit ihrem Mann, so eine tüchtige Hausfrau wurde sie und mit solcher Vehemenz brachen die natürlichen Mutterinstinkte bei ihr durch. Ihre vier Kinder hingen mit leidenschaftlicher Liebe an ihr. Alles, was jemals zu ihr gehört hatte, die »Rosensteiner«, die anderen Briefe und Tagebücher, ihr Bökendorfer Schränkchen, ihre Möbel, ihr Geschirr ist bis auf den heutigen Tag in Ehren gehalten und aufbewahrt worden, auch ich durfte bei ihrem Urenkel Dr. Marcus Bierich auf einem ihrer Stühle sitzen und aus einer ihrer Tassen trinken.

Malchen sah Louises Heirat als endgültigen Bruch an und nahm wenig Anteil an dem Familienleben. Ein Brief von Louise an die einstige Busenfreundin ist noch erhalten, zu dem sie sich 1866 zwischen dem Stillen des kleinen Paul, dem dritten der vier Kinder, und anderen Geschäften schnell einmal Zeit nahm.

Nun fängt Paul an zu knören. Dieser Paul scheint das klügste und niedlichste von den drei Kindern zu sein, und seine Augen (die aber doch wieder zu meiner Genugthuung blau sind*) würden Dir gewiß Vergnügen machen, wenn Du sie sähst. Gottes Güte ist ein Wunder, das all' seine anderen Wunder übertrifft, und ich bin froh, nichts weiter zu sein als Thon in Seiner Hand, aus dem Er nun eine Trinkschale für den kleinen Paul geformt hat.

Wie unbedeutend, gering und winzig scheinen mir alle Gaben: Geist, Wissenschaft, Erkenntnisse, Genuß, Abwechslung, Weltglanz – gegen die Liebe. Alles ist aus bei mir außer dieser, und was ich von Begabung besessen habe, ist so ruhig deponirt in den Anlagen der drei Kinder, daß ich mir keine Sorgen drum zu machen brauche, ob ich nicht etwa irgend ein Pfund, das Gott mir anvertraut, vergrübe. Nichts vergraben, alles abgegeben an die Kinder, die damit wuchern mögen. – Summa Summarum: Gott versteht alles allein und am besten: ich bin entzückt, drei Kinder zu haben.**

Treu dein Louischen

---

* Sie wünschte niemals, daß ihre Kinder irgend etwas von ihr erbten. Deshalb sollten sie auch nicht ihre schwarzen Augen haben.
** Sie bekam im Alter von 48 Jahren noch ein viertes Kind.

Malchen hielt sich bis 1866 oft bei ihrem Bruder in Kassel und später in Marburg auf, sie besuchte Frau von Arnswaldt in Hannover und die Haxthausens in Bökendorf, oder sie wohnte in Berlin bei der befreundeten Familie Stahl. In den fünfziger Jahren entschloß sie sich dazu, das erwähnte Buch über Gretchen Verflassen zu schreiben, und verbrachte einige Jahre mit dieser Arbeit. Damals drängte Louischen sie, dieses Buch zu veröffentlichen, aber Malchen wollte nicht, weil noch zu viele beteiligte Personen lebten. Sie erzählte einer Bekannten davon, und diese kam ihr zuvor. Sie verwendete Malchens Informationen und brachte vor ihr eine Biographie über Gretchen heraus. So wurde Malchens Buch erst viele Jahre später in nur ganz kleiner Auflage gedruckt und ist wohl nur von wenigen Menschen gelesen worden. Die unendlich vielen Rücksichten, die eine Frau damals nehmen mußte, verhinderten, daß dieses Buch auch nur entfernt an die Qualität ihrer Briefe an Louise heranreicht.

Sie nahm sich intensiv ihrer Nichte Dorothee, der jüngsten Tochter von Lotte Grimm und Ludwig Hassenpflug an, die in ihr eine wahre Mutter hatte, fand Ersatz für die verlorene Freundin Louise in Gundel von Laßberg, an der sie mit fast krankhafter Eifersucht hing, nachdem sie niemanden sonst mehr auf der Welt hatte.

Ihre späten Briefe an Louise waren freundlich, herzlich, so wie sie allen alten Freunden schrieb: formvollendet, liebenswürdig, jedoch ohne Herzblut.

Die Laßberg-Zwillinge Hildegunt und Hildegart, genannt Hildel und Gundel, holten sie 1866 auf ihre Meersburg. Während ihrer letzten Lebensjahre blieb sie dort und hauste in den verfallenen Gemächern der alten Burg, wo der Wind durch die öden Gänge sauste und die Tür knarrte in dem riesigen Turm, den der alte Frankenkönig Dagobert erbaut haben soll. So sagte Malchen manchmal: »Das Jahrtausend knarrt.«

Aber auch das Verhältnis zu Gundel sollte noch ein schmerzliches Ende nehmen, wie alle ihre anderen Lieben. Sie bildete sich ein, daß Gundel sich von ihr ab- und einer anderen Nichte

Annettes, Betty von Droste, zuwende. Auch wenn dies ein Irrtum war, allein den Gedanken, daß *zwei* Freundschaften in Gundels Herz Platz hätten, konnte Malchen nicht mehr ertragen. So durchkämpfte sie noch einmal den Kampf und das Weh einer entsagenden Liebe. In dieser Stimmung erlitt sie Pfingsten 1867 den ersten Schlaganfall. Das Sprechen, das Lesen und Schreiben waren ihr geraubt, aber ihr Verstand war nicht gelähmt. Sie interessierte sich noch für die verspätete Herausgabe ihres Buches, ließ sich im Rollstuhl umherfahren und wurde von Hildegunt von Laßberg und Dorothee gepflegt. Im Jahr 1869 erlitt sie dann abermals einen Schlaganfall, von dem sie sich nicht mehr erholte und der zu einer langsamen Gehirnerweichung führte. Sie starb am 4. Juli 1871 in den Armen ihrer Nichte.

Louise hat sie nicht mehr wiedergesehen.

Die Beerdigung fand am 7. Juli 1871 statt. Amalie wurde auf dem Gottesacker außerhalb der Oberstadt ganz nahe bei dem Grab ihrer Freundin Annette von Droste-Hülshoff beigesetzt. Am Grabe sprach ein lutherischer Pfarrer, dann wurde ein Grabgesang des katholischen Dichters Wesenberg von den Anwesenden angestimmt, und zuletzt sang der katholische Seminarchor eine uralte kirchliche Weise.

Von Louischens fernerem Leben als Ehefrau und Mutter schrieb ein Neffe, Erich Grisebach, in seiner »Geschichte der Familie Grisebach«:

Dankbar erinnere ich mich der mehrfachen glücklichen Ferienzeiten, die ich in den 70er Jahren im Leverkühnschen Hause in Hannover verlebt habe und in denen meine verwandtschaftliche Freundschaft zu den Leverkühnschen Kindern begründet wurde. Man kann sich schon denken, daß es ein geistig angeregtes und anregendes Haus war. Wo findet man es, daß die Mutter an Sonntag-Nachmittagen Shakespearesche Dramen vorliest? Sie war eine vortreffliche Vorleserin. Ich erlebte eine packende Macbeth-Vorlesung. Wer an solchen Nachmittagen zufällig zu Be-

such kam, durfte zuhören, aber unterbrochen wurde das Vorlesen nicht.

Louise hat im Alter wohl wieder ein wenig damit kokettiert, daß alle hausfraulichen Tätigkeiten eigentlich unter ihrer Würde seien. Sie delegierte die Führung des Haushalts vollständig an Tochter Nora, und es wird in der Familie erzählt, daß sie, als ein Fleischer das bestellte Rindfleisch einmal zufällig bei ihr und nicht bei der Tochter ablieferte und fragte: »Was darf's denn noch sein, gnä' Frau?«, die Treppe hinauf rief: »Nora! was gibt's denn noch für Tiere?«

Am 23. April 1905 erlitt auch sie, wie Malchen, einen Schlaganfall. Über ihren Tod am 8. Mai 1905 schrieb ihr Sohn August:

Am 8. Mai während des Vormittages mehrten sich die Zeichen des herannahenden Endes. Es wurde Mittag und darüber, Papa saß an ihrem Bette, Nora stützte den Oberkörper während des Todesröchelns. Da plötzlich ein großer Augenaufschlag, wie er all die Tage zuvor nicht gewesen, ihr letzter Blick erreicht das Kreuz, das ihrem Bett gegenüber steht, und die Seele ist befreit.

Am Nachmittag des 12. Mai waren die Trauerfeier und die Bestattung, nach dem Wunsche der Verstorbenen nur liturgisch. Paul schrieb in einem Brief an den Bruder:

In dem kleinen Lebensbaum vor dem Grabe nistet ein Hänfling auf fünf Eiern. Er singt viel.

Personenregister